공감, 대한민국을 바꾼다

공감사회연구 시리즈 1

공감,
대한민국을 바꾼다

푸른길

머리말

　이 책은 한국연구재단의 SSK(Social Science Korea) 사업의 지원을 받는 우리 〈글로컬문화·공감사회연구센터〉의 공동 연구 작업 결과이다. 세대 간 갈등, 젠더 갈등, 계층 갈등, 이념 간 갈등이 점점 증폭되고 있는 것이 현재의 우리 사회의 정확한 단면이다. 그 결과 우리 사회 구성원의 분노와 울분지수는 다른 나라의 두 배를 넘을 정도로 심각한 상황이다. 이에 대해 많은 사람들이 그 원인으로 한국사회의 공감 부족을 강조하고 있다. 하지만 왜 우리 사회에서 공감이 부족한지, 어떻게 하면 사회 내의 공감을 높일 수 있는지에 대한 설명은 거의 없는 실정이다.

　그동안 우리 연구센터는 공감의 개념 정립과 우리 사회의 공감 부족 현상을 설명하기 위해 수차례에 걸쳐 공감을 주제로 하는 국제회의를 개최해 왔다. 일본, 중국, 대만, 홍콩, 마카오, 프랑스, 미국, 캐나다의 공감 관련 학자들과 함께 공감적 도시, 문화를 통한 공감 향상 등의 주제로 진지하게 여러 번 논의하였다. 이와 같은 논의를 바탕으로 우리는 국제적 공동연구를 진행하였고 다양한 학술지에 우리 연구를 공감 관련 스페셜 이슈로 게재하여 왔다. 우리 연구센터는 그동안 진행해 온 연구를 묶어 〈공감사회연구〉라는 이름으로 시리즈를 출간할 계획이다. 이 책은 그 첫 번째 저작으로 위에서 제시한 질문, 즉 왜 우리 사회가 공감이 부족한지, 어떻게 하면 공감을 높일 수 있는지에 대한 저자들의 답이다. 물론 이 책을 통하여 공감 부재와 관련된 모든 문제를 분석하고 해결책을 제시하는 것은 아니다. 하지만 이 책이 왜 다른 나라에 비해 우리 사회에서 특별히 더 서로 간의 공감이 부족한 것인지, 이

문제를 해결하려면 어떤 노력을 해야 하는지에 대해 논의를 시작하게 하는 데 충분하다.

제1부에서는 공감이 무엇이고, 어떤 사람들이 더 공감할 수 있는가에 대해 다양한 학문적 전통의 주장을 살펴본다. 이 과정에서 공감과 동정의 차이, 공감의 중요 요소, 공감 능력에 대한 생물학적, 철학적, 심리학적, 사회학적 설명을 살펴본다. 제1부는 장원호가 공저자들과의 논의 속에서 집필하였다. 장원호는 특히 공감이 감정적 영역을 넘어서는 지적, 의지적 능력이라고 인식하고, 지나친 감정 이입을 배제하고 나와 다른 상대방, 상대 집단을 객관적으로 인식할 때 사회 구성원 간의 공감이 더욱 증가할 것으로 주장하고 있다.

제2부에서는 먼저 공감 부재 대한민국의 현실을 객관적으로 살펴본다. 다양한 학술 연구 자료 및 언론 기사를 바탕으로 우리 사회에서 벌어지고 있는 갈등과 그를 넘어서는 증오의 양상을 보여 준다. 그다음 도대체 우리 사회에서 왜 이렇게 갈등 해소를 위한 공감 능력이 부족한 것인지를 분석한다. 그 과정에서 우리 사회의 특수한 역사적 요인, 식민 지배 경험, 한국전쟁, 압축적 근대화가 다른 요소들과의 상호작용 속에서 어떻게 현재의 공감 부재 대한민국을 만들었는지를 제시하고 있다. 제2부는 서문기와 장원호가 집필하였다.

제3부에서는 어떻게 공감이 가능한지를 여러 주제 별로 다루었다. 먼저 공감 자체가 가지고 있는 미학적 요소와 종교적 요소의 중요성과 그것이 우리의 일상성에

서 어떻게 공감을 실현시킬 수 있는지를 살펴보았다. 그다음으로 한류의 확산 과정에서 발생한 팬덤 연구를 통해 초국적 문화공동체가 실제로 어떻게 공감의 모습을 보이고 있는지를 다루었다. 제3부는 김동윤과 장원호가 집필하였다.

제4부에서는 공감의 시민을 어떻게 탄생시킬 수 있는지, 공감의 사회가 어떻게 만들어질 수 있는지에 대해 개인적인 영역과 사회구조적인 영역에서 다루었다. 이 과정에서 자기 객관화의 중요성, 하버마스의 의사소통합리성이 인간에게 본연적인 것이라는 점, 숙의민주주의적 토론의 방법 등이 공감의 시민을 위한 요소로 제안되었다. 사회구조적인 면에서는 교육 제도와 관련된 정책들, 갈등 구조를 완화하기 위한 정책들과 함께 공감을 위한 도시 공간으로써 '도시 씬'의 중요성을 제시하였다. 제4부는 장원호와 서문기가 집필하였다.

이 책의 출간을 위해 많은 사람들이 노력하였지만, 서울시립대학교 도시사회학과의 대학원생들의 노력과 헌신은 아무리 감사해도 부족할 따름이다. 박사과정의 구선아, 석사과정의 유찬기, 이수민, 오세진, 최지원, 설효정은 우리 〈글로컬문화·공감사회연구센터〉의 연구보조원으로서 이 책의 출간을 위하여 처음부터 끝까지 필요한 모든 작업을 도와주었다. 그들은 단순한 자료 수집에서 벗어나 창의적으로 의견을 제시함으로써 집필진이 생각하지 못한 부분을 깨우쳐 주었고 부족한 부분을 채워 주었다. 그들이 학문 후속세대가 되어 우리 사회의 여러 문제를 해결할 뛰어난 학자, 정책가가 될 것을 믿어 의심치 않으며 다시 한 번 감사를 표한다.

또한 부족한 원고를 흔쾌히 출간하겠다고 해 준 푸른길의 김선기 사장께도 깊은 감사를 표한다.

부족한 이 책이 향후 우리 사회가 공감사회로 발전하는 데 받침돌이 되기를 간절히 바란다.

필자들을 대표하여

장원호

차 례

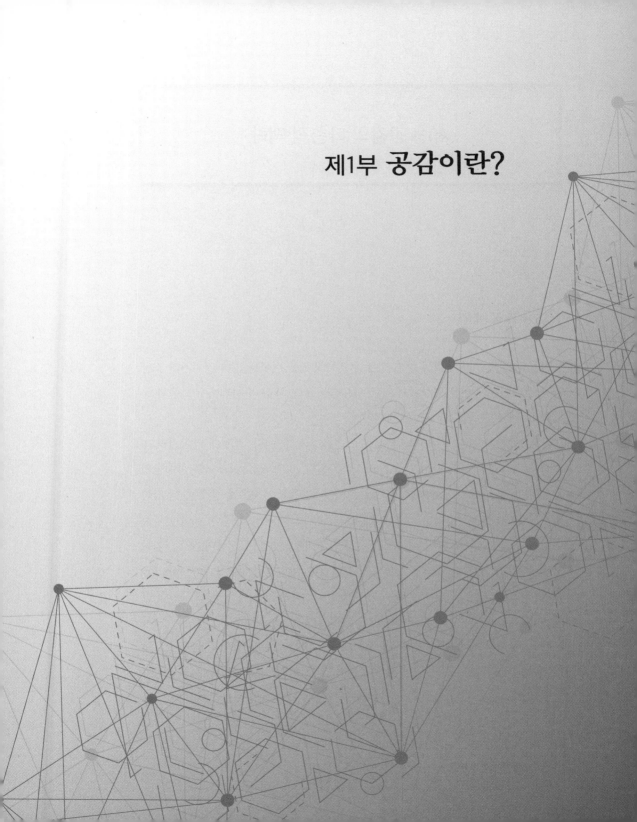

제1부 공감이란?

제1장 공감의 다층적 맥락

1. 공감의 개념

최근 공감은 우리 사회의 주요 화두이다. 대통령을 비롯한 많은 정치가가 소통과 공감이라는 단어를 연설에서 자주 사용한다. 그만큼 우리 사회에서 소통과 공감이 부족하다는 반증이기도 할 것이다.

공감(共感)은 한자로 해석하면 '같은 느낌을 가진다.'이다. 그런데 영어권의 의미로 살펴보면 다양한 단어가 공감으로 해석된다. 먼저 compassion은 상대방의 고통이나 수난(passion[1])에 같이(with)한다는 의미이고 이것은 동정에 좀 더 가깝다.[2] 다음으로는 sympathy를 들 수 있다. 이것은 느낌(pathy)을 같이(sym)한다는 의미에서 공감이라고 많이 해석하기도 한다. 하지만 이 단어는 상대방의 느낌이나 고통을 같이한다는 의미에서 동정이나 연민의 의미가 강하다. 또한 sympathy는 상대방의 느낌을 같이 느낀다는 의미에서 수동적인 마음의 상태라고 할 수 있다. 우리가 사용하는 공감과 가장 맞는 영어 표현은 empathy인데, 이 단어가 사용된 것은 그리 오래지 않다. 공감(empathy)은 1872년 독일 철학자 로베르트 피셔(Robert Vischer)가 자신의 박사 논문에서 그리스어 'empatheia'로부터 '감정이입'을 뜻하는 'Einfühlung'이라는 용어를 사용한 것이 시초라고 알려져 있다(리프킨, 2010, p.19). 피셔는 공감을 최초에 관찰자가 바라보는 물상에 자신의 감정을 투사하는 방법론적인 용어로 사용하였으나 또 다른 독일의 철학자 빌헬름 딜타이(Wilhelm Dilthey)는 이후에 감정이입, 즉 공감이란 다른 사람의 입장이 되어보는 역지사지의 자세라고 설명하였다. 즉, 미학의 주체-객체 간의 관계에서 벗어나 주체-주체, 개인-개인 간의 관계라는 시점에서 공감을 바라본 것이다. 이는 이후 공감을 연구하는 학자들에게도 영향을 주었는데, 미국의 언론학자 존 스튜어트(John Stewart) 또한 딜타이의 공감 연구와 같이 "공감은 자신을 다른 이의 공간에 두는 과정"이라고 설명하고 있다(Stewart, 1995, p.186). 즉, 공감은 상대방의 감정이나 처지라는 외부 자극에 대한 수동적인 반응이 아니라, 자신을 상대방의 입장으로 끌고 가서 그들의 상황을 이해하려는 능동적 행동이라고 할 수 있다. 이처럼 공감에서 가장 중요한 요소는 '타인에 대한 온전한 이해'라고 할 수 있다. 단순한 상대 감정 및 행위의 모방, 해석이 아니라 타인이 어떠한 이유에서 그러한 생각을 하는지 추측하고, 이입하고, 이해하려는 노력이 수반되어야 한다는 것이다.

고전적인 전통에서도 공감은 '타인의 입장에서 타인의 감정과 상황에 대하여 이해'라는 의미로 지속해서 견지됐다. 애덤 스미스(Adam Smith)는 『국부론』에서 몰인격적이고 보이지 않는 손으로서의 시장의 중요성을 주장하면서, 제빵업자, 어민, 양조업자의 끝없는 이기심의 추구가 우리로 하여금 더 맛있는 빵과 생선, 포도주를 더 싸게 먹고 마실 수 있다고 주장하였다. 이런 점에서 그는 이기심의 철학자라는 말도 듣고 있지만, 그는 『도덕감정론(The Theory of Moral Sentiments)』에서 공감의 문제를 깊이 다루고 있다.[3] 그는 공감을 "내가 관심 있는 사람과의 상상의 자리바꿈"이라고 언급하면서 그 자리바꿈이 나의 특성과 성격을 유지하면서 발생하는 자리바꿈이 아니라 내가 공감하는 그 사람의 성격과 특성 속에서 행하는 자리바꿈이라고 설명한다. 스미스는 하나의 예를 들고 있는데, 외동아들을 잃은 어떤 사람의 슬픔과 고통을 공감한다는 것은, 만약 내가 그런 상황이었으면 얼마나 고통스러울까를 상상하는 것이 아니라, 내가 만약 그 사람의 성격과 특징을 가지고 있다면, 이 상황이 얼마나 고통스러울까라고 상상하는 것이라는 것이다 (Smith, 1759, Vol 2: p.178).

사회학자 조지 허버트 미드(G. H. Mead)는 애덤 스미스에 비해 보다 쉽고 명확하게 공감을 정의하고 있다. 그에게 공감이란 "누군가를 돕고 싶을 때 상대의 관점에서 그 태도를 취하는 것"이다(Mead, 1934, p.300). 미드는 그와 동시에 한 개인이 상대를 공감하기 위한 전제 조건으로 타인에게서 반응이 있어야 한다고 말한다. 즉, '관계'라는 사회학적 개념을 통해 공감을 보다 발전시킨 것이다. 그는 공감이 일종의 협동적 프로세스(co-operative process)이기 때문에 공감하는 자와 공감받는 자의 의사소통이 필요함을 주장하며 이전의 공감에 대한 논의는 이러한 점이 부족하다고 판단하였다. 아무리 개인이 타인을 공감하고, 위로하고자 하여도 반응이 없다면 공감감정이 생겨나고 확대되기가 쉽지 않은 일인 것은 우리가 일상에서도 쉽게 느낄 수 있는 부분이다(Mead, 1934, p.301).

위와 같이 정립된 공감의 정의 아래 후속 학자들은 공감에 대한 다양한 정의를 통해 각자의 공감 연구를 진행했다. 표 1.1에 제시된 다양한 학자들의 공감 정의를 보면 대부분 정의는 타인을 이해할 수 있는 성향이나 능력, 행위 등 다양한 개인적 수준의 요소들에 대해 논하고 있다. 이런 의미에서 공감은 감정적 영역을 넘어서는 지적, 의지적 능력이다. 많은 학자들은 공감을 논할 때, 지나친 감정이입을 배제하고 나와 다른 상대방, 상대 집단을 객관적으로 인식할 때, 상대방 그리고 상대 집단에 대한 공감이 더 가능하다는 것을 주장하고 있다. 즉, 공감(empathy)은 같은 감정을 강조하는 동정(sympathy)과 달리 다름을 전제하고 그 다른 입장에 이해하기 위해 자신을 그 입장에 투영하는 것이라 할 수 있다.

그러나 이러한 성향과 능력은 어디서 온 것일까? 애초에 공감은 인간이 내재하고 있는 본능인가? 혹은 사회적으로 구성된 산물인가? 공감은 어디로부터 흘러오는지를 보고자 이 장에서는 생물학, 심리학, 사회학 등 다양한 분야의 공감연구 현황을 자세히 살펴보고자 한다.

표 1.1 공감에 관한 다양한 정의

학자	정의
알비에로 외(2009, p.393)	"타인의 감정 상태를 대리 경험하고, 그에 대한 반응은 자신보다는 타인의 상황과 감정에 더 초점이 맞추어져 있어 타인의 감정 상태와 동일한 혹은 유사한 형태로 사고하는 성향"
바커(2008, p.141)	"타인의 감정 상태나 생각에 대해 인지, 이해, 경험, 그리고 반응하는 행위"
베런-코헨 & 윌라이트(2004, p.168)	"다른 사람/동물의 정신 상태를 관찰자의 적절한 감정적 반응을 통해 투영하는 추진력이나 능력."
코헨 & 스트라이어(1996, p.988)	"타인의 감정 상태와 그 맥락을 이해하고 공유할 수 있는 능력"
콜만(2009, p.248)	"다른 사람의 마음속으로 들어가 그의 감정을 이해하거나 타인의 관점에서 무언가를 경험할 수 있는 수용력"
코프란(2011, p.40)	"관찰자가 타인의 심리적 상태를 자아/타인 구분이 확실한 상태에서 추론하는 복잡한 창의적 프로세스"
데이비스(1996, p.12)	"개인이 타인의 경험에 반응함으로써 형성되는 일련의 구성체. 이 구성체는 구체적으로 관찰자로부터 출발하는 프로세스와 이러한 과정을 통한 감정적, 비감정적 결과를 포함."
디세티 & 람(2006, p.1146)	"자아와 타인 간의 혼동 없이 다른 사람이 느끼는 바를 이해할 수 있는 능력"
디세티 & 미할스카(2010, p.886)	"자신과 타인 간 최소한의 구분을 통해 상대의 감정을 받아들일 수 있는 능력"
다이몬드(1949, p.127)	"창의적으로 타인의 생각과 감정, 행위에 대해 타자의 시선으로 생각하고 세계관을 세우는 것"
기어 에스투피난 & 망구노-마이어(2000, p.101)	"타인의 관점과 감정을 이해하고, 이에 대해 고통을 함께하는 방식으로 행동할 수 있는 능력"
이케스(1997, p.2)	"다른 사람의 생각과 감정을 이해하기 위한 관찰과 기억, 지식과 추리의 결합 형태를 통해 나타나는 복잡한 형태의 심리적 추론"
올리베이라-실바 & 곤살베스(2011, p.201)	"다른 사람의 감정에 공명하고, 그 사람의 생각과 감정을 이해하고, 관찰된 사람의 생각과 감정을 분리하여 타인에게 친사회적이고 도움이 되는 행동으로 반응하는 능력"
피즈(1995, p.202)	"타인의 감정, 생각 및 경험이 객관적으로 그리고 명시적으로 충분히 전달되지는 않았으나 그들의 과거 또는 현재에 대한 다른 사람의 감정, 생각, 경험을 이해하고, 반응하는 행위."

펠리그라(2011, p.170)	"다른 사람의 감정 상태를 예측하고 반응해 줄 수 있는 능력"
스미스[마샬 외(1759)로부터 인용, 1995, p.100]	"다른 사람의 관점을 이해함과 동시에 본능적이고 감정적인 반응을 보일 수 있는 능력"
위스페(1986, p.318)	"다른 자아에 대한 긍정 혹은 부정의 경험들을 편견 없이 이해하려는 자아의 시도"

출처: Cuff et al. 2016, pp.146-147.

2. 누가 공감하는가

공감을 설명하기 앞서 우리는 '누가 어떠한 이유로 공감하는가?'에 대한 질문을 던질 필요가 있다. 공감은 우리의 세포, 본능, 교육 등으로 엮인 복합적인 산물이다. 따라서 공감의 사회성을 강조하는 사회적 공감이 명확해지기 위해서는 각 분야에서 주장되어 온 공감에 관한 이야기들을 검토해야만 한다. 크게 공감은 뇌의 거울 뉴런과 관련이 있다는 생물학적 관점과 인간 본능이라는 철학적 주장, 성격과 인지와의 산합으로 여기는 심리학적 관점, 그리고 신뢰와 연줄망 등의 사회적

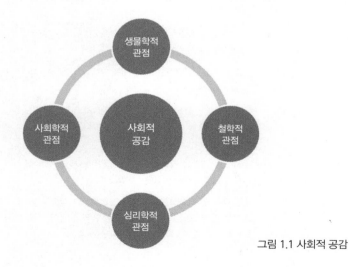

그림 1.1 사회적 공감

자본과 교육을 통한 구성체로서 공감을 해석하는 사회학적 관점이 있다. 차례차례 각 분야의 관점을 되짚으며 사회적 공감으로서의 보다 포괄적인 공감개념에 대해 이야기해 보고자 한다.

1) 생물학적 설명

공감이 인간의 본능이라는 주장과 관련해 생물학계에서는 '거울 뉴런(Mirror Neurons)'으로부터 공감이 나타난다는 관점을 취한다(리프킨, 2010, p.22). 거울 뉴런은 타인의 행동을 이해하고 모방을 가능하게 한다. 거울 뉴런은 이탈리아의 과학자 자코모 리촐라티(Giacomo Rizzolatti)와 연구팀이 진행한 실험에서 한 원숭이가 인간이 물건을 쥐는 것을 목격할 때 운동과 연관된 뇌 일부분인 복측전운동피질(Ventral Premotor Cortex: 그림 1.2 F5 영역)이 활성화되는 것을 알게 되면서 최초로 발견되었다(장대익, 2012; 그림 1.2). 이후 인간에게도 거의 유사한 거울신경체계의 존재가 과학적으로 증명되면서 타인을 이해하는 마음에 사회적 원인이 작용될 수 있지만, 인간의 본능이라는 주장이 제기되었다.

거울 뉴런의 존재는 타인의 행동을 모방할 수 있게 하여 인간 진화의 핵심 변수로 작용한다는 주장의 근거로 활용되면서도(리프킨, 2010, p.22), 타인의 인식, 생각, 목적을 파악하는 '마음 읽기(mind-reading)', 공감의 기초 토대에 대한 설명을 제공했다(Gallese & Goldman, 1998, p.496). 이에 대해 구체적으로는 두 가지 맥락의 이론이 존재해 왔다. 이론-이론(Theory Theory)은 인간이 타인의 마음을 읽을 수 있는 이유는 개인이 과학적 이론이나 상식적인 통념을 통해 상대 행위를 바라보기 때문이라 본다. 이미 다수가 인지하고 있는 사실이나 개념들의 존재는 감정의 인과성에 공유성마저 부여하기 때문에 상대방의 생각을 이해하는 것은 지식에 기반을 둔다는 주장이 이론-이론의 주된 입장이다. 반면 시뮬레이션 이론(Simulation Theory)은 공유되는 지식보다는 상대방을 심리적 차원에서 이해

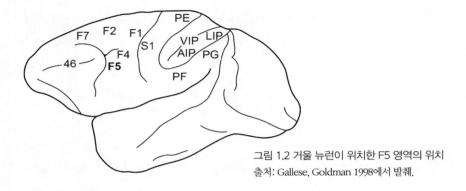

그림 1.2 거울 뉴런이 위치한 F5 영역의 위치
출처: Gallese, Goldman 1998에서 발췌.

하고 상대방의 시각으로 바라보려 하면서 마음 읽기가 가능해진다고 여긴다. 시뮬레이션 이론은 앞서 언급한 공감의 정의와 개념에 더 유사하다. 거울 뉴런의 관점에서 보았을 때도 마찬가지다. 두 이론과 거울 뉴런의 발현 간의 관계를 분석한 연구에서는 공감 받는 자와 공감하는 자의 뇌가 기능하는 위치를 동시에 들여다봤을 때 동일한 위치의 뇌가 반응하는 것을 보고 시뮬레이션 이론의 타당성을 강조한 바 있다(Gallese & Goldman, 1998, p.498).

그러나 한 개인의 거울신경체계가 모든 타인에게 동일한 방식으로 작동하는 것은 아니다. 사회과학분야에서는 거울 뉴런의 생물학적 타당성을 바탕으로, 타인을 이해하는 공감 능력이 상황, 여건과 관계없이 항상성을 지니는지에 대한 연구들을 해 왔다. 사회학자 피랏(Firat)과 히틀린(Hitlin)은 대표적으로 이 거울 뉴런의 작용이 사회적으로 선택적인 것임을(socially selective) 밝혀냈다(Firat & Hitlin, 2012, p.179). 두 연구자는 실험 참가자들에게 기능적 자기공명영상술(fMRI) 장치를 씌운 채 각각 네 개의 사진을 차례로 보여 주었다. 사진은 각각 백인 중산층, 백인 소외계층, 흑인 중산층, 흑인 소외계층이었다. 만약 거울 뉴런이 타인과의 관계와 관련 없이 일률적으로 작용한다면 실험 참가자가 보는 사진에 나타난 인종은 별다른 영향을 미치지 못했을 것이다. 하지만 실험결과 그들이 보는 사진이 동일한 소외계층이더라도 거울 뉴런의 활성화 정도는 상대가 흑인인지, 백인인지에 따라 뚜렷한 차이가 있었다.

거울 뉴런은 공감이라는 일종의 감정을 생물학적으로 인간이 내재하고 있다는 주장에 힘을 실어 준다. 그러나 앞서 말한 연구와 같이 인종 등의 자아와의 사회적 거리 간에 따라 거울 뉴런이 다르게 반응한다는 사실을 통해 공감은 본능이자 동시에 사회 구성적인 요소임을 알 수 있다.

2) 철학적 설명

제레미 리프킨(Jeremy Rifkin)은 그의 저서 『공감의 시대(The Empathic Civilization)』에서 호모 엠파티쿠스(Homo Empathicus), '공감하는 인간'을 소개함으로써 인간의 공감 능력 발달 과정에 대해 논한다. 토머스 홉스의 『인간론』에 따르면 태초에 인간은 서로 경쟁하고 투쟁하는 존재다. 자연 상태에서 인간은 서로에게 우호적이라 주장한 존 로크 또한 인간이 태생적으로 탐욕적이고 이기적인 존재임을 부정하지 않는다. 이처럼 인간 본능과 정신 작용에 대한 연구는 19세기 후반에 심리학의 대표적 주제가 됐다. 오스트리아의 심리학자 지그문트 프로이트는 인간의 본성이 추하고 사악하다 여겼다. 인간의 노력은 결국 물질적, 심리적 실리 및 쾌락을 위해 행해지는 것이며 이것이 문명 발전에도 영향을 미칠 것이라 주장했다. 이 중 인간에 가장 큰 쾌락을 선사하는 것은 성적 만족이며, 리비도(libido), 즉 성적 본능에 의해 움직이는 늑대와도 같은 동물이라 인간을 정의한다. 하지만 프로이트가 정의한 인간관에 관해 여러 학자가 이기적이며, 대립각을 세우는 개인이 공존할 수 있는지에 관해 의문을 제기했고 이기적 욕구를 추구하기 위한 일종의 타협일 뿐이라고 반문했다.

하지만 프로이트의 이론으로는 인간과 동물들에서 나타나는 모성애, 아이의 엄마에 대한 애착 현상을 설명할 수가 없었다. 인간 본능에 대한 갑론을박에 유아를 전제하는 것은 가장 효과적이고 직접적인 논의였기 때문에 프로이트에 반박하는 학자들은 유아의 본능적 행동에 주목했다. 이언 D. 수티는 프로이트의 말처럼 인간이 성적 만족과 죽음 본능으로 행동한다면 아기는 자신의 유용성을 기준으로 엄마를 생각하는 것이며, 태초에 유대감을 형성하려는 인간의 욕구가 부재하다는 인간관을 주장하는 것이라 비판했다.

프로이트 이론은 다양한 비판을 받으며 그 영향력이 줄어들었는데, 대표적으로 멜라니 클라인의 '대상관계(object relations)' 이론은 프로이트가 세워 놓은 인간관을 크게 변화시켰다. 대상관계이론이란 쉽게 말해 인간의 심리가 생물학적 차원을 넘어 상호작용을 통해 형성된다는 이론이다. 멜라니 클라인은 유아에게는 내면화된 대상관계를 만들어 내는 능력이 있으며 인간의 성향이 아무리 공격적이고 성적이어도 그 관계는 사회적 상호작용으로 조절될 수 있다고 주장하였다. 이후 윌리엄 페어베언은 프로이트가 말한 리비도가 대상관계와 비교했을 때 인간의 이차적 목표이며 (일차적 목표는 대상관계 형성 및 유지), 리비도의 궁극적 목표는 욕구 충족이 아닌 관계 형성에 있다고 주장하며 프로이트의 주장은 완전히 심리학계에서 설득력을 잃었다.

결국 클라인과 페어베언은 인간에게 쾌락을 추구하기 위해서는 관계가 일차적으로 주어져야 한다고 결론을 내린 셈이다. 이후 많은 학자들은 페어베언의 이론에 동조하였고 하인츠 코후트는 인간의 공격성은 적절한 공감을 원하는 상태에서 그를 얻지 못했을 때 드러나는 행동이라 말하며 인간은 '관계적 동물'이라는 지점을 강조하였다. 두 학자의 연구는 추후 학자들이 사회적 관계를 기준으로 정신과 자아의 발달과정을 논하는 데 기여했다. 그중 코후트는 자아의 발전에 공감이 큰 역할을 하고 있음을 강조했다. 그는 인간의 공격성이 단순 충동이 아닌 의미 있는 타자로부터의 공감을 얻지 못할 때 나오는 반향이라 해석한다. 이렇듯 관계와 유대감 중심의 인간성에 대한 논의는 수십 년간의 철학적 토론 끝에 프로이트의 리비도와 인간의 파괴적 본능에 관한 주장을 넘어섰다. 결과적으로 프로이트가 주장한 공격적이고 이기적인 인간관만으로는 사회와 문명의 발전을 설명할 수 없다는 결론이 도출된다.

3) 심리학적 설명

공감은 전통적인 심리학 및 심리치료 영역에서도 마찬가지로 활발히 논의되어 온 주제다. 심리학계에서는 크게 인지적 차원과 정서적 차원에서 공감을 설명한다. 인지적 측면에 주목한 설명 방식은 공감이 의식적이며 사고에 기초해 발현한다고 주장한다. 타자의 상황에 주목하여 그 심리를 추론하고 가상할 수 있는 일종의 능력이 공감이라고 보는 반면(박성희, 2004, p.34), 정서적 공감은 상대의 감정을 이해할 수 있는 능력에 집중한다. 앞서 거울 뉴런에 대해 언급할 당시 설명된 이론-이론의 관점(상식과 지식에 기댄 상대방에 대한 이해)이 인지적 공감, 시뮬레이션 이론의 관점(상대방의 시선과 역할을 통한 이해)이 정서적 공감을 이해하는 시각이라고 생각하면 보다 이해가 수월하다.

이러한 두 방식의 공감 차원이 온전히 구분될 수 있는 것은 아니지만, 어떠한 시기에, 혹은 어떠한 과정을 통해 형성되는지는 이론상으로 구분된다. 정서적 공감은 유아기 때부터 나타나는 것으로 알려져 있다(박민, 2012, p.389). 이는 유아를 정서적으로 크게 반응하는 존재로 파악하는 품성론(ethology)에 기댄 주장이다. 품성론은 기본적으로 유아들이 태어날 때부터 자신의 정서를 드러내고 타인의 정서에 반응하는 성향을 타고났다고 말한다(박성희, 2004, p.35). 이러한 시각은 유아들이 부모 및 타인과의 상호작용이 어릴 때부터 가능한 비-자기중심적 존재로서 파악, 즉 타인과의 교류, 매개를 중시하는 하나의 개인으로 여기며 이는 그들의 사회적 성장 및 생활의 기초가 된다고 말한다(박성희, 2004, p.36).

인지적 공감은 정서적 공감 이후에 발달한다. 인지적 공감은 상황에 대한 인과관계를 파악할 수 있는 아동기 혹은 청소년기에 형성된다(박민, 2012, p.389). 인지적 공감이 상대적으로 중요한 이유는 이것이 동물이 아닌 인간에게서만 나타나기 때문이다. 자신이 경험해 보지 않은 경험에 대해서도 인간은 타인이 특정 상황에 처할 수밖에 없었던 이유 등보다 심도 있는 수준에서 타인을 이해한다. 그 중심에는 인지적 공감이 있고 이는 우리와 다른 성별, 인종, 종교를 가진 사람들과의 소통을 가능케 한다.

심리학은 여타 분야보다 공감을 학문의 주된 주제로 인식하고 인간의 공감 능력의 파급력에 대해 고민해 왔다. 그 시도들의 굵은 맥락을 크게 세 줄기로 나눌 수 있다. 첫째로는 성별에 따른 공감 능력의 차이에 대해 고민했고, 둘째로는 어떠한 측면의 성격(personality)이 공감력 부재의 신호를 보내고 있는지에 대해 꾸준히 분석하고 있다. 마지막으로 공감 능력의 부재가 가져오는 폭력성과 정신 질병의 출현에 어떤 연관이 있는지에 대한 탐구가 있다.

공감 능력은 성별에 따라 차이가 있다는 주장은 많은 연구를 통해 지지된 바 있다(Asakawa & Schwalb, 1985). 대부분의 연구는 여아가 남아보다 공감 능력이 높다는 결과를 제시하고 있는데 그 이유로는 남녀의 성역할에 대한 고정관념과 인지능력의 차이와 관련이 있다고 보고 있다(Park, 1994). 일반적으로 남아는 여아와 비교하면 사회적인 기술이 부족하다고 인식되는 반면, 여아들은 남아보다 순응적이며 공감적일 것이라고 간주된다. 따라서 여아에게 공적인 반응을 기대하게 되며 이로 인해 여아들은 공감적인 반응을 내면화하게 되어 남아보다 높은 공감적 반응을 나타낸다는 것이다. 이처럼 여아는 타인의 내적 상태를 해석하려는 능력이 높고, 공감적 반응이 남아에 비해 뚜렷하다고 보고되고 있다(Hoffman, 1997). 또한 배런-코헨에 따르면 남아와 여아에 따라 인지적으로 공감하는 부분이 다르므로, 공감 능력에는 성차가 존재한다고 하였다(Baren-Cohen, 2003). 결론적으로 여아의 경우 상대방의 내적상태를 파악하고 이를 인지하여 정서적으로 반응하는 경우가 많은 반면, 남아의 경우 여아보다 인지하는 속도가 느리므로 인지능력에 따른 차이가 정서적 공감 능력에 있어서도 차이를 나타낸다고 볼 수 있다.

성격과 관련하여도 수많은 공감 연구가 있었다. 심리학적 연구들을 보면, 권위

주의적 성격이 강할수록 공감 능력이 떨어지고, 부정적 성격을 보였다. 즉 있는 그
대로를 인정하지 않으려는 방어기제가 높을수록 공감 능력이 떨어진다고 전해진
다. 또한 내향성보다는 외향성이 높은 사람들에게서 공감 능력이 높게 나타났고
유머감각이 있을수록 공감 능력이 높은 것으로 나타났다. 성격과 관련한 경험과
관련 해소도 자신의 일상적 어려움을 운동이나 예술과 같은 생산적인 작업으로 해
소하는 소위 '승화'의 정도가 높을수록 공감 능력이 높은 것으로 나타났다(김용희,
2007).

　개인의 성격은 너무나도 다양해 이를 한정된 요소로 정리하는 작업이 필요했다.
그러나 앞서 말한 권위주의, 부정적 성격 등 성격의 일환으로 볼 수 있지만 이를 있
는 대로 나열하자면 끝이 없다. 다양한 개인성향을 유형화한 작업 중 심리학자 아
이젱크(1967)가 구별한 성격의 기본 유형 요소 분석은 다른 분석들의 토대가 되었
다. 그는 빅 파이브 성격(Big-five Personality, OCEAN)에서 개방성(Openness),
성실함(Conscientiousness), 외향성(Extraversion), 친화성(Agreeableness), 신경
증(Neuroticism) 등 다섯 가지로 개인성향을 구분했다.

　각각의 성격 유형을 간략하게 요약하자면 개방성은 기본적으로 새로운 문화를
받아들이는 것에 두려움이 없는 성향을 뜻하고(McCrae & Costa, 1990), 이들은
안정적이고 편안한 생활보다 호기심이 가는 일에 적극적으로 개입하는 경향이 있
다(자움-알데호프, 2010). 다음으로 성실한 성향이 있는 사람들은 자신의 역할을
계획에 따라 원활히 수행하는 것을 중시한다. 외향적인 사람들은 타인들과 관계
맺는 것을 선호하고 그 관계가 깊어지는 것도 좋아한다. 친화성을 가진 사람들은
배려심이 깊고 이타적인 측면이 있으며, 마지막으로 신경증이 있는 개인들은 걱정
이 많고 자주 두려움에 떠는 등 그 성향을 보인다(표 1.2).

　그렇다면 각각의 성격유형은 공감 능력과 어떠한 관련이 있을까? 코스타 등
(2014)은 포르투갈 의대생 472명을 대상으로 다섯 가지의 성격 유형에 따른 공감
능력 차이에 관해 연구한 바 있다. 그 결과 개방적, 친화적 성향이 높을수록 타인에

표 1.2 빅 파이브 성향 측정 항목 및 내용

항목	측정 요소
개방성	상상력, 호기심, 모험심, 예술적 감각을 추구하는 성향
성실함	역할에 대한 원활한 수행을 목표하는 성향
외향성	타인과의 사교, 활력 추구 성향
친화성	타인과의 협조성을 중시하는 성향
신경증	분노, 우울함 등을 느끼는 성향

더 공감하는 성향을 보인다는 것을 알아냈다(Costa et al., 2014). 바리오 등의 연구(2004)에서도 이와 마찬가지의 결과가 나타났는데, 그들은 그중에서도 개인의 친화적 성격이 공감에 가장 큰 영향을 미친다고 주장하였다(Barrio et al., 2004). 이러한 공감 능력을 높이는 성향을 알아보는 큰 이유는 개인의 낮은 공감 정도가 차별과 폭력성에 영향을 미치기 때문이다. 공감의 결여는 차별, 따돌림, 공격적 행동, 폭력적 범죄를 증가시켰다. 사회적으로 발생하는 차별과 폭력 등의 갈등을 해소하기 위해서는 공감 능력의 신장이 필요하다. 이를 심리적 차원에서 고민한다면 개인 성향 중 개방성, 친화성과 관련한 지점은 공감 능력 향상을 보완할 수 있는 부분이라 할 수 있다. 또한 차별과 폭력의 피해자들을 이해해 주고 보호해 줄 수 있는 행동의 단초 역시 공감이기 때문에 약자에 대한 이해 및 보호를 위해서는 이러한 심리학적 연구들이 고무적이다.

마지막으로는 정신건강과 관련한 부분에서의 공감 논의를 미네소타 다면적 인성 검사(MMPI: Minnesota Multiphasic Personality Inventory)를 통해 살펴보자면, 1943년 미네소타 대학의 해서웨이(Hathaway S. R.)와 맥킨리(Mckinley J. C.)가 미네소타 대학병원 정신과 병동의 환자들을 대상으로 정신 질환을 정확히 측정하기 위해 만든 척도로 이는 현재까지 널리 사용되고 있다. 기존의 정신 질환 측정을 넘어서 현재는 심리 상담, 직업 적성 등을 알아보는 심리 검사에서도 차용되고 있다(이우경·이원혜, 2012). 해서웨이와 맥킨리가 만든 기존의 질문들은 수정,

표 1.3 MMPI-2-RF 측정 항목 및 내용

측정 항목	번호	측정 요소
건강염려증	1	신체적 증상에 대한 고민(concern with bodily symptoms)
우울	2	우울 증상(depressive symptoms)
히스테리	3	개인적 문제와 취약성에 대한 인식(awareness of problems and vulnerabilities)
반사회성	4	사회질서와 관련한 갈등, 분노, 준수(conflict, struggle, anger, respect for society's rules)
남성성/여성성	5	정형화된 성별적 가치 추구 및 행동(stereotypical masculine or feminine interests/behaviors)
편집증	6	신뢰, 의심, 예민함(level of trust, suspiciousness, sensitivity)
신경 쇠약	7	걱정, 의심, 집착(worry, anxiety, tension, doubts, obsessiveness)
정신분열	8	특이한 생각 및 사회적 소외(odd thinking and social alienation)
경조증	9	흥분 정도(level of excitability)
사회적 내향	10	사람 지향 정도(people orientation)

보완을 거쳐 현재 성인에게는 MMPI-2 검사가 대부분 실시되고 있다. 표 1.3은 MMPI의 주요 측정 항목 및 내용을 보여 준다.

이 중 반사회성은 공감과 가장 관련이 있는 지표이다. 반사회성을 가지고 있는 개인들은 타인에 대한 불신과 분노 때문에 상대 감정에 공감하지 못하는 경우가 많다(Hockey, 2016, p.184). MMPI 검사는 통상적으로 가장 높은 점수 두 영역의 관계를 통해 그 유형을 구별하는데 반사회성이 편집증과 결합하는 경우에는 알콜 중독, 정신분열과는 성적 학대, 약물 중독과의 연관성이 있다고 보고된 바 있다 (Archer et al., 1995, pp.400-401). 이처럼 공감은 정신질환과도 연결되는 만큼 개인적으로도, 사회적으로도 중요한 지점이며 많은 심리학 연구들은 위와 같이 공감의 특성을 밝혀냈다. 그러나 결국 공감의 심리, 공감의 내재적 속성은 행동으로 환원되고 그 행동의 제약은 사회로부터 온다. 따라서 공감의 사회학적 속성은 이와 결합해 또 다른 측면의 공감에 대한 이해를 가져다준다.

4) 사회학적 설명

앞선 세 장의 설명은 대부분 공감의 본능, 능력에 주목하였다. 그러나 인간 역사에서 지속적으로 공감의 감정이 유지되고 확장되는 이유를 알기 위해서는 사회학적 시선이 필요하다. 그중에서도 사회자본(social capital) 개념은 공감에 유의미한 설명력을 제공한다. 시카고 대학의 사회학자 제임스 콜만(James S. Coleman)은 사회자본 개념을 탄생시킨 학자인데 그는 사회자본을 "한 개인이 그 안에 참여함으로써 특정한 행동을 하는 것을 가능하게 만들어 주는 사회구조 혹은 사회적 관계의 한 측면"이라 정의한다(박찬웅, 2000, pp.81-82). 그중 사회자본의 형성에 관해서 콜만은 개인 간의 관계에 강조점을 두고 있다. 사회자본은 크게 1) 상호 간의 거래 비용을 감소시키는 신뢰, 2) 정보 교환을 위한 연줄망, 3) 개인의 기회주의적 행위를 제한하는 도덕으로 나뉜다(이재혁, 2007, p.215). 이러한 사회 자본이 높은 수준을 유지하는 사회는 해당 사회의 갈등 수준이 낮고 호혜와 협동적 행동이 더 잦게 나타나는 것으로 알려져 있다. 이러한 신뢰와 연줄망, 도덕을 지탱하고 있는 한 축은 공감이라 할 수 있다. 공감이 부재한 상황에서 상호 신뢰가 가능할까? 공감 없는 대인관계는 지속할 수 있을까? 한 사회에서 도덕을 공유하고 준수하는 데 그 도덕의 필요성을 느끼는 지점은 어디 있는가? 위 질문에 가장 부합하는 답은 공감이다. 하지만 타인의 기쁨과 아픔에 동하는 행위, 즉 사회적 사실로서의 공감을 알 수 있다. 따라서 인간 행위를 연구하는 사회학적 관점에서의 공감은 어렴풋하게나마 우리가 공감의 시대에 살고 있음을 인지하게 한다.

(1) 공감과 신뢰, 그리고 연줄망
공감은 사회적 상호작용에서 필수적인 역할을 한다. 사회적 상호작용은 신뢰와 연줄망이라는 사회자본의 큰 두 축으로 결정된다. 신뢰는 말 그대로 상대에 대한 믿음을 뜻하며 이 믿음은 상호 간의 도움을 가능케 한다. 신뢰 연구의 권위자 프랜시스 후쿠야마(Francis Fukuyama)의 정의에 따르면 신뢰는 "사회 구성원 혹은 일부 구성원 간의 공유되는 규범을 통해 규칙적이고 정직하며 협력적인 행동이 공동체 안에서 나타날 것이라는 기대"를 뜻한다(Fukuyama, 1995, p.26). 따라서 사회 신뢰 수준이 높은 사회는 빠른 경제성장을 도모할 수 있고 개인주의화 된 사회적 상황에서 더욱더 큰 힘을 발휘한다(Norton 1996, pp.354-355). 그러므로 후쿠야마는 사회 신뢰를 사회자본과 같이 볼 만큼 신뢰의 중요성을 강조했다.

그러나 신뢰는 대상이 상정되어야만 그 힘이 드러난다. 따라서 로버트 퍼트넘은 사회자본의 개념에서 연줄망, 개인 간의 지속적 관계망에 초점을 두었다. 사회적 관계란 사회학에서 빼놓을 수 없는 주제다. 고전사회학자 마르크스, 베버, 뒤르켐 모두 사회적 관계를 단결, 통합 등의 단계를 통한 관계 구성과 그 관계로부터 예측되는 결과들에 대해 논의해 왔다. 마르크스(K. Marx)의 경우 노동자의 강한 단결과 이를 통한 적극적 사회운동이 자본주의의 양극화와 착취를 해결하는 방법이라 주장했고, 베버(M. Weber)는 사회제도를 규정하고 정당화하는 사회 내 공유되는 윤리, 세계관 등을 통해 설정되는 개인 간의 위계적 관계에 주목했다(Weber, 1958). 뒤르켐(E. Durkheim, 1897) 역시 종교공동체에 속한 개인의 사회적 관계망 내에서 사회규제 정도와 사회통합 정도에 따라 자살행위 발생률에 차이가 있음을 입증했다. 이러한 맥락하에 사회자본의 개념 중 하나로 퍼트넘은 사회적 유대를 제창하고 이를 두 가지로 분류했다. 첫째는 좁고 비슷한 가치를 공유하는 집단의 정체성으로부터 유지되는 접착성(bridging) 사회적 유대이다. 이를 넘어 다양한 사회경제적 배경을 가진 넓은 범위에서의 연줄망이 둘째다. 이는 연결성(bonding) 사회적 유대라 일컫는다.

사회 유지와 발전에 있어서 신뢰와 연결망은 필수불가결하다. 그러나 이 두 사회적 요소는 어느 공간에 개인들이 물리적으로 함께 있다고 해서 생겨나는 것이 아니다. 20층의 아파트 한 동에 최소 백여 명의 사람이 거주하지만, 엘리베이터에서 서로 인사를 주고받는 이웃의 수는 굉장히 적다. 무언가 말할 거리가, 접합점이 있어야 신뢰와 관계가 형성되는데 이는 많은 경우 대화, 소통으로 인해 생겨나고 강건해진다. 결국 의사소통과 사회적 상호작용, 이를 통한 공감이 사회자본을 유지하는 역할을 하며 우리의 삶을 더 풍요롭게 만들어준다. 몇몇 공감 연구는 공감의 정서적, 인지적 요소 외에 이 공감이 표현되는 방식에 집중한 바 있다. 이를 공감의 표현적 요소, 혹은 의사소통적 요소라 부른다. 공감의 의사소통성에 대해 많은 학자는 개인이 상대의 상황이나 정서를 이해할 뿐 아니라 자신 생각이나 감정을 친사회적으로 전달할 때 완성된다고 강조한다. 아무리 공감하여도 그것을 나타내지 않으면 소용이 없다. 길거리에 쓰러진 환자가 있을 때, 아무리 동정하지만 돕는 행위를 하지 않는다면 공감이 나타났다고 보기 어렵다. 백문이 불여일견(百聞而不如一見)이라는 말도 있듯이 내가 타인을 도와주는 행동 하나는 공감의 힘을 배가시킨다. 우리는 표현하고 감정과 상황을 적극적으로 공유할 때야 비로소 타인을 신뢰할 수 있게 되고, 그 타인을 중요하게 여겨 관계라는 것을 형성한다. 결국 사회적 공감 논의에서 소통을 그 중심으로 삼아야만 우리는 공감의 중요성을 체감할 수 있게 된다.

(2) 공감과 도덕

개인의 도덕적 관념과 판단, 행동 역시 모두 공감과 연관이 있다. 단순한 비유지만 어릴 적부터 우리는 무엇이 좋은 행동이고 나쁜 행동인지 배운다. 어려움에 처한 사람을 돕는 것은 옳은 행동이며, 남에게 비속어로 일관하는 태도는 나쁜 행동이라 배운다. 이처럼 옳고 그름, 선과 악은 사회적으로 쌓여온 도덕적 관념에 기반을 둔다. 영국의 철학자 데이비드 흄(David Hume)은 공감에 대해 "선한 행동은 기쁨과 즐거움을 가져오는 일이며 악한 행동은 고통을 야기한다. 우리가 타인의 기쁨과 고통을 생각하는 일은, 공감이라 할 수 있다(Hume, 1739, II.ii)."라고 말하며 타인의 감정에 대한 고려가 공감의 기초임을 강조하였다. 흄은 결국 타인의 기쁨과 고통을 느끼지 못한다면, 즉 공감할 수 없다면, 도덕적 판단이 불가능하다고 본 것이다. 공감이 어떻게 도덕적 관념을 형성하는지 연구한 호프만 역시 그의 책 『공감과 도덕적 발달(Empathy and Moral Development)』에서 사람의 공감적 고통(Empathetic Distress)은 친사회적 행동의 동기가 된다고 강조한 바 있다.

도덕적 판단과 관념을 토대로 도덕적 행동이 발생하게 되는데, 공감이 그 행동에 개입하는 지점은 다음과 같다. 대부분의 공감 연구는 타인의 과거 상황 혹은 현재 상황에 집중하지만 도덕적 행동은 그를 넘어서 타인과 미래를 공유하는 수준에서의 공감이 일어난다. 딱한 처지에 놓인 사람을 보고 내가 그를 도왔을 때 그가 나로 인해 그 처지에서 벗어나게 되고 조그마한 행복을 느끼게 되는 것을 상상하며 도덕적 행동은 발생한다. 이러한 행동은 우리 일상생활에서도 쉽게 찾아볼 수 있다. 몸이 힘든 노인 분에게 지하철 자리를 양보하는 것, 길에서 가방의 내용물을 떨어뜨려 당황하고 있는 이를 도와주는 행동 모두 공감과 관련이 있다.

(3) 공감과 교육

공감이 사회에 기여하는 바를 유념한다면, 그리고 사회적으로 구성되어 신뢰, 연줄망, 도덕 등의 형태로 나타나는 것을 기억한다면, 공감과 관련한 교육 역시 중요한 사회적 지점이라 할 수 있다. 이러한 맥락에서 공감 연구는 꾸준히 이루어져 왔으며 많은 경우 교육학 분야에서 어떻게 공감을 함양할 수 있을지에 대한 논의가 주를 이루고 있다(유찬기·남기범, 2018).

공감교육, 또는 공감훈련이라는 개념은 '공감'과 '교육(훈련)'의 합성어이기 때문에 본질적으로 공감과 교육을 어떻게 인식하느냐에 따라 공감교육의 내용과 형식에 차이가 발생한다. 심리학적 관점에서 짚었듯 인간의 태생적 요소로서의 공감에 초점을 맞추는 결정론적 시각에서 공감을 바라볼 수도 있지만, 신뢰와 도덕 등의 함양 등 사회화 과정에서 얼마든지 교육되고 강화될 여지가 있다는 것에 주목해야 한다. 미국의 학자 애스피는 공감은 긍정적인 인간성 발달에 필수적인 요소이며, 모든 사람에게 이것을 가르쳐야만 한다고 주장하였는데(Aspy, 1975), 공감이 교육과 훈련을 통해서 제고될 수 있는지는 공감을 어떤 식으로 바라보는가에 따라 달라진다.

공감을 '태도'로 보는 입장과 '기능'으로 보는 입장이 있는데, 공감을 의사소통 기능이 아니라 태도로서 정의하는 입장(Rogers, 1975)과 관찰과 측정을 할 수 있는 조작적 기능으로서 정의하는 입장(Truax & Carkhuff, 1967)은 서로 다른 공감 교육 방법을 제시하고 있다. 먼저 태도로서의 공감은 사람이 말하고 행동하는 바가 중요한 것이 아니라, 사람을 공감적이게 하는 본질적 자세나 태도가 중요하다고 주장한다. 공감은 공감적으로 이해한 바를 소통하는 데 필요한 기능을 습득하기 이전에 선행되어야 할 상대방에 대한 태도를 뜻하며, 공감적 기능을 획득하기 위해서는 먼저 상대방에 대해 진지한 관심과 존경을 받는 단계에 도달해 있어야 한다(박성희, 2004, p.291). 상대방에 대한 충실한 존중이 있다면, 다시 말해 상대방의 본성과 성장 가능성에 대한 신뢰가 있다면, 그들이 가치 있는 존재라는 마음가짐을 지니게 되며, 타인의 사고나 행동에 대한 공감으로 이어진다. 타자에 대한 공감적 관심을 갖기 위해서는 자기중심적 사고를 탈피하고 타자의 관점이나 입장을 이해할 수 있는 능력을 공감 교육을 통해 갖추어야 한다. 공감의 본질이 타자에 대한 신뢰와 존경의 태도에 있으므로, 공감의 교육은 타인에 대한 태도를 교육하는 일이 된다. 이는 공감의 부분적인 요소들에 대한 교육으로 이루어질 것이 아니라 총체적인 인생 경험을 통해 교육되어야 할 것이다. 즉, 이러한 관점에서의 공감 교육은 학교의 교과 과정에서 수행될 수 있는 것이 아니라, 인생 전반에 걸쳐 사회화되어야 하는 것으로 이해된다. 공감을 태도로써 인식하는 관점은 우리에게 공감 사회를 구현하기 위해서 먼저 사회의 구조를 개선하여 구성원을 따뜻하게 보듬을 수 있는 환경을 만들어야 한다는 본질적인 과제의 중요성을 시사한다.

다음으로 기능으로서의 공감은 말하는 사람의 느낌과 이에 결부된 의미에 대한 이해가 얼마나 정확하게 전달되느냐에 따라 결정되는 의사소통기능에 해당한다. 이 관점에서 공감은 평생에 걸쳐 교육할 수 있는, 교육과 훈련을 통해 쉽게 가르칠 수 있는 대상이 된다. 의사소통기능으로서의 공감 교육은 공감에 관한 기본적인 개념을 이해하고 공감의 수준에 따른 표현방식의 차이를 숙지하며, 이를 통해 최종적으로 각 수준에 알맞은 표현을 반복과 연습을 통해 숙달해 가는 과정을 통해 이루어질 수 있다(Gazda et al., 1987).

한편 공감의 구성 요소에서 공감의 정서적 측면을 강조할 것인지, 인지적 측면을 강조할 것인지에 따라서도 공감교육의 내용이 달라진다. 공감을 정서적 측면으로 접근하면 공감교육은 책 읽기(Feshbach & Feshbach, 2009), 시작품 감상(Gorrel, 2000) 등의 방법을 통해 공감 능력을 향상시켜, 공감적 감정을 각성시키거나 상대방과 동일한 감정을 갖게 되는 감정공명상태에 초점을 맞추게 된다. 즉, 타인의 정서에 잘 반응하여 공감할 수 있는 정서적 소양을 지니도록 훈련이라 할 수 있다. 공감의 인지적 측면을 중시하면 상대방의 정서를 식별하는 기능(Pecukonis, 1990), 다른 사람의 역할을 취해 보는 기능(Everding, 1993) 등의 내용을 통해 공감을 교육하게 된다. 이는 다시 말해 타인이 어떤 정서적 상태에 놓여 있는지 파악할 수 있는 인지적 소양을 함양시키는 과정이다.

이처럼 공감을 사회학적 소재로 파악하는 것은 공감을 보다 피부에 와닿듯 이해하게 만들어 준다. 우리를 둘러싼 공감의 향기를 우리는 같이 마시고 내뱉으며 더욱 조화롭고 아름다운 사회를 유지해 나가는 만큼, 공감은 이제보다 사회적 차원에서 적극 모색되어야 한다.

3. 사회적 공감

리프킨의 책에서 확인할 수 있듯이 인간의 본능에 기초한 공감에 대한 설명은 널리 알려져 있다. 그러나 공감의 사회적 성격과 그 함의를 고려했을 때 공감은 지금보다 조금 더 거시적이고 주체적인 역할로 이해되어야 할 필요가 있다. 1989년 페기 토이츠(Peggy A. Thoits)가 발표한 '감정의 사회학(The Sociology of Emotions)'에서는 전반적인 감정의 사회적 역할과 그 메커니즘을 미시적 수준에서 벗어난 거시적 관점에서 해석을 시도하는 노력이 이뤄졌다(Thoits, 1989). 그전까지 감정은 사회학적 영역으로 크게 여겨지지 않았다. 물론 앞서 말했듯 미드의 타자에 대한 역할취득(role-taking), 관점취득(perspective-taking), 타인의 감정을 타인의 관점에서 보고자 한다는 학문적 논의가 있었으나 '공감과 같은 감정들은 특정한 맥락, 상황에서 발현되는 일종의 결과물'로 인식되어 왔기 때문이다. 그러나 페기 토이츠는 그의 논문에서 감정은 단순 결과가 아닌 어떤 행위의 동인이 된다고 말하고 있다. 이의 대표적인 감정으로 그녀는 공감을 사례로 들고 있다. 토이츠는 미드와 같이 공감을 다른 사람의 입장에서 그 관점을 취해 보는 것으로 정의하는데, 타인의 고통을 목도하면서 느껴지는 공감 감정이 타인을 돕고자 하는 친 사회적 행동으로 이어질 것이라는 주장을 펼친다. 즉, 공감이 단순 느껴지는 감정, 인식의 개념이 아닌 태도나 행동을 불러오는 기제라는 것을 알 수 있다. 이러한 입장에서 공감은 보다 사회적이고 거시적인 시각에서 이해되어야 한다.

이에 대한 보완적 맥락으로 '사회적 공감 혹은 사회 공감(social empathy)'이라는 단어가 2000년대부터 조금씩 사용되고 있다. 이 용어를 가장 적극 사용하고 있는 학자는 미국의 사회복지학자 엘리자베스 시갈(Elizabeth A. Segal)이다. 그녀는 사회적 공감이란 "타인의 생애 환경을 경험하거나 인지하는 것을 통해 타인을 이해하고, 결과적으로 구조적 불평등과 격차에 대한 통찰력을 얻게 되는 능력"이라 정의한다(Segal et al., 2012, p.541).

이때 사회적 공감을 기존의 공감과 구별할 수 있게 하는 것은 "타인의 생애 환경을 경험하거나 인지하는" 것이다(Segal, 2011, p.267). 이를 맥락적 이해(Contextual understanding)라고 일컫는데, 맥락적 이해가 없다면 우리는 타인의 상황을

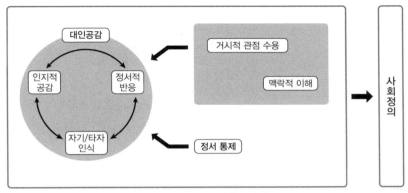

그림 1.3 사회적 공감의 메커니즘

올바르게 이해하는 것이 불가능하다. 어떤 여성이 열이 심하게 나서 병원을 방문하는 상황을 상상해 보자. 검진을 마친 의사가 병세의 심각성을 강조하며 열이 그렇게 심하게 날 때까지 왜 병원에 오지 않았냐고 여성에게 묻는다. 이때 의사는 질병이 이렇게 심각하게 악화한 것은 아플 때 바로 병원으로 오지 않은 여성의 부주의함에 일부 책임이 있다고 생각할 수도 있다. 하지만 만약 이때 여성이 아이를 두 명이나 키우고 있는 워킹맘이며, 그녀가 일하는 직장은 근무환경이 열악하여 병원에 들를 시간을 좀처럼 주지 않는 회사라는 사실을 알고 있다면 상황에 대한 이해는 달라질 수 있다. 누가 이 여성에게 책임을 물을 수 있겠는가? 맥락적 이해는 다른 사람이 살아왔고 또 살아가고 있는 삶 그 자체의 맥락과 그로 인해 크고 작은 제약들을 이해할 수 있게 하는 능력으로서, 맥락적 이해가 없을 때의 공감은 많은 부분 제한적으로 작동할 수밖에 없다.

  보편적으로 사람들에게는 다른 사람이 겪고 있는 현상이나 상황을 그 사람의 개인적인 속성으로 인한 결과라고 이해하는 경향이 있다. 이를 기본적 귀인 오류(Fundamental Attribution Error)라고 한다(Jones, Harris 1967). 예를 들어, 가난한 사람을 볼 때 우리는 그 사람이 게으르거나 무능력하여 돈을 벌지 못하였다거나, 낭비벽이 심하거나 저축을 하지 않는 무계획적인 삶을 살았기 때문에 그 결과

표 1.4 엘리자베스 시갈의 사회적 공감 구성 요인

구분	구성요인		설명
대인 관계 적 공감	정서적 요인	정서적 반응	-배양되고 향상될 수 있는 타고난 신경생물학적 역량 -타인의 감정을 반영하고 정확하게 확인하는 능력 -타인을 관찰하거나 경청할 때, 영화를 보거나 책을 읽을 때, 개인의 비자발적 생리적 반응과 감정 -정서적 공유의 반영과 정서적 일치 요소를 반영
	인지적 요인	관점수용	-정신적으로 유연한 능력(내부로부터, 타인의 입장에서 타인의 상황 을 상상하는 것) -다른 견해에 열려 있는 것
		자기타자 인식	-자신과 타자 사이 혼동 없이 누군가와 일시적으로 동일시하는 능력 -개인 자신의 정서, 생각과 타인의 정서, 생각 사이 적절한 경계를 유 지하는 능력
		정서통제	-반영된 감정에 대해 자신의 정서적 경험을 변화하거나 통제하는 능 력 -관찰자는 정서적 공유의 정서적 감염측면에 의해 압도당하지 않으 며, 따라서 개인적 고통을 피하는 것을 의미
사회 적 공감	행동적 요인	공감적 태도	-사회적으로 책임 있는 공감적 신념의 집합 -이러한 신념과 동일시하는 사람들은 빈곤을 해결하기 위한 개입에 대해 더욱 지지적이며 개인적 행동을 취할 가능성 또한 더 많을 것 임 -의식적 의사결정의 대리 측정으로서 공감적 태도(EAs)를 개발함 -공감적 태도는 특정한 사회적으로 책임 있는 공감적 태도와 신념들 과 응답자들이 얼마나 많이 지지하거나 동일시하는지를 사정하기 위한 것임 -이러한 태도들과 더욱 가까운 사람은 공감적 행동을 취하거나 지지 하는 경향이 더 많을 것이란 전제를 가지고 있음
	사회적 정의와 책임	맥락적 이해	-사회의 사회적, 정치적, 경제적 체계로 구축된, 타인의 역사적 노출 과 장애애 대한 영향을 이해하는 능력 -문화마다 사회집단의 상황을 사정하는 능력과 사회적 맥락에 대한 이해가 공감에서 중요 -고정관념과 편견의 감소를 통해 사회적 관계를 향상시킬 수 있음 -따라서 자신과 다른 집단의 생활경험을 완전하게 파악하기 위해서 체계적인 제한에 대한 맥락적 이해가 중요
		거시적 관점수용	-다른 사회적 집단의 구성원으로서 사는 것이 어떤 것인지 인지적으 로 처리하는 능력 -그와 다른 사람들의 생활로 들어갈 수 있게 하는 능력

출처: 김용석·송진희, 2018, p.134.

로 그 사람이 가난한 것으로 추정하기 쉽다. 우리가 이처럼 가난을 그 사람의 잘못으로 돌리고 있는 상황에서는 아무리 그 사람이 현재 가난에 허덕이고 있다는 것을 알고, 그 고통에 공감하더라도 그 사람을 돕고자 하는 의지는 그리 강하지 않게 된다. 다르게 표현하면 맥락적 이해 없이는 어떤 사실에 대한 공감은 가능하더라도, 그 이유에 대한 깊은 공감은 어렵다고 할 수 있다. 만약 그 사람이 어렸을 적부터 가난한 가정에서 자라 왔기 때문에 기초 교육조차 끝마치지 못하고 일터를 전전하였으며, 그 때문에 높은 임금을 받는 고급인력이 될 기회조차 얻지 못하여 지금에 이르러선 모아 둔 돈도 없고 몸도 쇠약해졌다는 것을 이해한다면, 비로소 우리는 그 사람이 왜 그런 상황에 놓였는지에 대해 진정한 공감을 할 수 있게 되는 것이다.

맥락적 이해와 더불어 사회적 공감을 구성하는 중요한 요소는 '거시적 관점 취하기(Macro perspective-taking)'이다. 나와는 다른 계층의 사정과 상황에서 세상을 바라보는 것이 거시적 관점 취하기다. 타인의 삶과 환경을 이해해도 어떤 방식으로 세상을 바라보는지를 상상하지 않는다면, 큰 성과가 없을 것이다. 맥락적 이해와 거시적 관점 취하기가 동반된 공감은 자기와 비슷한 사람들에 선택적으로 작용한다는 대인 공감(Interpersonal empathy)의 한계를 넘어, 나와 다른 집단과 계층을 향한 사회적 공감을 형성한다.

사회적 공감의 효과에 대한 연구는 사회적으로 소외된 계층에 대한 태도나 사회정의에 대한 견해 등과 관련하여 깊이 탐구되고 있다. 예를 들어 와가맨과 동료가 대학생을 대상으로 복지의 수혜계층에 대한 인식을 조사하여 수행한 연구로는, 사회적 공감 지수가 낮은 사람일수록 복지의 수혜계층, 즉 빈곤계층에 대해 정부의 복지에 지나치게 의존한다고 생각하는 경향이 있었다(Wagaman et al., 2018). 사람들이 복지에 대해 갖게 되는 태도를 결정하는 중요한 요인 중 하나가 수혜자에 대한 인식임을 고려한다면, 대중들의 사회적 공감 결여는 복지정책을 축소해 결국 사회의 불평등을 심화시킬 우려가 있다. 바꿔 말하면 사회적 공감의 확산은 사람들이 사회의 구조적 불평등과 격차에 대한 인식을 갖게 하고 사회복지 사업에 대한 지지를 증가시켜, 정의로운 사회를 구현하는 데 이바지할 수 있다.

하지만 현재까지 사회적 공감은 경제적 영역에서의 불평등에 초점을 맞추어 지나치게 한정적으로 다뤄져 왔다. 사회적 공감은 사회복지 사업에 대한 우호적 태도를 촉진하여 더욱 평등한 사회를 실현할 수 있다는 잠재력이 있을 뿐만 아니라, 나와 다른 사람들에 대한 이해를 통하여 갈등을 해결할 수 있다는 점에서 사회 통합에 크게 기여를 할 수 있다. 지금 우리 사회는 경제적 계층뿐만 아니라 정치적 이념에 따라, 지역적 배경에 따라, 세대와 성별에 따라 나뉘어 첨예한 갈등을 벌이고 있다. 나와 다른 사람을 매도하는 수많은 혐오 표현들이 등장하여 상대방을 상처 입히는 데 활용되고 있는 현상을 통해 이를 잘 확인할 수 있다. 이런 문제점을 해소하기 위해 사회적 공감의 본질은 무엇인지, 이를 통해 무엇을 성취할 수 있는지, 또 어떻게 이를 함양할 수 있을지에 대한 탐구가 필요하다.

제2부 공감 부재의 대한민국

제2장 불공평한 세상

　지난 30년 동안, 전 세계적으로 가진 자가 더 얻고 못 가진 자가 더 잃게 되는 부익부빈익빈 현상은 여전히 해결되지 못한 채 남아 있다. 구체적인 수치를 통해서 살펴보자면, 1980년에 소득 상위 1%의 사람들이 전 세계 소득의 16%를 점유하고, 소득 하위 50%는 전체의 8%를 차지하고 있었는데, 30여 년이 지난 2016년에는 상위 1%가 전체 소득의 22%를 차지하고, 하위 50%는 단 10%에 불과하였다. 즉 1980년부터 2016년까지 상위 1%의 실질소득은 28% 성장한 반면 하위 50%는 단 9%만 성장했다는 것이다. 이를 통해 볼 때, 소득격차가 해소되기는커녕 오히려 커지고 있다는 것을 알 수 있다(Alvaredo et al., 2018). 전 세계 인구의 1%에 해당하는 소수의 사람들이 하위 50%인 사람들 모두의 소득을 합친 것만큼의 돈을 벌어들이고 있다는 사실은 사뭇 충격적이다.

　1980년대 이후 한국, 대만, 홍콩, 싱가포르 등 동아시아 신흥공업국이 발전을 이루고, 또 최근에는 중국과 인도를 비롯한 여러 개발도상국이 급격한 경제성장을 성취하면서 선진국과의 소득격차를 줄이는 결과를 불러오게 되었다. 이는 곧 국가 간 불평등의 감소로 이어졌지만, 국가 내 불평등은 한결 더 심해지게 되는 발전의 역설(developmental paradox) 상황을 불러일으키게 되었다. 나라의 모든 국민들이 경제의 성장을 같은 정도로 누리지는 않기 때문이다. 경제성장이 결과적으로

그림 2.1 불공평한 세상

출처: gettyimagesbank

절대적 빈곤을 감소시키는 효과가 있다고는 하여도 그것이 곧 사회의 불평등을 해소하는 것을 의미하지는 않는다. 이러한 빈부격차는 비단 개발도상국들에서만 심화되는 것이 아니라, 이미 선진국의 반열에 든 국가들 사이에서도 유사하게 진행되어 왔다. 다시 말해 자본주의의 발전은 전 세계적으로 심각한 불평등의 확대를 불러일으켜 왔던 것이다.

그림 2.2를 통해 보면 세계 각 나라의 불평등 상황은 모두 심각하지만 그 정도는 지역별로 편차를 갖게 된다는 점을 알 수 있다. 선진국으로 분류되는 나라들 중에서도 미국은 불평등 심화가 뚜렷하게 드러나는 것에 비해 유럽은 상대적으로 불평등 정도가 덜하며, 중동의 경우 석유 자원을 소유하고 독점하는 계층과 그렇지 못한 계층 사이의 빈부격차가 극단적으로 벌어지고 있다. 소득불평등은 미국뿐만 아니라 유럽에서도 증가 추세에 있는데, 미국에서 상위 1%가 국민총소득 중 차지하는 비중이 20%에 달하는 반면 유럽에서 그 비중은 12%로, 미국에 비해 유럽이 소득격차가 심화되는 정도가 상대적으로 낮음을 알 수 있다.

자본주의가 심화될수록 사회의 부가 소수에게 편중되는 결과가 나타나는 경향

국가별 불평등 정도
* 2016년 국민총소득 대비 상위 10%소득의 비중, 단위: %

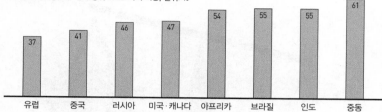

미국과 유럽의 상위 1%와 하위 50% 소득 비중. 단위: %

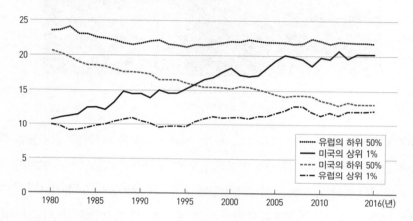

전체 자산 중 상위 1%가 보유한 자산 비중. 단위: %

그림 2.2 세계불평등의 수준과 추이
출처: 2018, 세계불평등 보고서.

이 있다. 이러한 불평등을 통제할 수 있는 제도적 장치로는 누진세, 복지제도, 최저임금, 공공서비스 등이 있는데, 이러한 정부의 개입은 각 나라마다 주어진 환경과 여건이 다르기 때문에 어떤 식으로 구현될지 명확하지 않다. 예를 들어, 영국처럼 소득불평등이 심한 나라에서 최저임금을 올려 소득불평등을 해소하고자 하는 정책이 시행되는가 하면, 미국에서는 부자들에게 유리한 세법을 시행하여 오히려 소득불평등을 가중시키는 세법이 최근 개정되었다. 프랑스는 다른 국가에 비해 상대적으로 빈부격차가 덜하지만, 부유층의 소득에 대한 과세를 완화하는 한편 최저임금 인상률을 평균 소득 변화와 관계없이 분리해 정하는 방안을 검토하고 있는 실정이다.

유엔행복지수는 국가별로 1,000명의 표본 집단을 통해 삶의 만족도를 10점 만점에 몇 점이라고 평가할 것인지 묻는 방식으로 측정한다.[4] 여기에는 1인당 국내총생산, 건강 기대수명, 사회적 지지, 선택의 자유, 관용, 부정부패 등 6가지 변수와 행복의 관계를 포함하여 평가 자료로 분석한다. 분석결과는 여섯 가지 변수 중 1인당 국내총생산과 사회적 지지, 건강 기대수명이 행복의 수준에 중요한 영향을 미치는 것으로 나타났다(Helliwell et al., 2019). 이는 국가 간에 경제적 발전의 수준에 따라 국민의 행복까지도 격차가 벌어진다는, 세계적 불평등의 재확인이라고 할 수 있다.

세계적 소득불평등과 마찬가지로 세계 행복불평등이 확산되고 있으며, 그 주요 원인은 국가 간 불평등뿐만 아니라 국가 내 불평등 심화도 있다. 각 나라는 소득불평등을 해소하는 것을 넘어 조금 더 근본적이고 포괄적인 발전의 목표인 공평한 행복의 수준을 이루기 위한 적극적인 관심과 개입이 필요할 것이다. 그림 2.3에서 나타나듯이 2005년 이후 세계 각국에서 삶의 만족도 추이를 살펴보면, 국가 내 행복불평등은 점점 증가하고 있으나 국가 간 행복불평등에는 큰 변화가 없다. 이는 세계 행복불평등의 확대가 국가 내 행복불평등의 심화로부터 기인하고 있다는 것을 말해 준다. 지역별로는 서유럽, 북미, 오세아니아, 남아시아에서 낮은 수준의 행

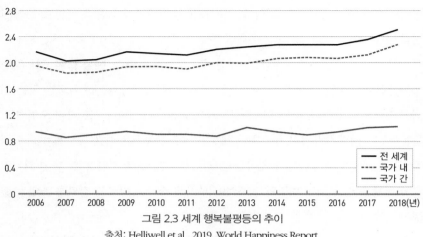

그림 2.3 세계 행복불평등의 추이

출처: Helliwell et al., 2019, World Happiness Report.

복 격차를 보여 준 데 비해 중남미, 중동, 아프리카에서는 높은 수준의 행복불평등이 나타난다.

지역별 행복불평등의 추이를 살펴보면, 서유럽의 경우 2012년까지는 불평등이 확대되었다가 이후 안정세를 보이며, 중부 및 동부 유럽도 비슷한 흐름이나 변동의 폭은 훨씬 더 크게 나타나고 있다. 러시아를 비롯한 독립국가연합 지역에선 정반대 흐름을 보이는데, 2012년까지는 안정세를 보이다가 2013년 이후 행복불평등이 커지는 양상이다. 중남미에서는 2014년까지 안정세를 보이다 이후 확대되고 있으며, 동남아시아 및 사하라이남 아프리카 지역이 2010년 이후 행복불평등이 크게 증가한 지역이다. 반면에 중동과 북아프리카지역은 2013년까지 불평등이 커지다가 이후 안정세를 보이고 있다.

2년 연속 1위를 차지한 핀란드를 포함하여 덴마크와 노르웨이 등 북유럽 3개국이 가장 행복한 나라로 측정되며, 상위 10개국에서 뉴질랜드와 캐나다를 제외한 8개국이 모두 유럽에 속한 선진국이다. 핀란드는 행복평등도 조사에서도 10위를 차지함으로써 사회 구성원이 골고루 높은 수준의 행복감을 느끼는 삶을 갖는다고 하겠다. 아시아에서는 대만이 25위로 순위가 가장 높으며, 싱가포르(34위), 태국(52

위) 등이 한국(54위)보다 앞선 반면에 경제대국인 일본은 58위, 미국과 무역 갈등을 겪고 있는 중국은 93위에 위치하고 있다. 행복지수의 최하위 국가에는 시리아(149위), 예멘(151위), 아프가니스탄(154위), 남수단(156위) 등 내전으로 고통받는 국가들이 대부분이다.

세계에서 가장 행복한 나라인 핀란드에서 11월 1일은 국민행복과 관련하여 매우 특별한 날로 '부러움의 날(National Envy Day)'로 지칭하고, 정부는 전 국민의 소득과 세금을 공개한다. 이른 아침부터 국세청 앞에서 미디어의 보도로 핀란드 최고 부자에서 명사들의 소득과 세금액수가 공개되고 이들과 일반인의 소득을 비교한 분석결과가 나오며, 일반 근로자들도 원한다면 자신의 상사나 동료의 수입을 정확히 알 수 있다. 이는 세계에서 세금을 가장 많이 내고 또 국민 총생산의 31%를 복지에 사용하는 핀란드에서 복지제도의 기반인 세금이 얼마나 투명하고 공정하게 운영되는지를 보여 주기 위함이다. 정당한 세금을 내지 않은 사람들에 대한 비난의 시선은 건전한 시민의 공감의식을 통해 탈세에 대한 감시가 강화되고, 고용주가 차별 없이 공정하게 임금을 책정하게끔 하는 공개제도의 힘이다.

투명성과 공정성이 정부와 제도를 신뢰하게 하고, 사회 구성원에 대한 신뢰가 핀란드를 세상에서 가장 살기 좋은 곳으로 만드는 것이다. 곧 평등과 공동체를 바탕으로 하는 삶의 태도가 신뢰 및 공감사회를 형성하게 하여 개인보다 사회의 공공선을 추구하는 시스템과 문화적 가치체계가 뿌리를 내리고 있기 때문이다. 예를 들어 소수의 탁월한 능력개발보다는 낙오를 방지하고 평등을 우선시하는 교육방침에서 비롯된 기본적 가치관이 때로는 뛰어난 성취자들을 저지하는 것도 사실이지만 세금공개에 따른 사생활 침해처럼 핀란드의 사회 구성원이 감수하는 사회적 대가이다. 사회가 평등해질수록 국민들은 더 행복해지며, 소득격차가 심화되고 불평등구조가 구조화될수록 구성원의 웰빙의 수준은 하락한다는 결과에서처럼 부를 웰빙으로 바꿀 줄 아는 틀이 행복의 비결인 것이다.

한국의 경우 행복지수는 10점 만점에 5,895점으로 156개국 가운데 54위를 차지하고 있으며, 건강기대수명(9위)과 1인당 국내총생산(27위), 관용(40위)에선 비교적 좋은 성적이었으나 선택의 자유(144위), 부정부패(100위), 사회적 지지(91위) 등에선 크게 못 미치고 있다. 국가 경제력에 비해 사람들이 느끼는 행복감은 전반적으로 다소 낮을 뿐만 아니라 구성원 간의 행복감 편차는 심하게 나타나고 있는 현실은 국가가 소득분배의 문제를 넘어서 이제는 사회 구성원의 행복을 적극 관리할 필요가 있다는 것을 말해 준다. 한국의 이러한 행복수준은 최근 5년간 47~58위로 큰 변화가 나타나지 않고 있다는 점도 특징적이다.

지난 10년간 각국의 행복지수의 변동 폭을 살펴보면, 서아프리카의 베냉을 비롯하여 남아메리카 니카라과와 불가리아의 증가폭이 가장 높으며, 베네수엘라, 시리아, 보츠와나 등에서 하락폭이 가장 큰 것으로 나타나고 있다. 아울러 경제적으로는 안정된 것으로 보이는 영국의 경우, 행복지수가 지속적으로 하락함으로써 급기야 유럽연합 탈퇴로까지 이어지는데, 이는 경제 및 행복 지수의 상관관계에 의해 미래의 격변을 예측하는 신호로 활용이 가능하다는 것을 보여 준다. 행복은 성적순이 아니듯이 행복은 반드시 경제순위로 이루어지는 것이 아니다. 행복불평등은 소득불평등보다 좀 더 넓은 개념으로 특히 사회적 신뢰도가 주관적인 웰빙의 불평등과 밀접한 관련이 있는데, 소득불평등이 높은 곳에서 사회적 신뢰도가 더 낮은 경우가 많다고 하겠다.

일반적으로 계층 갈등은 소득불평등에 기인하지만, 실제로 주어진 사회의 삶의 질 격차를 직접적으로 측정하는 방법으로 웰빙불평등 비율(Wellbeing Inequality Ratio)을 활용할 수 있는데, 이는 10점 척도로 측정된 점수를 기초로 상위 20%와 하위 20%의 평균을 비교한 값이다. 자신의 삶을 스스로 평가하는 주관적 웰빙의 지표는 응답자들로 하여금 자신의 삶의 제반 측면(Cantril Self-Anchoring Scale: 캔트릴 자기평가 척도)을 고려해서 대답하기 때문에 경제적 측면에 집중된 소득불평등보다 포괄적인 개념이다(Gallup, 2019). 행복측정의 기본 지표이기도 한 웰빙불평등의 수치를 통해 주어진 사회에서 상위계층이 하위계층보다 얼마나 더 나은

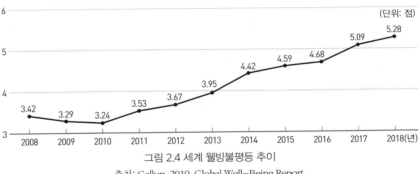

그림 2.4 세계 웰빙불평등 추이
출처: Gallup, 2019, Global Well-Being Report.

삶을 누리는지를 파악할 수가 있다.

그림 2.4에서 알 수 있듯이, 10년간 세계 평균 웰빙불평등의 비율이 가장 낮았을 때는 2010년(3.24)으로 상위 및 하위 계층격차가 3.24배였으며 이후 수치가 매년 조금씩 증가하다가 2018년에는 5.28로 사상 최고 수준을 나타내고 있다. 웰빙불평등의 비율이 가장 낮은 국가는 네덜란드로 1.5의 수치를 보여 주고 있으며, 같은 시기 세계 행복순위는 5위를 차지하고 있다. 2000년대 후반 글로벌 금융위기 이후 상위 20%의 웰빙 점수는 지속적으로 좋아진 반면 하위 20%의 웰빙 점수는 더 악화된 것으로 추정된다. 2008년 상위 20%의 웰빙 점수는 7.92였는데 10년 후에는 웰빙 점수가 8.64로 높아졌다. 같은 기간 하위 20%의 웰빙 점수는 정반대 흐름을 보였는데, 2008년 웰빙 점수 2.84에서 2018년 2.33으로 감소하고 있다.

일반적으로 행복불평등이 낮은 국가는 국내총생산(GDP)과 인간개발지수(HDI)가 높고 취약국가지수(Fragile State Index)가 안정된 사회이지만, 부익부 빈익빈은 사회경제적 자원이 어느 한쪽에 편중된 사회에서 종종 볼 수 있는 현상이지만, 주관적 삶의 질을 뜻하는 행복에서도 같은 현상이 나타나고 있다는 점에 주목할 수 있다. 행복수준이 높은 계층에서 삶의 질은 갈수록 점점 더 좋아지고, 빈곤한 계층의 삶의 질은 더 고달프고 힘들다는 것이다. 특히 각 나라의 상하 계층의 행복수준의 격차가 지난 8년 동안 3배에서 5배로 크게 벌어진 것으로 나타나 행복불평등이 심화되고 있음을 알 수 있다.

　이와 같이 국제지형에서의 불평등 구조와 행복과 삶의 질의 관계는 왜 어떤 사회가 다른 사회보다 더 잘사는지 그리고 잘사는 국가가 더 행복한지에 대한 단초를 안겨 준다. 시간이 흐를수록 전 세계 국가들의 불평등 격차는 점점 심화되고 있으며 급속한 경제성장을 달성한 한국과 같은 경우 행복의 수준은 반드시 비례하지 않고 있다는 점이 중요하다고 하겠다. 이와 같은 발전의 역설현상을 어떻게 이해하고 진단할 수 있는가? 이는 그림 2.4에서 제시하듯이 주어진 사회의 시간과 공간 차원을 각각 반영하는 역사적 흐름과 사회구조, 전통적인 문화적 가치체계와 사회 구성원의 정서적 맥락, 그리고 의사소통방식의 수준이 연결된 복합적인 구조에 기초한 함수관계에 의해 사회 구성원 및 집단의 공감이 부재하게 된 사회적 토대가 형성된다고 할 수 있다. 서구의 경우와 비교해서 상대적으로 짧은 시간 동안 빠른 경제성장을 추구하면서 국가가 제시한 발전 비전의 희망을 잃어버리고 삶의 질이나 행복과 같은 여타 분야의 희생을 가져다주었다. 이러한 압축적 발전(compressed development) 과정에서 변화된 사회적 욕구를 반영하지 못하고 사회 갈등을 해소하지 못한 채 누적되어 사회적 토대가 굴절되거나 왜곡되어 왔던 것이다.

제3장 계층 갈등

1. 한국사회의 불평등 현황

사람들이 추구하는 목적과 가치가 권력이거나 부이거나 기회이건 간에 그 가치가 항상 부족하고 인간의 욕구에는 제한이 없기 때문에 자제력과 인내의 힘을 상실하고, 사회적인 제어 장치가 합리적으로 제도화되어 있지 못한 상황에서는 상대적 박탈감에 의한 공격적인 행동을 수반하여 폭력적 갈등의 양상이 나타나게 된다. 더욱이 부족한 사회적 자원과 가치의 분배 구조와 결과가 지나치게 편중되어 형평의 원칙이 무너지고 불평등 구조가 확산되면 갈등상황은 심화되고, 적절한 시점에는 화산에서 분출하는 마그마와 같이 사회 안에 갈등이 범람하게 된다. 이러한 불평등 구조가 심화되어 온 한국사회는 대기업 위주의 성장정책으로 편중현상이 심화되어 빈부격차가 커지고 정치적 후진성과 국가권력의 사유화에 의해 사회구성원의 기대와 희망을 잃어버리게 함으로써 갈등의 제반 요소를 내재, 체화시켜왔다. 사회적 연줄망의 폐쇄된 구조 속에서 공감사회의 형성을 위한 기초적 토대는 굴절되어 왔으며, 정부에 대한 신뢰 저하와 함께 불평등 구조는 한국사회의 만성적 계층 갈등의 요인으로 작용하게 된 것이다. 전에는 상류 및 중산층에서 높은 비중을 차지한 사교육이 저소득층 및 초등학생의 사교육 참여율(72.8%)이 증가

함에 따라 이제는 소득과 학령에 상관없이 모든 가정으로 확산되고 있다(통계청, 2019). 부실한 공교육의 질에 대한 불신과 함께 맞벌이 부부와 1인 자녀 가구가 증가하여 경제적 부담을 감수하더라도 자녀의 미래에 대한 투자가 중요하다는 사회 가치도 사교육 시장의존도를 높이는 원인이 되고 있다. 부모가 자녀의 생존경쟁을 위해 모든 것을 투입하는 사회에서는 구조화된 계층의 가치사슬을 쉽게 끊을 수 없다.

예를 들어 고액의 개인강사 또는 학원수업을 통해 성적향상에 몰두하거나 한국에서의 극심한 경쟁을 피해 비싼 유학의 길을 가는 학생이 있는 반면에, 맞벌이 부모가 외출한 탓에 아무도 없는 방에서 혼자 학습지로 공부하는 이가 있으며, 그리고 생활전선에서 교육혜택을 전혀 받을 수 없는 어린 친구들도 있다. 이들 모두 한국사회의 구성원이지만 이들의 학생 시절의 사회경제적 편차와 생활 패턴은 너무나 다르다. 한쪽에서는 유학 등을 통해 미래를 차근차근 준비하고 있지만, 다른 한쪽에서는 생존을 위해 거리를 헤매고 있는 것이다. 어린 시절부터 전혀 다른 출발선상에 서 있는 세 명의 아이들의 모습은 바로 한국사회에 짙게 드리운 교육격차의 실제 모습이다.

이는 한국사회의 불평등 구조가 더 이상 방치할 수 없는 심각한 상태임을 의미한다. 소득불균형에 따른 빈부격차는 위험수위를 넘어섰으며 더욱 구조적으로 고착화하면서 확대재생산의 양상을 보이고 있다. 향후 이러한 불평등 구조는 더욱 깊어질 전망이며, 사회불안의 핵심요소가 될 것이다. 문제는 소득, 교육, 직업의 양극화와 이에 따른 빈부격차에 의한 계층 갈등이다. 현재 한국사회가 직면하고 있는 이러한 갈등현상이 구조적 모순과 사회규범의 부재에서 비롯되었다는 문제 인식에는 별다른 이의가 없을 것이다. 결국 위기처방의 열쇠는 극복을 위한 실천이라고 할 수 있으며, 이 실천에는 우리 사회 모든 구성원이 각기 힘을 합해야 한다. 가치관과 연대감이 무너지는 가정, 지역, 집단을 바로 세우고, 계층 갈등을 사회통합으로 이끌어 맑고 밝은 사회로 재생해야 할 긴급한 상황이 현실적으로 다가온 것이다. 그렇다면, 한국사회의 경제적 불평등은 어느 정도이며, 그 원인은 무엇이고 결과적으로 나타난 현상은 무엇인가?

2. 소득불평등

한국사회의 급속한 산업화와 도시화과정은 불평등을 본격적으로 배태하기 시작하였고 1997년 외환위기를 경험하면서 소득과 자산격차의 효과가 극대화되어 부익부 빈익빈 현상이 구조화되기 시작하였다. 특히 대부분 사회 구성원은 빈곤의 원인이 개인에게 있기보다는 사회적 책임이 크다고 인식하고 있다(통계청, 2019). 이는 한국의 분배 및 기회 구조에 대해 매우 부정적인 의식을 반영하는 것으로 시간이 흐를수록 확대 재생산되는 경향을 보여 주고 있다. 일반적으로 빈곤 계층은 교육 및 기술수준이 낮고 수입도 적으며 열악한 주택환경과 사회적 인프라가 뒤떨어진 지역에서 생활한다. 빈곤은 일차적으로 경제적 문제이지만 필연적으로 사회의 가치관과 문화적 요소와 관련이 되기 때문에 공동체의 관점과 사회정책적인 차원에서 해결해야 할 필요가 있다.

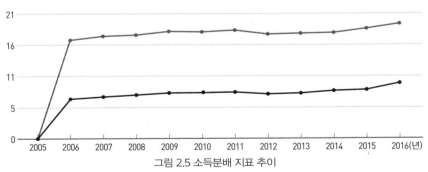

그림 2.5 소득분배 지표 추이

주: 아래: 5분위 배율; 위: 상대적 빈곤율; 단위: %
출처: 통계청, 2019, 사회조사.

소득 분배 구조의 현황은 이론적인 완전균등의 분배 상태에서 얼마나 떨어져 있느냐를 현실적으로 반영하며, 소득분포에 관한 통계자료는 빈부격차를 거시적으로 파악하는 데 유용하다. 한국사회에서 소득분배는 빈부격차가 장기적으로 고착화되고 있으며, 고소득 전문직 및 자영업자의 불투명한 납세행태와 사회안전망의 부실한 운영으로 실제적으로는 계층 갈등의 심화가 가속화되고 있는 실정이다. 특히 소득분배의 대표 지수인 지니계수는 외환위기 이후 1997년 0.283에서 1998년 0.3157로 악화된 이후 2002년 0.312, 2006년 0.330, 2010년 0.341, 2017년에는 0.355로 점차 악화된 상태로 진행되고 있다. 그림 2.5에서 나타나듯이 관련 통계조사가 이루어진 2006년에 5분위 배율이 6.65에서 시작하여 2010년 7.74, 2014년 8.08, 2016년 9.32로 증가 추세에 있으며, 상대적 빈곤율도 2006년 16.6, 2010년 18.0 2014년 17.9, 2016년에는 19.5를 보임으로써 악화되고 있다. 표 2.1은 한국사회의 소득집중도를 나타내는데, 소득 상위계층 80%가 하위계층 20%에 비해 3.03배를 나타내고 있으며 상위계층 90%는 하위계층 10%에 비해 8.62배의 격차를 보여 줌으로써 최근 들어 급속하게 소득격차가 증가되고 있음을 알 수 있다.

빈곤의 문제는 개인의 책임보다는 사회구조적인 문제로서 계층 갈등의 중요한 원인이기에 이들에게는 최저생활을 유지하는 데 필요한 소득을 보장해 줘야 하며 사회안전망 구축 및 효율적 시행이 요구된다. 빈곤문제는 크게 두 가지 개념에서 접근할 수 있는데, 먼저 절대적 빈곤은 최저생활을 유지하는 데 필요한 소득이 결여된 상태로 최저 식료품비, 주거비, 생필품비가 빈곤선 이하의 상태를 의미하는데 보통 정상적인 사회 및 문화생활을 하면서 사는 데 드는 비용으로 표준생계비를 상정한다. 이에 비해 상대적 빈곤은 사회의 전반적인 생활수준과 비교하여 정의하며, 경제적 불평등이 존재하는 한 소득수준의 상승과 관계없이 빈곤은 항상 존재한다고 하겠다. 상대적 빈곤의 개념은 불평등 관점에서 빈곤을 파악하는 것으로서 그 사회의 소득수준이 상승하면 빈곤선도 상승하기 마련이다. 지난 30년간 한국사회에서 절대빈곤의 인구수는 감소하였으나, 상대빈곤의 인구수는 완만하

표 2.1 10분위별 소득 분포 및 소득 집중도

(단위: %)

분배 지표별	2016 전체 가구
균등화 10분위소득 경계값	(단위: 원)
p10	455,001
p20	1,036,821
p30	1,434,246
p40	1,731,024
p50	2,023,030
p60	2,318,770
p70	2,669,428
p80	3,144,669
p90	3,921,449
p90/p10	8.62
p80/p20	3.03

출처: 통계청, 2019, 사회조사.

지만 지속적으로 증가하는 것으로 추정되며, 상대빈곤은 생활수준이 향상되면서 절대빈곤보다 더 큰 의미를 가진다.

특히 외환위기 이후 중산층이 급격하게 붕괴되어 서민은 빈민으로 전락하고 대기업과 중소기업의 격차뿐만 아니라 전통시장의 상인들과 지역소매상의 기반이 무너진 채 농어촌 황폐화도 함께 가져다주었다. 오늘날 한국사회는 스스로 중산층이라고 생각하는 비중이 55.2%인 데 비해 스스로 하류층이라고 생각하는 비중은 42%를 차지하고 있으며 상류의 계층의식은 2.8%에 불과한 상태이다. 특히 비정규직의 비중이 점차 커지면서 도시빈민계층이 급증하여 계층의 양극화가 지속적으로 진행되고 있다는 사실이 문제점이다. 2019년 현재 실업률은 4.1%이지만 실질적으로는 비정규직 및 비자발적 근로자, 임시직 근로자, 일시휴직자, 실망실업자 등을 포함하면 체감 실업률은 훨씬 높은 상태이다. 특히 특정 기간 중 편법으로 예산을 사용해서 공공근로사업을 크게 벌인 결과가 반영되고 임시근로자 및 일용근로자 등 매우 불완전한 취업인구는 계속 증가하고 있어 실제 중산층 붕괴현상은 더 심각한 상황에 와 있다.

그림 2.6에 나타난 비정규직 추이를 살펴보면, 2008년 금융위기 이후 해당 근로자 수는 상대적 비중의 감소에도 지속적으로 증가하여 왔음을 알 수 있다. 최근 여론 조사(한국일보, 2019)에 의하면, 한국사회에서 10명 중 6명은 비정규직 일자리를 줄여야 된다고 응답함으로써 고용안정성이 보장되지 않는 노동시장에 대한 불안감을 반영하고 있다. 정규직 대비 비정규직의 시간당 임금 총액 수준은 68.3%

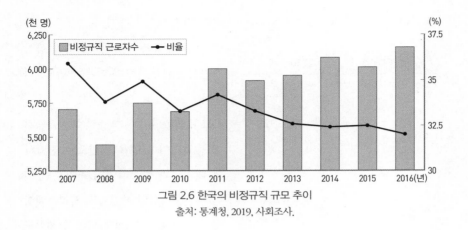

그림 2.6 한국의 비정규직 규모 추이
출처: 통계청, 2019, 사회조사.

수준에 그치고 있으며, 비정규직의 정규직화 정책에 대해 공감한다는 응답이 57.6%를 차지하는 데 비해 그렇지 않다는 의견은 40.7%로 나타나고 있다. 2019년 현재 국내 비정규직(한시적, 시간제, 비전형) 근로자 수는 661만 4,000명(통계청, 2019)으로 전체 근로자 중 33.0%를 차지하고 있는데, 이는 2012년 33.2%의 비중 이후 최고 수준이다. 그림 2.7에서와 같이 정규직화 제로정책에 대한 공감도가 60%에 가깝게 나오는 데는 54.9%의 찬성을 나타낸 중도성향의 지지성향이 크게 작용했다고 볼 수 있다. 이는 외환위기 이후에 비정규직이 한국사회에 고질적인 문제가 되면서 중간층에서도 이를 큰 사회적 문제로 인지하고 적극적인 변화가 필요하다고 보는 것이다.

향후 노동시장의 변화 방향과 관련해서는 비정규직과 정규직의 임금격차를 줄이고 해고를 엄격히 해야 한다는 응답(38.9%)이 가장 많았으며 이어서 임금격차는 현 수준으로 하되 해고는 엄격히 해야 한다는 의견(19.4%)과 격차를 줄이고 해고를 좀 더 쉽게 해야 한다는 의견(19.1%)이 비슷한 수준을 보이고 있다. 격차는 현 수준으로 두고 해고를 좀 더 쉽게 해야 한다는 의견은 12.4%의 분포를 보여 주고 있다. 노동시장 개혁 방법에 대해서는 진보 및 보수진영으로 의견이 다르게 나타났는데, 전자가 해고를 엄격히 해야 한다는 의견에 65.5%가 동의했지만, 후자는

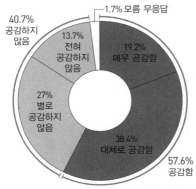

1.7% 모름 무응답

40.7% 공감하지 않음

13.7% 전혀 공감하지 않음

19.2% 매우 공감함

27% 별로 공감하지 않음

38.4% 대체로 공감함

57.6% 공감함

그림 2.7 한국의 비정규직 정책 평가
출처: 한국일보, 2019. 6.[5]

전자보다 12.9% 낮은 52.6%가 동의하고 있다. 해고를 쉽게 해야 한다는 의견에 대해서는 보수진영이 37.9%가 동의한 반면, 진보진영은 29.2%만이 동의하는 것으로 나타나고 있다. 한 가지 흥미로운 사실은 연령별 응답의 차이인데, 정규직과 비정규직 임금 수준과 격차를 현 수준으로 두자는 의견에 대해서 20대는 41%가 동의함으로써 전 연령대 중 가장 높은 것으로 추정된다. 이는 전체 평균인 31.8%보다

10% 가까이 높은 수치로 젊은 세대들은 학업과 입시, 취업 과정에서 치열한 경쟁을 해 능력주의에 익숙하고, 노력한 만큼 보상받아야 한다는 공정성에 대한 인식이 강한 성향을 반영하고 있다. 나아가 직무중심의 채용이 아니라 공채제도가 견고한 노동시장에서 비정규직을 명확한 기준 없이 정규직화하는 정책을 공정하지 못하다고 보고 반발심이 표출된 결과로 볼 수도 있다.

　이와 같은 소득불평등은 경제적 자원의 편재로 객관적 및 주관적 차원에서 사회계층간의 골을 심화시킴으로써 상호 간의 갈등을 유발시키는 주요 요인이 된다. 즉 경제적 자원의 불평등분배와 빈곤의 문제가 계층 갈등의 핵심 분야이며, 불평등의 경제적 차원의 부의 축적은 정치적 차원의 권력집중과 사회적 차원의 지위독점과 높은 상관관계를 가지며 이 세 가지 차원을 배타적으로 지배하는 경우 계층갈등이 첨예화될 수밖에 없다. 소득은 직업, 학력, 연령, 성별 등 중요한 사회경제적 요인들에 의해 영향을 받는 복합적인 현상이며, 소득격차 면에서는 객관적 차원보다 주관적 차원이 갈등의 기저적인 동인 역할을 한다. 아울러 구조조정에 따른 명예퇴직 및 청년실업 등에 의한 만성적인 취업난이 소득분배 악화의 큰 원인이 되고 있다. 직종 및 직업 내 위치에 따라 소득격차가 심하며 학력과 소득 간의

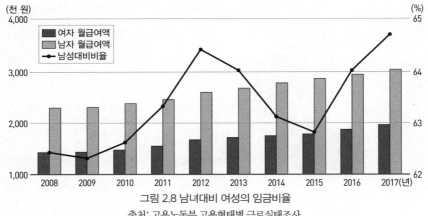

그림 2.8 남녀대비 여성의 임금비율

출처: 고용노동부 고용형태별 근로실태조사.

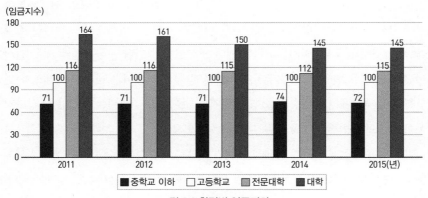

그림 2.9 학력별 임금격차

출처: e 나라지표 학력별 임금격차.

상관관계는 과잉교육열에 영향을 미쳐 교육 불평등을 지속시키는 요소가 되고 있
다. 그림 2.8에서 나타나듯이, 성별 소득의 차이는 감소하는 추세이나 남성 우위의
구조에는 큰 변화가 없으며, 이는 성비의 구성요소와도 관련이 있는 것으로 추정
된다. 그림 2.9는 학력별 임금격차의 추이를 나타나는데, 표면상 격차는 줄어드는
것으로 보이지만 대학 미만 졸업자의 임금 수준에는 큰 변화가 없는 반면 대졸자
의 임금수준만이 낮아짐으로써 하향 평준화되고 있음을 알 수 있다.

3. 자산격차

소득불평등이 누적된 결과가 부의 불평등이며, 주로 재산 형태로서 세대 간 상속되는 경우가 많다. 주택이나 토지 등 부동산의 소유 여부 및 규모가 대표적 사례로 전국적으로 토지소유자 중 상위 5%가 전국 사유지의 65%를 소유함으로써 자산분포의 편중화가 매우 심각하며 이는 소득분배에서보다 훨씬 더 악화된 상태이다. 예를 들어 최상위계층의 재산소득과 최하위계층의 재산소득의 비율이 외환위기 이후 13~15배 사이를 유지하고 있으며, 이는 고금리 현상이 완화된 기간에도 계속 악화됨으로써 불평등 구조의 고착화가 이루어지고 있음을 말해 준다. 건설업체의 건축비용 왜곡과 함께 부정부패 고리와 투기를 목적으로 하는 일부 계층의 잘못된 관행으로 인해 부동산 거품이 갈수록 커지고 있다는 데 문제의 심각성이 있으며, 일반인들이 자신의 집을 갖고자 하는 꿈을 앗아감으로써 상대적 박탈감과 미래에 대한 불안감을 조장하고 있다. 대부분 대기업체나 투기세력이 소유하고 있는 토지가 생산적 목적으로 사용되어 산업발전이나 지역개발에 이바지하는 것이 아니라 지가상승으로 인한 불로소득의 산출로 근로자의 삶에 대한 의욕을 저하시키고 토지투기로 인해 부유층의 경제적 성취에 대한 회의가 전체 사회 구성원 의식에 깊이 확산되고 있다.

오늘날 한국사회에서는 소득분배보다 주택마련 기회의 제공 여부가 계층 갈등의 분출 여부를 가늠하는 관건이 되는데, 주택의 소유유무와 어느 규모의 주택을 갖느냐에 따라 삶의 질이 결정된다. 특히 어느 지역의 주택을 갖느냐에 따라 주택계층이 됨으로써 계층적 지위에 따른 갈등이 확산되고 있으며, 계층별 위화감 및 상대적 박탈감이 심해지고 있다. 2016년 현재 우리나라 전체 가구 중 절반에 가까운 44.5%가 집을 소유하고 있지 못한 것으로 나타나며 가구의 형태는 아파트 43%, 단독 38%, 다세대 등 기타 19%로 구성되어 있다. 집을 소유하고 있는 이들 사이에서도 상위 10%와 하위 10%의 주택 가액이 무려 34배에 달하는 등 격차가 매우 큰 상태이며, 16%가 평균 3채 이상 소유자로 주택소유의 편중이 심각한 상태이다. 더욱이 민간임대주택 비율이 비슷한 독일의 경우 세입자들이 평균 12.8년을 거주하는 반면 한국은 3.4년에 불과한 것으로 나타나고 있다. 이 같은 차이는 주택임대차보호법이 무주택자의 실질적인 주거안정을 위한 보호 장치를 담지 못한 채 지난 30년간 그대로 유지되어 왔기 때문이다. 현행 관련법은 세입자에게 적극적으로 계약갱신을 요구할 수 있는 계약갱신청구권도 규정하지 않아 세입자 보호에 한계가 있으며, 임대차 기간이 종료하면 세입자는 임대인이 일방적으로 정하는 임대료 인상을 받아들여 재계약하거나 이사를 가야 하는 현실이다. 계층 갈등의 핵심 영역인 주택문제에서 세입자가 계약갱신을 요구할 수 있는 계약갱신청구권을 도입해 임대기간을 최소한 2년 더 보장하고 임대료 인상률 상한을 5% 이하 범위 등으로 규정해야 하며, 부작용을 최소화하기 위해서는 대도시부터 단계적으로 적용하는 것이 바람직하다.

한국가구의 자산분배 불평등 정도는 앞서 살펴본 소득분배지표의 추계결과보다 좀 더 높은 불평등을 보여 주고 있으며, 실제적으로 사회 구성원의 피부에 와닿는 결과를 반영하고 있다. 즉 소득분배보다 건물, 토지, 금융자산의 분배가 상당히 심각한 편재현상을 보이며, 부동산 소유 불평등이 금융자산의 경우보다 불평등 정도가 훨씬 많은 상태이다. 자산불평등이 불평등의 구조화에 가장 큰 영향을 주고 있으며, 자산불평등이 심각해짐에 따라 전반적인 불평등도 더 심화하고 있다고 하겠다. 개인의 생활수준을 결정하는 소득(가처분소득), 자산(순자산), 소비(소비지출)의 세 변수를 동일한 가중치로 결합해 산출하여 불평등 정도를 측정하는 다중격차지수는 불평등 구조의 다층적인 측면에 대한 고찰이 가능하다.

자산격차의 각 지수를 소득분위별로 산출하면, 그림 2.10에서와 같이, 자산불평등이 전반적인 불평등의 구조를 지지하고 있다는 점이 더욱 두드러진다. 지난해만 봐도, 가처분소득과 소비지출격차지수는 소득하위 1분위만 전체 평균을 넘는 수치인 반면 나머지 9분위는 매우 낮은 수준에 그치고 있어 극빈층을 제외하면 불평

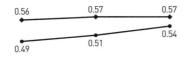

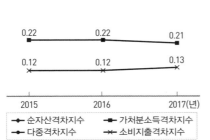

그림 2.10 한국의 비정규직 정책 평가
출처: 한겨레, 2018.[6]

등 정도가 그리 높지 않았다. 하지만 순자산격차지수는 소득하위 3분위까지 전체 평균을 상회하며, 나머지 7분위의 불평등 정도도 비교적 높은 것으로 나타난다. 이에 따라 소득분위별 다중격차지수도 각기 평균 이상의 0.3과 비교적 높은 0.7의 양상을 보였다. 자산투기로 인해 부유층의 경제적 성취에 대한 회의가 전체 사회 구성원 의식에 깊이 확산되었다. 자산불평등은 부의 세습을 통해 더욱 심해지고 이전보다 자산과 소득의 상관관계도 크게 높아져 불평등이 더 악화되고 있기 때문에 최소한 부동산 보유세 등을 포함하여 자산관리제도를 정비할 필요가 있다고 하겠다.

한국사회의 상위 계층의 자산소유의 현황은 서구에 비해 비교적 양호한 것으로 나타나지만 일본, 대만 등 동아시아보다는 악화된 상태이며, 문제는 부의 축적과정이 전체 사회 구성원으로부터 정당성을 받지 못한 데서 차이가 크게 나타난다. 역으로 일반 사람들은 실업 및 취업의 불안정성으로 부의 축적기회를 점차 상실해 가는 과정에서 상대적 박탈감은 날로 더해 가고 있다. 아울러 서구의 경우 금융자산과 부동산 자산이 균형을 이루고 있으나 일본 및 한국의 경우는 부동산 자산에 대한 편중현상이 심한 것으로 나타나고 있다. 예를 들어 미국의 경우 금융자산(59%)이 부동산 자산(41%)을 약간 앞서는 정도이나 한국은 주택 및 토지를 포함한 부동산 자산(80.2%)이 금융자산(19.8%)보다 월등히 많은 것으로 나타나고 있다. 이렇게 볼 때, 사회계층의 문제는 자연발생적인 것이 아니라 사회구조에 의해 형성되는 구조적 불평등을 의미하며, 개인능력의 차이보다 사회조직에 기초해서 존재하는 제도화된 불평등으로 지속성을 가질 때 문제가 된다. 특히 소득 및 자산

표 2.2 각국의 불평등 개선 노력 지수(CRI) 순위

순위	국가	공공부문 지출	조세 정책	노동권 보장
1위	덴마크	5	2	2
2위	독일	8	6	4
3위	핀란드	2	8	11
4위	오스트리아	6	9	7
5위	노르웨이	14	10	1
11위	일본	10	30	20
23위	미국	25	39	34
56위	한국	60	81	61
81위	중국	67	57	115

출처: 경향신문.[7]

의 형성과정과 분배과정이 도덕적 또는 이념적인 차원에서 정당화된 기제로 인해 이미 구조화된 불평등 구도를 개혁하기가 매우 어려운 상태로 진입하고 있다는 데 문제의 심각성은 더해진다.

표 2.2에서 나타나듯이 불평등 개선 노력에 가장 앞서 있는 국가는 덴마크, 독일, 핀란드 등 북구 지역을 들 수 있으며, 일본이 11위, 한국 56위, 중국 81위를 차지함 으로써 대조적인 양상을 보여 주고 있다. 특히 한국은 공공부문지출, 조세정책, 노 동권보장에서 선진국과 비교하여 모두 낮은 순위를 차지하고 있으며, 조세정책 면 에서는 중국(57위)보다 더 낮은 81위의 위치를 점하고 있다는 점이 특징적이다.

제4장 사회 갈등

갈등(葛藤)은 칡나무(葛) 와 등나무(藤)가 서로 얽혀 있는 모습이다. 이는 개인이나 집단이 서로 얽힌 것처럼 풀 수 없는 목표와 이해관계에서 발생한다. 갈등은 대립하고 있는 집단이 서로 상이한 것을 추구하거나 한정된 자원을 두고 경쟁할 때 일어난다. 사회 갈등은 각 집단이 가지고 있는 다양한 차이에 대해서 서로 부정적으로 인식하고 이러한 인식이 때로는 서로에 대한 일방적인 비난과 비방이 난무하고 물리적인 충돌과 같은 폭력적인 모습으로 발전하면서 번지는 현상이다.[8]

한국사회의 갈등문제는 성장의 결과인 사회적 자원의 분배과정에서 형평성과 공정성을 둘러싼 불평등 구조에서 출발하여 계층, 이념, 지역, 성별, 세대 갈등의 영역으로 연계된 채 점점 더 확산되어 왔다. 최근에는 집단 간 갈등의 골이 더욱 깊어지면서 상대 집단에 대한 혐오로 변질되면서 심각한 사회적인 문제를 야기하고 있다.

이 장에서는 한국사회의 가장 심각한 갈등을 이념 갈등, 지역 갈등, 세대 갈등 그리고 젠더 갈등으로 규정하고 각각의 이슈에 대해서 살펴볼 것이다. 이 과정에서 특히 각 갈등에 관한 양상과 원인에 초점을 맞추어서 볼 것이다. 본 글에서는 간략하게 각 이슈에 대한 내용과 최근 화두가 된 갈등 양상, 갈등의 원인 등을 주로 살펴본다.

1. 이념 갈등

민족해방과 바로 이어진 한국전쟁, 군사독재 그리고 그에 반대하는 민주화운동 등으로 점철된 한국 근현대 사회에서 이념을 둘러싼 대립은 사회 갈등의 가장 주요한 원인 중 하나였다. 특히 남과 북으로 갈라진 한반도는 공산주의와 자본주의 체제 간의 대표적인 대립인 소련과 미국 간의 냉전을 한반도라는 좁은 지역에서 압축적으로 보여 왔으며 현재까지도 두 체제 간의 이념적인 대립은 심각한 수준이다. 반공주의를 중심으로 정권을 정당성을 확보하려고 했던 과거 독재 정권들의 색깔론 논쟁이 이러한 이념적인 대립을 부추기는 요소로 작용하였다. 민주주의가 어느 정도 성숙함에 따라 이념 갈등은 색깔론 논쟁을 넘어 보수진영과 진보진영의 다층적인 대립으로 나타나고 있다. 색깔론이 옅어지면서 이념적인 논쟁은 남남 갈등의 심화로 나타났으며 이러한 남남 갈등은 보수 및 진보 엘리트들의 이념적인 편향성에서 기인하였다. 이에 대해서 많은 학자들은 이념적인 편향성을 가지고 있는 엘리트들이 국민의 정치적 사고와 가치관에 영향을 미치고, 그것에 영향을 받은 국민이 보수와 진보로 편을 갈라서 이념적으로 대립하게 됨으로써 남남 갈등이 초래된다고 보고 있다(채진원, 2017). 이러한 갈등은 보수 엘리트들과 진보 엘리트들이 경제적인 정책뿐만 아니라 대북정책, 외교정책 등의 노선을 두고 대립하면서 전 사회적으로 보수와 진보 간의 양극화가 심화되는 결과를 초래하였다.

사실 어느 국가나 보수와 진보의 논쟁이 그 정도의 차이는 있지만 발생하기 마련이다. 하지만 우리 사회에서 발생하는 이념 갈등은 중도 보수 및 중도 진보집단이 상대적으로 적은 양극화된 형태를 띠고 있다는 점에서 그 갈등의 정도가 심각하며, 갈등의 해결이 어렵다는 특징을 보인다.

그림 2.11을 보면 우리나라 국민 중 갈등이 심하지 않다고 여기는 사람보다 심하다고 여기는 사람들이 압도적으로 많다는 것을 알 수 있다. 이를 볼 때 특히 한국사회에서 보수와 진보 간의 갈등이 심각하다고 인식하고 있음을 알 수 있다. 특기할

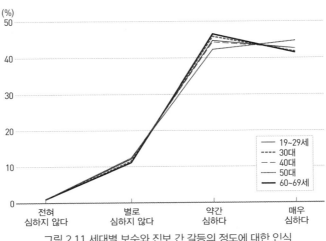

(%)

그림 2.11 세대별 보수와 진보 간 갈등의 정도에 대한 인식
출처: 한국행정연구원 "2019 사회통합실태조사" 참고.

만한 점은 386세대인 50대가 보수와 진보 간 갈등이 매우 심하다고 가장 많이 응답했다는 사실이다.

국민대통합 위원회가 실시한 2014년 "사회 갈등 해소와 통합을 위한 국민의식조사"를 살펴보면 갈등의 정도가 심할 뿐만 아니라 보수진영의 대통령과 진보진영의 대통령에 대한 평가는 집단별로 극명하게 나누어지는 현상을 알 수 있다.[9] 이것은 과거 군부 독재를 경험했고 급진적인 민주화 과정을 이룩한 우리 사회에서 정치인에 대한 선택 기준이 합리적인 선택보다는 일단 자기편이 이겨야 한다는 논리가 먼저 작동하였기 때문이다(김용신, 2009, p.71). 이러한 집단의식은 다양한 요인으로 발생한 것이지만, 우리 사회에서는 이념이 집단의식의 중요한 원인 중 하나이다. 특히 이념 갈등이 지역 갈등과 정당정치에 있어서 가장 강한 정치적인 기반을 형성하고 있다.

이 때문에 한국 정치에서 모든 정당들이 지지 기반을 이념에서 찾고자 하는 것이다. 정치인들은 자신만의 공약이나 정책 등을 통해서 유권자들을 설득하고 지지층을 형성하고 결집시켜야 하지만, 우리 사회의 정치에서는 역사적으로 정책적인 기반이 약했고 이로 인해서 이념 및 지역을 중심으로 하는 집단 논리에 감정적으로 호소할 수밖에 없었던 것이다. 이런 현상 등으로 인해 한국의 정치는 이성적이고 합리적인 선택을 요구하는 것이 아닌 감정에 호소하는 방향으로 발전해 왔다. 결국 이러한 감정에 호소하는 정치는 상대 집단에 대한 비난과 비방으로 이어졌고 모든 정치, 경제, 사회적인 이슈가 보수와 진보의 논리로 희석되어 버리는 경우가 빈번하였다. 즉, 이념과 집단에 호소하는 정치적인 구도는 정책에 대한 평가보다 반대를 위한 반대를 조장하였으며 그 결과로 일반국민들 역시 자신과 정치적인 견해가 다른 집단에 대해 이성적인 판단이 아닌 부정적인 감정을 표출하게 되었다. 우리 사회에서 이념 갈등은 서로에 대한 부정적인 인식을 바탕으로 폭력적으로 나타났지만, 사실 이념이라는 용어 자체가 가지고 있는 개념은 매우 다차원적이라고 볼 수 있다. 한국사회에서 이념 갈등은 먼저 냉전구도 속에서 남과 북의 갈등구도로 형성된 자유주의 진영과 공산주의 진영 간 이념논쟁인데 이는 북한에 대한 태도로 구분되고 표현된다. 또한 우리 사회에서 이념 갈등은 시장경제, 국가의 개입, 사회적 가치와 관련된 정책적 입장에 따라 보수와 진보의 양 집단으로 구분되고 표현 되어 왔다(윤성이, 2015).

본 글에서는 냉전 이데올로기로 인해서 형성된 색깔론, 경제적인 영역과 사회가치 평가영역에서의 이념 갈등, 즉 보수와 진보 간의 갈등에 대해서 살펴보도록 하겠다.

1) 색깔론

색깔론은 1950~1954년 미국 전역을 휩쓴 매카시즘에서 그 원류를 찾을 수 있다. 매카시즘은 중국이 공산주의자 손에 넘어간 것은 미국 내부의 공산주의자 때문이라는 조지프 매카시 공화당 상원의원의 발언으로 시작되었다. 이에 대해서 민주당 의원들조차 자신들은 공산주의자가 아니라는 것을 증명하면서 매카시즘은 전국적으로 번지기 시작하였다. 이것은 미국사회를 지배하던 레드 콤플렉스(Red Complex)[10]를 전형적으로 보여 주는 사례였다. 하지만 매카시즘은 공산주의자 색출이 아니라 정부에 반하는 의견을 가진 지식인들이나 문화인들을 견제하기 위해서 이용된 경우가 대부분이었다(박태균, 2014).

한국사회에서도 매카시즘과 유사한 흐름으로 색깔론을 이용하여 자신들의 정적들을 견제하였다. 물론 미국의 매카시즘과는 큰 차이가 있다. 매카시즘은 특정한 법률이나 제도로 형성되는 것이 아니라 한 개인이 상황을 조성하고 기득권 세력이 이에 동의하면서 사회적으로 동의를 얻으면서 발생했다(박태준, 2014). 국내에서의 색깔론이 형성된 과정은 국가보안법이라는 제도적인 장치를 바탕으로 형성되었기에 미국의 매카시즘과 차이를 보이고 있다. 즉, 한국사회에서의 색깔론은 한 개인이 발생시킨 것이 아닌 국가나 기득권 세력이 자신들의 정권 유지를 위해서 이를 이용했다고 보는 것이 더 적합하다.

앞에서 언급했듯이 한국사회에서 지역 갈등과 색깔론을 통한 이념 갈등은 함께 이어지는 경우가 많았다. 5.18 민주화운동 당시 독재정권은 반공 프레임을 이용해서 이를 친북반체제의 폭동이라고 언론을 통해 국민들에 공포감을 심어 주었다. 실제로 당시 타 지역에 거주하는 사람들은 이를 그대로 믿게 되었고 공산주의에 대한 막연한 공포감이 존재하였던 한국사회에서 이러한 인식은 더욱 확산되었다. 이후에 국가의 왜곡이라는 사실이 밝혀지긴 했지만, 일부 세력들은 이를 이용해서 호남과 공산주의를 연결시키는 부당한 프레임으로 지역감정을 조장하며 색깔논쟁을 부추겼다.

한국사회의 색깔론과 미국의 매카시즘의 공통점은 기득권자들이 자신들의 의견에 반발하는 지식인들이나 문화예술인들을 탄압하기 위해서 사용했다는 것이다. 우리나라의 기득권자들은 당시 자신들에게 반발하는 지식인들, 시위하는 대학생들, 문화예술인들을 빨갱이로 몰아가면서 정치적으로 탄압하였다.[11]

반공에 대한 프레임이 벗겨지기 시작하고 사회가 민주화를 이룩한 이후에도

1994년 김일성 주석의 조문파동과 주사파논쟁을 통해서 이러한 색깔론이 다시 정치적으로 이용되기도 하였다.[12] 조문파동을 살펴보면 시민운동가들과 학생들이 김일성 조문의 필요성을 강력히 제기하였지만 정부에서는 조문의사가 없음을 밝혔다. 이에 대해서 일부 야당 의원들이 정부의 조문 필요성을 주장하였는데 보수언론에서는 이를 문제 삼으면서 이런 발언을 한 야당의원들을 원색적으로 비난하였고, 이념대립을 몰아갔다(김진환, 2013).

같은 해 서강대 박홍 총장의 주사파 발언 또한 민주화 직후 발생한 색깔론의 대표적인 예라고 볼 수 있다.[13] 박홍 총장은 일부 과격한 학생들의 발언과 행동에 대해서 그들을 주사파라고 지칭하고 그 배후에는 북한이 있다고 주장하며 논란이 되었다. 이는 당시 조문파동과 맞물려 발생한 논란이었으며 그는 주사파들이 깊게 침투하여 테러조직을 조직하고 있으며 이에 대한 증거를 가지고 있다고 주장하기도 했다. 이후 주사파 논쟁은 정치권에 번지기 시작하면서 당시 김영삼 대통령이 좌익 사상의 뿌리를 뽑기 위해서는 대학교 한두 개를 폐교해야 한다는 발언이 나오면서 색깔론은 한국 정치에 중심 이슈로 등장했다. 이후 검찰과 안기부에서 박 총장이 언급한 교수들이나 학생들을 조사하기 시작하면서 개인의 의견에서 출발한 이념 갈등이 국가적인 차원의 제재로 확대되었다. 같은 해 8월 25일 박홍 총장은 여의도클럽 주최로 진행된 토론회에서 근거가 무엇이냐는 기자들의 질문에 동문서답을 하거나 "이런 일에는 증거가 필요 없다"라는 반공주의 시절 일방적인 색깔론 논리를 펼치기도 했다. 또 그는 "주사파가 사회를 전복시킬 만큼 큰 위협이 아닌데 국가 차원에서 과민반응 하는 것 아닌가"란 질문에도 "에이즈균은 작아도 일단 몸에만 들어가면 인간의 목숨을 앗아갈 정도로 위험하다"라고 발언하기도 했다. 이러한 근거가 불분명한 주장에 대해서 점점 관심이 사그라졌지만 조선일보는 "그래도 지구는 둥글다"라는 칼럼 등을 통해서 박홍 총장을 지속적으로 옹호하였다.[14] 박홍 총장은 이후에도 1995년 서강대 입시 면접시험 당시 학생들에게 좌경 폭력혁명에 가담하지 않겠다는 서약서 제출을 강요하는 사건으로 논란이 되기도

했다.[15]

최근에는 이러한 색깔논쟁이 많이 옅어지기 시작하였다. 공산주의에 대한 막연한 공포감도 줄어들었고, 북한주민들이 겪고 있는 열악한 삶에 대해서 안타까워하고 온정의 마음을 가지는 사람들도 증가하였다. 이는 탈북민의 증가와 함께 국내 매체에 북한사람들과 북한의 실정이 소개되기 시작하면서 국민들이 북한에 대해서 객관적으로 인식하였기 때문이다.

민주화부터 현재까지 국가적인 차원에서 색깔론에 대한 논쟁이나 갈등을 없애고자 많은 노력을 기울였으며 실제로 어느 정도 효과는 있었다. 하지만 아직도 색깔논쟁을 정치적인 기반으로 이용하는 일부 정치인들이나 집단들이 존재하며 극우 단체들은 진보세력을 소위 말하는 빨갱이, 종북세력으로 매도하는 현상이 여전히 존재한다. 즉, 한국사회에서 색깔론은 여전히 현재진행 중인 이념 갈등 중 하나이다.

2) 보수와 진보의 갈등

색깔론이 옅어지면서 이념 갈등은 점점 보수와 진보의 갈등으로 나타나기 시작했다. 물론 우리 사회에서 아직도 보수와 진보, 좌파와 우파 간의 갈등이 색깔론과 혼합되어 나타나는 경우도 많지만, 이전보다 색깔에 대한 논쟁이 줄어들었으며 현재는 경제영역이나 사회가치와 관련된 이념적 갈등이 증가해 왔다.

과거 진보진영에 대하여 부정적인 인식이 강했으며 이는 보수진영이 진보진영들을 친북반체제집단으로 몰아가면서 형성되었다고 볼 수 있다. 하지만 현재의 진보진영은 시장에 대한 적극적인 국가의 개입을 찬성하고 신자유주의 경제에 대한 반감을 가지는 등 경제적인 영역을 바라보는 태도와 사회질서의 개혁을 통해 사회발전을 이룩할 수 있다는 사회적인 가치에 대한 태도를 가지고 있는 집단으로 인식된다(윤성이·이민규, 2011).

반대로 보수진영은 과거 반공으로 인해서 형성된 북한에 대한 부정적인 인식을 가지고 있는 집단이었지만 현재는 진보진영과 마찬가지로 경제적인 이념과 사회가치에 대한 태도에서 보수적인 입장을 가지고 있는 집단이다. 즉, 보수진영은 경제영역에서는 신자유주의 경제에 대한 찬성과 국가규제의 완화를 강조하고 기존의 사회질서를 고수하는 것이 객관적인 사회 발전에 기여한다고 보는 가치관을 가진 집단이라고 인식된다.

앞에서 살펴본 색깔론이 이유 없는 공포감이나 이를 이용한 정치인 등으로 인해서 형성되었다면 진보와 보수의 논쟁은 보다 논리적이고 합리적인 이유로 형성되었다. 실제로 2012년 박경미와 동료들이 진행한 이념 갈등에 관한 인식 연구를 살펴보면 첫 번째로 인식이 높은 이념 갈등은 '독재 대 민주'였고 두 번째로 높은 것은 '변화와 안정'이었으며 세 번째로 높은 것은 '노동자 대 재벌'이었다. 반면에 '미국 대 북한'이라는 응답은 상대적으로 적은 수를 차지했다(박경미 외, 2012: 136). 이 연구를 해석해 보자면 '미국 대 북한'이라는 냉전 이데올로기에 대한 이념 인식이 줄어들었으며 오히려 '변화와 안정'의 사회가치에 대한 이념과 '노동자 대 재벌'로 대표되는 경제적인 이념이 증가했다는 것을 보여 준다.[16]

이렇듯 이념 갈등은 과거 냉전 이데올로기적 이념 차이에 기반하는 것에서 경제적인 영역, 사회가치에 대한 태도 차이에 기반하는 것으로 변화하고 있다.

우리 사회에서 이념이라는 용어는 복합적이고 압축적인 의미를 가지고 있다. 이는 한국사회가 경제성장뿐만 아니라 민주화 과정도 매우 압축적으로 달성하였고 이 과정에서 독재 정권의 영향력이 컸기 때문이다. 이런 측면에서 볼 때 이념에 대한 인식이 복합적으로 남아 있는 것은 어찌 보면 당연한 결과라고 할 수 있다. 즉, 이념의 차이는 세대차이, 지역감정 등과 같이 어느 시대에나 존재할 수 있는 차이이고 어느 사회에서나 존재할 수 있는 차이인데, 우리 사회에서는 이런 차이를 받아들이지 못하고 감정적이고 폭력적인 양상으로 대립하곤 한다. 이러한 감정적 폭력적 이념 갈등을 조장한 가장 큰 책임은 정치 엘리트 집단의 이념의 정치도구화에 있다. 정치 엘리트 집단이 자신의 정치적인 목적을 위하여 이념 갈등을 이용할 때 정치적인 이념 갈등은 일반 시민에 이념 갈등으로 확장되고 합리성이 아닌 집단주의와 감정주의에 정치문화를 형성하게 되는 것이다. 이러한 정치문화는 사회 전반에 갈등을 조장시키고 시민들을 이념적으로 양분한다. 지금 뉴스를 틀어 보면 보수정당과 진보정당 간에 비판과 토론이 아닌 비방과 비난의 장면을 당장 볼 수 있을 것이다.

최근 우리 사회에서 사라져가는 색깔론이 다시 고개를 들려고 하는 경향이 나타나고 있다. 극우 단체의 집회에서 '빨갱이 좌파 정부', '친북좌파 정부' 등의 표현이 많이 언급되는가 하면 진보진영은 친일프레임을 활용하는 경향을 보이기도 한다. 이념 갈등에 색깔론 프레임이 더해진다면 이념 갈등은 진보 보수의 대립형태를 넘어서 더욱 격렬한 양상으로 전개 될 것이다. 진보와 보수의 궁극적인 목적은 더 나은 사회를 만들기 위한 것으로 서로 동일하다. 다만, 목적으로 나아가는 방법과 수단이 다를 뿐 상대 집단에게 공산주의를 실현하거나 일제강점기를 재현하려는 의도는 없다. 이점을 이해하고 공감하지 못한다면 정치인들이 조장하는 색깔론에 다시 빠지기 쉽다. 따라서 상대집단에 대한 공감의식이 이념 갈등을 해결할 수 있는 시발점이라고 할 수 있다.

2. 지역 갈등

지역주의 혹은 지역감정이란[17] 같은 지역에 사람들끼리 형성되는 유대감을 기반으로 하여 같은 지역의 문화나 사람들에 대해서는 긍정적인 태도를 가지고 있지만 다른 지역의 문화나 사람들에게는 거리를 두는 경향을 일컫는다. 이러한 지역주의는 특정 집단에 속해 있다는 소속감과 유대감으로 인해서 형성된다.

지역주의라는 개념은 긍정적인 측면을 부정적인 측면을 모두 포함하고 있는 개넘이지만 한국사회에서는 부정적인 측면이 더 부각되는 경향이 있다. 먼저, 지역주의 긍정적인 측면은 자기 지역에 대한 애착심을 고양시키고, 그 지역사회에 소속되어 있다는 공동체 의식을 함양시킨다는 것이다. 하지만 지역주의가 부정적으로 나타날 때에는 타 지역에 대한 이유 없는 배척이나 비방, 지역 이기주의로 표출되기도 한다. 이는 한국사회에서 나타나는 지역주의 모습이기도 하다.

지역주의가 부정적으로 나타나면서 지역 갈등의 양상으로 악화되는 현상은 지역이 가지고 있는 사회, 문화, 정치적인 경험이나 가치관의 차이 때문에 발생한다. 지역주의가 타 지역에 대한 비방이나 배척의 양상으로 전개되기 시작한다면 지역 갈등의 양상으로 악화되는 것이다. 지역주의가 갈등의 형태로 표출되는 경우는 전 세계적으로 그 예를 찾을 수 있다. 대표적으로 이탈리아의 북부와 남부 간의 갈등, 미국의 남부와 북부 간의 갈등, 스페인의 카탈루냐, 바스크, 카스티야 지역 간의 갈등 등을 예로 들 수 있다. 이렇듯 지역주의는 세계 어느 지역에서나 형성될 수 있으며 다양한 원인으로 표출될 수 있다.

지역주의는 종종 삐뚤어진 애향심과 타 지역에 대한 부정적인 감정으로 표현되고 갈등으로 변질되곤 한다. 국내사회에서 이러한 감정이 갈등으로 번진 사례로서 영남과 호남 간의 동서 갈등을 예로 들 수 있다.

다양한 과거 사례를 통해서 살펴보면 과거 지역 갈등의 심각한 양상을 단편적으로 볼 수 있다. 예를 들어 7, 80년대에 군 생활 시 호남 출신 사람이 영남 출신 선임을 만날 시 구타나 가혹행위를 당하였다. 물론 반대의 경우도 같은 가혹행위나 구타를 당하였다. 이뿐만 아니라 영남지역 번호판(물론 현재는 지역명이 쓰여 있지 않지만)을 달고 있는 차가 호남지역의 주유소에 기름을 넣으러 갔을 때 홀대하거나 심지어 거부를 당하고 쫓겨나는 경우까지 발생하였다. 또한 이 시기에 스포츠를 통해서 살펴볼 수 있다. 광주를 연고지에 둔 해태 타이거즈와 대구를 연고지를 둔 삼성 라이온즈 팬들이 라이벌 구도를 형성하고 심한 경우 상대 팬에 대한 폭력을 행사하거나 욕설을 하는 등의 모습을 보였다. 이러한 사례를 통해서 볼 때 지역 갈등이 얼마나 심각한 수준이었는지 볼 수 있다.

　최근 지역 갈등의 많은 부분이 희석되어 가는 추세지만 타 지역에 대한 부정적인 인식은 기성세대에게 상당 부분 남아 있다. 이런 점은 영화를 통해서도 나타난다. 대표적인 예시로 2011년 개봉한 영화인 〈위험한 상견례〉라는 영화를 보면 결혼을 앞둔 젊은 연인의 양가 부모님이 각각 영남, 호남지역의 사람들이고 서로의 지역에 대해서 부정적인 인식을 가지고 있기 때문에 예비신랑이 호남 사람인 것을 숨기기 위해서 표준어를 연습하는 모습 등의 촌극을 볼 수 있다. 물론 이는 가벼운 코미디 영화지만 어느 정도는 현실을 반영하고 있다.[18] 이렇듯 지역 갈등은 아직 남아 있지만, 세대별로 인식하는 정도의 차이는 존재한다. 젊은 세대 역시 지역 갈등에 대해서 아예 인식하지 않고 있는 것은 아니지만 지역 갈등이 물리적으로 표출되고 있지는 않다. 이는 젊은 세대에 비해 기성세대들은 지역 갈등을 유발하는 사건들을 다수 경험했기 때문이다. 그러므로 기성세대가 겪은 사건은 무엇이며 이러한 사건들이 어떻게 영남과 호남의 서로에 대한 부정적인 인식과 갈등으로 형성하였는지에 대해서 살펴보고자 한다.

1) 경제적인 요인

　이러한 지역 갈등에 대한 대표적인 원인 중 하나는 경제적인 요인이다. 1970년대 이후 산업화정책을 펼치면서 영남지역이 비약적으로 발전하였고 경부고속도로와 같은 사회간접자본(SOC), 산업기반시설을 중점적으로 유치하였다. 상대적으로 산업기반시설이 적은 호남지역은 기존 점하고 있던 경제적인 우위를 영남지역에 빼앗길 수밖에 없었다.

　그림 2.12에서 볼 수 있는 것처럼 1인당 GDP의 지역격차는 증가하는 추세이며 2017년 기준, 영남에 사는 사람들이 호남에 사는 사람보다 약 2배 정도로 부유하다는 것으로 보여 준다.

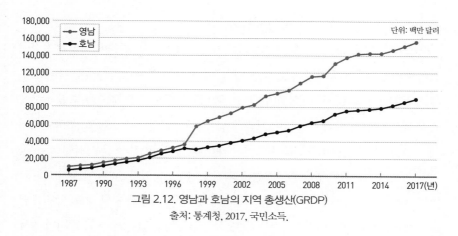

그림 2.12. 영남과 호남의 지역 총생산(GRDP)
출처: 통계청, 2017, 국민소득.

이렇듯 국가 정책적인 요인으로 인해 경제적인 부가 영남지역에 편중되기 시작하면서 호남지역 주민들의 삶의 질은 상대적으로 떨어질 수밖에 없었으며 상대적인 박탈감 역시 증가하기 시작했다. 이는 지역 갈등의 양상으로 번지기 시작했다. 즉, 경제적인 요인으로 형성된 지역 갈등은 경제적인 격차가 상대적인 박탈감으로 이어지면서 갈등의 모습으로 나타나는 경우라고 볼 수 있다.

2) 정치적인 요인

다음으로 정치적인 요인을 들 수 있다. 정치적인 요인은 한국사회에서 지역 갈등이 폭발하게 된 가장 큰 요인이기도 하며 가장 도드라지게 지역 갈등이 나타나는 부분이기도 하다. 정치적인 맥락에서 영호남 간의 감정이 폭발하게 된 계기는 박정희 정권 시절 경제적인 인프라나 기반시설이 영남에 집중되면서 상대적 박탈감을 느낀 것도 계기가 되었지만, 5.18 민주항쟁 이후 정치적인 프레임이 씌워지기 시작하면서 상대 지역에 대한 반감이 폭발하기 시작한 것으로 볼 수 있다.[19] 당시 반공주의와 색깔론을 정치적으로 이용하던 신군부 세력이 민주화와 지역적인 격차 해소에 대한 요구로 진행되었던 시위를 친북반체제 세력이 조장한 운동이자

주민들을 이른바 빨갱이로 몰아가면서 지역감정이 더욱 심해졌다는 것이다. 이로 인해서 엄청난 피해를 입은 광주를 비롯한 호남지역의 사람들이 당시 야당의 후보였던 김대중 후보를 열광적으로 지지하기 시작하면서 지역 간 정치적인 대립이 깊어지기 시작했다.

영남지역의 정치인들은 호남지역의 정치인들뿐만 아니라 지역 주민들에 대한 비하나 비난까지 하며 지역감정을 이용하거나 심지어 조장하기도 했다. 정치인들이 정치적인 재생산을 위해 지지자를 결집하기 위한 수단으로 지역 갈등을 조장하거나 이용하기도 하였다. 이런 상황에서 그 갈등의 골이 깊어지게 되었다.

이후 1987년 대통령선거에서 출신지역 후보를 선출하는 지역투표 현상이 나타나고 이듬해 치러진 국회의원 선거에서 출신지역 지도자를 중심으로 구성된 정당 후보에 투표를 하는 현상이 국내에 나타난 이래로, '지역'은 유권자의 투표행태와 지역정당의 패권적 위치를 결정짓는 주요한 변수로 작용을 해 왔다. 1987년 3당 합당 이후로 호남지역과 반 호남지역의 대결구도가 형성되기 시작하였다(이갑윤, 1998).

초원복집 사건이 이러한 흐름을 보여 주는 대표적인 사건이다. 이는 당시 정권을 잡고 있던 여당, 정부의 관계자들이 모여서 대선에 지역감정을 조장하고 이를 이용해 정권을 다시 잡으려는 목적으로 발생한 사건이다. 1987년 대통령선거에서 호남지역에 김대중 후보가 97%가 지지를 얻은 것을 볼 때, 투표에 있어서 지역이 얼마나 중요한 수단이었는지를 단편적으로 보여 준다.

최근까지 지역은 정치권력을 재생산하기 위한 최고의 수단이었다. 2016년 실시된 총선의 결과만 살펴보아도 아직 정치인들의 최고의 기반은 지역이라는 것을 알 수 있다. 총선의 결과를 간단하게 살펴보자면 전남, 전북, 광주 지역의 28석 국회의원 중 새누리당(지금의 자유한국당)의 의원수는 전체 2석에 불과하며 나머지는 모두 국민의당, 민주당 후보들이 당선되었다. 영남의 경우 전체 65석 중 새누리당 후보는 48석에 당선되었다. 특히 경북지역의 경우 전원이 새누리당 의원이 당선

되었다는 것을 볼 수 있다. 아직 한국 정치에서 선거 전략을 구성할 때 지역을 가장 우선순위에 둔다는 것은 변함없는 사실이다.

위에서 살펴보았듯이 지역 갈등은 개인별로 형성된 요인보다는 국가나 정치인들이 지역감정을 조장하고 개인들이 영향을 받아 나타나는 것을 알 수 있다. 앞서 언급한 2016년 총선의 결과를 살펴보면 아직 정치인들이 자신들의 정치적인 재생산을 위해서 지역을 이용하고 있으며 지역의 유권자들 역시 특정 정당이나 후보를 열광적으로 지지하는 것이 드러난다. 이러한 지역을 이용한 정치구도, 정치문화는 민주주의 발전에 심각한 악영향을 끼칠 수 있다.

과거 경제적, 정치적인 요인이 되었던 사건을 직접 경험한 세대들과 정치에서 지역을 이용했던 정치인들이 일선에서 물러나면서 타 지역에 대한 부정적인 인식은 과거보다 많이 약해졌으며 과거보다 지역 갈등은 상당 부분 완화되었다고 볼 수 있다.

본 글에서 한국사회에서 지역 갈등에 대해서 영남과 호남의 지역 갈등으로 한정하여 서술하고 있지만, 한국사회에서 발생하는 지역 갈등은 이외에도 다수 존재할 수도 있고 앞으로 발생할 가능성도 충분하다.[20]

지역 갈등은 앞서 언급했듯 국가의 영향을 받아 형성되는 성격이 있지만 갈등은 결국 국가의 영향이 있다고 하더라도 개인이 어떻게 이를 받아들이고 행동하고 생각하느냐에 따라서 다르게 나타난다. 다른 지역에 거주하고 있는 사람이나 집단에 대해서 다양한 원인으로 부정적인 인식을 가지고 자신의 지역이 무조건 옳다고 생각하는 것은 갈등으로 표출될 수밖에 없을 것이다. 즉, 서로 간의 차이를 인정하지 않고 이에 대해서 공감하지 못한다면 지역주의는 갈등으로 표출될 수밖에 없다. 이는 상이한 집단에 대한 공감이 지역 갈등을 해결할 수 있는 중요한 열쇠가 될 수 있음을 시사한다.

3. 젠더 갈등

성별 간 갈등은 계층 갈등, 세대 갈등과 더불어 집중적인 관심을 받고 있는 사회 갈등의 한 종류이다. 주로 온라인 공간을 통해 남성과 여성, 특히 젊은 남성과 젊은 여성의 의견 대립은 첨예해지고 있으며 심한 경우 서로에 대한 인격적 비난을 일삼는 혐오의 형태로까지 나타나고 있다. 그림 2.13은 20대와 30대 남녀에게 실시한 양성평등에 대한 인식조사의 결과이다. 이 조사의 결과를 통해서 젊은 남성들은 가정 내 양성평등의 인식이 평등하다고 인식하는 경우가 많은 반면에, 여성의 경우 아직 불평등하다고 느끼는 경우가 많은 것을 알 수 있다.

일상적인 경험 속에서도 알 수 있듯 갈등은 그저 '다르다'는 사실에서 발생하는 것이 아니라 관계자들 간의 해결하려는 의지에 따라 달라진다. 그러므로 양자 간의 이해관계를 해소할 수 있는 구체적인 방향의 답안을 제시하는 것만큼이나 중요한 것이 화합의 의지고, 갈등을 해소하려는 노력 그 자체이다. 그렇다면 왜 이들은 서로를 이해하려고 하지 않는가? 혹은 서로에 대해 공감하지 못하는가? 이에 대한

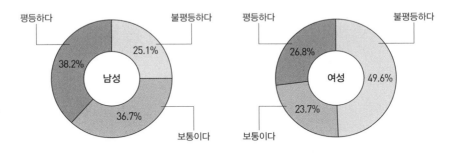

보기	불평등하다	보통이다	평등이다
전체	36.9%	26.1%	48.4%
기혼	25.4%	26.1%	48.4%
비혼	41.5%	32.1%	26.4%

그림 2.13 가정 내 부부 혹은 남녀간 양성평등 인식(성인 남녀 비교)
출처: 양성평등 인식조사, 2016, 여성가족부. "성(性)역할에 대한 고정관념이 바뀌어야 양성 평등한 가정"
경기복지뉴스. 2016.07.15.

논의에 앞서 우리는 먼저 성별이란 무엇인지, 어떻게 구성되는지에 관해 논해야 한다.

성별은 생물학적인 차원에서도 구별되는 한편, 사회학적인 관점에서도 구별된다. 생물학적 차이가 없는 것은 아니지만, 사회화의 과정에서 기존의 질서를 학습하고 사회생활을 해 나가면서 남성과 여성 사이의 차이는 심화되고 극대화되기 때문에 성별은 사회적인 구분으로서의 차원도 있는 것이다.

자연 상태의 인간이 지니는 성질도 있지만, "남자는 이래야 해", 또는 "여자는 이래야 해"라는 사회의 문화가 미치는 인위적인 영향으로 인해 새롭게 나타나거나 더 증폭되는 성질도 있으며, 사회학이나 여성학과 같은 학문의 학자들은 오히려 후자의 비중이 더 크다고 주장한다.

어린 시절부터 성역할에 대한 인식이 강요되고 성역할이 고정되는 것은 다양한 영향이 있지만 최근 기사를 통해서 살펴보면 미디어의 영향이 크다는 것을 보여준다.21 국내 어린이 프로그램에서 여성에 대한 고정관념을 조장하면서 여성들은 유치원생 때부터 엄마의 화장품에 관심을 보이며, 교복 사이즈를 줄이고 다이어트에 매진한다. 사회적 시선으로 바라볼 때 가장 이상적이고 아름다운 '코르셋' 속에 자신의 몸을 맞추어 가는 고통스러운 과정을 응당 해야 하는 의무라고 세뇌 당한다는 것이다. 남성들 역시 어린 시절부터 여성에 대한 고정적인 인식이 생기면서 여성에 대한 차별적인 시선을 가지게 된다. 이는 여성과 남성이 성차별에 대한 인식이 다른 것은 이러한 배경으로 인해서 형성된 것이라고 볼 수 있다. 이런 맥락에 대한 이해가 없다면, 자발적으로 외모를 가꾸는 것을 어떻게 억압이라고 말할 수 있느냐고 반문할 수 있다. 하지만 특정 집단, 특정 계층에 속해 있기 때문에 다른 이들에 비해 더 가지게 되는 속성이 있다면 이는 개인의 자유의지로 해석해야 할 것이 아닌 사회구조의 영향력으로 해석해야 한다.

이에 덧붙여 여성학자들과 사회학자들은 대부분의 사회가 여성의 격차, 불평등과 억압의 경험은 사회구조적 억압이나 사회구조 안에서 그들 개개인이 어떤 위치를 점유하는지에 따라 달라진다(예를 들어 상대적으로 부유층 여성은 빈곤층 여성에 비해서는 같은 계층 남성들과의 격차가 덜 할 수 있다.)는 것을 인정하면서도, 아직도 사회는 남성 중심적이며 여성은 열등한 사회적 위치를 점하고 있다고 주장한다.

우리 사회에서는 1990년대 이후 유교적이고 공동체적인 가치관에서 벗어나 개인주의와 평등에 가치를 두는 민주주의의 확산, 성차별의 부당함을 인식하기 시작한 여성들, 그리고 여성들의 경제활동 참여 증가가 전통적 가부장적 가족과 성별 질서에 도전이 되어 왔으며, 남녀의 차이와 평등을 둘러싼 의견충돌과 성별 갈등이 증폭되어 왔다.[22]

남녀의 차이와 평등을 둘러싼 논쟁들로 인해서 성별 갈등은 증폭되어 왔으며 이는 개인 간의 갈등을 넘어서 노동시장에서의 불평등, 성차별적인 정책수립 과정에서 수많은 갈등 양상을 띠고 있다. 성별 갈등에 대해서 접근할 때에는 생물학적인 남자와 여자를 넘어서 사회적인 범주로 남성과 여성을 바라보아야 한다. 스콧 (2011)은 성(gender)을 인종, 계급, 신분 등과 같이 사회관계를 조직화하는 방식의 하나이자 사회적 역사적 변화 및 다양성의 분석을 위한 범주로 보아야 한다고 주장한다. 이러한 사회적 성에 대한 강조는 생물학적인 남성과 여성을 구분하면서도 특정한 방식의 사회질서를 구성하는 범주라는 의미다. 이러한 사회범주로서의 남성과 여성의 정체성은 복합적이며 성별을 구성하는 남성과 여성 집단은 다른 요소들과의 결합 속에서 다양한 논쟁을 생산하며 갈등을 만들어 낸다.

이러한 상황 속에서 성별 갈등 역시 두 집단(남성과 여성) 간의 한정적인 자원에 대한 경쟁에서 가장 첨예하게 나타난다. 또한 가부장적인 가족구조가 남아 있는 가족 내에서도 이러한 갈등은 나타난다. 경제적인 성역할에 대한 인식과 여성에 대한 고용이 증가했음에도 불구하고 가족 내에서 여성의 역할에 대해서는 아직 차별적인 요소가 남아 있다.

1) 경제적 갈등: 여성과 남성의 노동시장을 둘러싼 갈등

1960년대 이후 산업구조가 고도화됨과 여성의 고학력화, 적극적인 노동시장의 참가 등으로 인해서 여성의 사회적 경제적 지위와 역할이 크게 바뀌고 있다. 하지만 여성의 경제참여율이 높아졌음에도 불구하고 아직 여성의 경제참여율은 약 53%로 나타나, 다른 선진국 반열의 국가들에 비해 상대적으로 더 낮은 수준임을 알 수 있다. 이는 아직 한국사회에서 여성의 경제활동 참가율이 낮은 수준이라는 것을 보여 준다.[23]

또한 그림 2.14를 통해 알 수 있듯 임금구조 역시 아직 남성대비 비율이 65%에 미치지 못하고 있으며 이는 OECD 국가 중 성별 간 임금차이가 심한 국가에 속한다. 특히 10대부터 30대 중반의 여성들은 지난 십여 년 동안 노동시장의 주된 피해자로 살아왔다(신경아, 2016). IMF와 금융위기를 겪으면서 정부의 일자리 정책에 따라서 여성고용이 활성화되었지만, 이는 사회서비스 부문으로의 한정된 고용으로만 이어졌으며 그 결과 중간 임금계층이 확대되었지만, 여성과 남성의 임금격차는 변화되지 않았다. 이러한 임금격차의 요인 중 가장 큰 요인은 여성의 대다수가 저임금 직종에 고용되어 있다는 것을 들 수 있다. 즉, 여성의 고용률이 올라간 것은

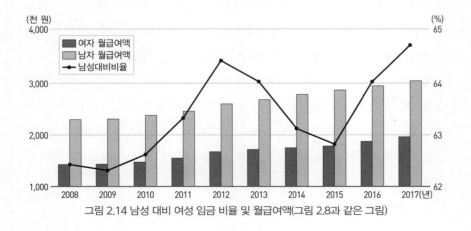

그림 2.14 남성 대비 여성 임금 비율 및 월급여액(그림 2.8과 같은 그림)

양적인 성장을 이뤘다고 볼 수 있지만, 남성과 여성의 비정규직 비율을 살펴보면 질적인 성장은 이뤄졌다고 볼 수 없다.

2) 사회적 갈등: 성역할에 대한 인식 차이

그림 2.15를 살펴보면 남성과 여성이 직장에서 겪는 성역할에 대한 불평등의 요인을 보여 주는 것이다. 여자의 경우 결혼이나 출산의 이유로 퇴직을 권유하거나 강요하는 것은 가장 큰 불평등의 요인으로 보았으며 남성의 경우 반대로 남자는 당연하다 생각하는 야근문화를 가장 큰 불평등의 요인으로 보았다. 한국사회에서 뿌리내린 성역할은 남성과 여성을 구분하는 개념으로 인해서 발생한다. 이는 남성의 입장에서 본다면 남성이 더 불리하다는 생각을 가져올 수도 있고 여성 입장에서는 여성이 더 불리하다는 생각을 가져올 수 있을 것이다. 앞에서도 살펴보았듯이 성역할이 어린 시절 교육이나 미디어의 영향으로 생기기도 하지만 다양한 맥락에서 형성된 한국사회에서의 여성과 남성의 성역할 인식으로 인해서 발생한다고

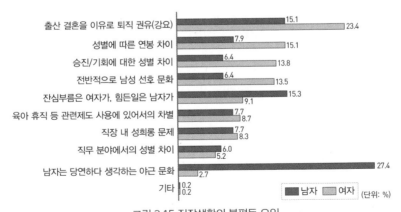

그림 2.15 직장생활의 불평등 요인
출처: 양성평등 인식조사, 2016, 여성가족부. "성(性)역할에 대한 고정관념이 바뀌어야 양성 평등한 가정"
경기복지뉴스. 2016.07.15.

볼 수 있다.

이러한 과정의 결과를 전적으로 보여 주는 사례는 과거 군가산점 제도를 둘러싼 남녀 간의 논쟁을 그 예로 들 수 있다. 군가산점 제도는 군복무를 성공적으로 마친 남성이 공무원시험을 응시할 경우 가산점을 부여하던 제도로서, 1969년부터 시행되었는데, 1994년에 이화여대 교수 75명과 학생 1,900여 명이 제도의 폐지를 청원한 것으로 인해 본격적인 사회 갈등으로 불거졌다. 이는 4년 후인 1998년에 재차 헌법소원이 제기됨으로써 1999년 위헌판결을 받고 법적 효력이 상실되는 것으로 마무리되었다.[24] 이는 즉시 남성들의 반발을 끌어내며 "왜 남성만 군대를 가는가?"라는 새로운 갈등의 원천을 만들어 냈다. 군가산점 폐지를 지지하는 여성 측은 "여성은 군복무 대신 자녀 출산의 의무를 수행한다"고 주장하며 맞대응하였고, 이는 남성과 여성 사이의 감정적 논쟁으로 이어졌다. 군 제도와 관련된 이런 갈등은 현재 "여성들도 군대를 가야 한다"라는 양성징병제에 대한 청원 등으로 이어져 지속되고 있다.[25]

여성들 역시 사회적 성역할에 대한 차이를 느끼고 있다. 이는 여성들의 경제활동이 증가하기 이전 가부장제의 사회에서 가정주부라는 역할을 가지고 있다가 경제활동이 증가하기 시작하면서 직장 내에서 지위를 획득하게 되었다. 하지만 과거 가부장적인 가족 내에서 가정주부라는 인식으로 살아온 여성들은 직장 내에서의 직장인이라는 인식과 가정 내에서 가정주부라는 역할의 혼란을 가져오게 되었다. 또한 여성들의 경제활동 증가는 남성과 경쟁하게 되면서 과거 여성에 대한 역할의식을 가지고 있던 남성들과 새롭게 경제활동에 참여하는 여성의 갈등이 고조되기 시작했다.

이처럼 한국사회에서 성별 갈등은 경제발전과 다양한 정치, 사회적 맥락에서 형성된 성역할과 이성에 대한 가치관으로 인해서 발생한다. 성별 갈등이 문제가 되는 것은 성별 갈등이 혐오로 발전할 가능성이 가장 크기 때문이다. 남성과 여성이 느끼는 남성과 여성 간의 차이는 극명하기 때문에 이를 받아들이지 못한다면 갈등

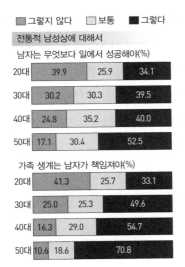

| | 그렇지 않다 | 보통 | 그렇다 |

전통적 남성상에 대해서

남자는 무엇보다 일에서 성공해야(%)

	그렇지 않다	보통	그렇다
20대	39.9	25.9	34.1
30대	30.2	30.3	39.5
40대	24.8	35.2	40.0
50대	17.1	30.4	52.5

가족 생계는 남자가 책임져야(%)

	그렇지 않다	보통	그렇다
20대	41.3	25.7	33.1
30대	25.0	25.3	49.6
40대	16.3	29.0	54.7
50대	10.6	18.6	70.8

그림 2.16 전통적 남성성에 대한 세대별 인식
출처: 여성정책연구원, 2019, 개원 36주년 기념
세미나, "2019 변화하는 남성성 분석".[26]

양상으로 전개될 것이며 갈등을 넘어서 혐오로 번질 수밖에 없을 것이다.

그림 2.16에서 볼 수 있듯이 전통적인 남성성에 대한 의식은 젊은 층으로 갈수록 나아지고 있는 모습을 볼 수 있지만 50대 남성들은 아직 압도적으로 남성중심의 사고를 가지고 있는 것을 보여 준다. 이러한 인식은 세대마다 경험한 가치관의 차이로 발생한다고 볼 수 있다.[27] 하지만 젊은 세대의 개선된 인식에도 불구하고 20대, 30대와 청소년 사이에서 증가하고 있는 소수의 혐오인식은 젊은 세대 내에서 양극단으로 나타나고 있다고 볼 수 있다.

실제 인터넷 커뮤니티에서 발생하는 각종 사건이나 발언들은 대부분 젊은 세대가 주가 된 일이다. 이는 남성과 남성, 여성과 여성 사이에 새로운 갈등을 조장할 수 있는 빌미를 제공할 수도 있을 것이다.

여성가족부는 최근 "유쾌한 변화, 성평등"이라는 가이드북을 제작하고 배포하였다. 가이드북에서 성평등은 남성과 여성의 차이를 인정하고 차별이 일어나지 않도록 하는 것이라 말하며 이에 대한 지속적인 관심이 필요하다고 설명한다. 성평등에 대한 인식이나 여성의 삶의 질은 예전보다 상승했지만 아직 가정이나 사회 전반적인 측면에서 차별적인 요소가 존재하기 때문에 성평등의 인식이 확산될 필요가 있다고 얘기한다. 성평등에 대한 인식개선은 경제적, 사회적으로 큰 기여를 할 수 있다. 유럽양성평등연구소(EIGE)의 조사 결과를 살펴보면 성평등에 대한 인식개선으로 나타나는 효과는 유럽 기준 2050년 1050만 개의 일자리 창출, 고용률 80% 달성, 1인당 GDP 6.1~9.6% 증가의 결과로 이어질 수 있다고 보고 있다.[28]

남성과 여성 각 다른 성별에 대한 서로의 이해 결여는 성별 갈등을 야기한다. 성별 갈등이 가장 큰 문제인 것은 갈등의 긍정적인 기능이 작용하기 어려운 갈등구조를 형성하고 있기 때문이다. 갈등의 긍정적인 기능은 서로 협의와 토론이나 논쟁을 통해서 더 나은 사회로 나아갈 수 있는 방향을 제시해 줄 수 있다는 것인데 성별 갈등은 남성과 여성 내에서도 극단으로 나뉘는 결과로 이어졌으며, 서로 간의 목소리를 다르게만 내고 있는 상황에서 갈등이 긍정적으로 기능하기를 기대하는 것은 무리가 있다. 서로에 대한 이해를 위한 노력조차 하지 않는 상황에서 남녀 간의 성별 갈등은 아마 성 인식이 개선된 사회에서도 깊게 남아 있을 것이며 그 갈등의 골조차 깊어질 수밖에 없을 것이다.

4. 세대 갈등

한국사회는 지난 한 세기 동안 급격한 변동을 겪었다. 35년에 걸친 일제강점기의 경험과 한국전쟁으로 인해 분단된 국가, 그리고 급격한 민주화 등의 사회 변화는 지난 세기에 걸쳐 이루어졌으며 세대별로 상이한 경험을 하도록 만들었다. 현재도 여전히 유교적인 가치관의 잔재와 서구적인 가치관의 혼재로 인해서 한국사회의 모습은 아직도 과도기적인 모습으로서, 동시대의 비동시성이 나타나고 있다.[29] 같은 시기를 살아가고 있음에도 불구하고 서로 다른 방식과 가치관으로 살아가는 청년세대와 기성세대 간의 갈등은 결국 각 세대가 지닌 가치관과 시각의 차이로 인하여 상당히 격한 형태로 심화되고 있는 상황이다.

세대란 출생 시기가 비슷한 사람들 간의 역사적, 문화적 경험을 공유하며 서로 유사한 의식, 태도, 양식 등의 동류의식을 갖는 사람의 집합을 가리킨다(박재홍, 2005). 비슷한 연령대를 가진 사람들은 그 시대의 사회·문화적 사건을 겪으면서 집합적 가치관을 형성하게 된다. 사회는 시간이 지남에 따라 변화하기 마련이기 때문에, 이는 곧 각각의 연령층이 공유하는 경험과 그를 통해 형성되는 가치관을 상이하게 만든다. 제1장에서 살펴보았듯이, 자신과 다른 배경의 사람을 대상으로 공감하는 것에는 한계가 있기 때문에, 세대 간 문화 차이는 공감의 결여로 이어져 갈등을 만들어 내는 것이다.

이러한 세대 갈등은 크게 경제적인 영역에서 한정된 자원을 놓고 이루어지는 경쟁의 심화라는 요인과 사회변화에 따라 발생한 상이한 가치관의 대립이라는 요인의 두 가지 측면으로 인하여 발생한다.

1) 경제적인 갈등과 노동시장 분배의 문제

청년세대와 중고령층 사이의 경제적인 갈등은 인구구조의 변화로 인한 노년부양비 증가와 과열된 취업경쟁으로 인하여 발생한다(정재훈, 2016). 가뜩이나 세대 간에 불균등하게 분포되어 있는 자산과 고득의 구조는 청년들에게 상대적 박탈감을 주는데, 여기에 덧붙여 청년들은 과거에 비해 더 취업하기 어렵고, 취업해서도 더 많은 세금을 납부해야 하는 다중고를 겪고 있다. 또한 '고용 없는 성장', 다시 말해 일자리 수는 제자리걸음을 하고 있는 데 반해, 대기업 위주의 경제 구조로 인한 중소기업 일자리 질의 악화로 인하여 청년세대는 노동시장에서 상대적으로 한정된 기회에 의존할 수밖에 없는 상황이다. 이러한 세대 간 형평성 문제와 일자리 문제가 갈등을 불러일으키는 원인이 된다. 장년층이 증가하면 정부는 이에 대한 대책으로 그들의 일자리를 보장하려 지원 정책을 펼치지만, 이는 결국 한정된 노동시장에서 청년들의 일자리를 감소시키는 것이라고 받아들일 수 있다. 세대 간의 갈등을 해소하여 사회통합에 다다를 수 있는 방법은 결국 일자리 문제 해결이 중요한 열쇠가 될 수 있는 것이다(정재훈, 2016). 이와 관련된 기사들을 살펴보았을 때, 세대 갈등의 원인으로 꼽는 요소들은 대부분 정년 연장에 따른 신규채용 감소에 관한 내용과 세대 간 일자리 경쟁, 노인 복지 증대에 따른 세금 부담 증대 등으

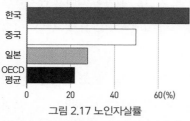

한국 노인자살률 OECD 1위
65세 이상 10만명당 자살자 통계(2011)

그림 2.17 노인자살률

출처: "노인 자살 외로운 선택을 되돌리려면",
매일경제 카드뉴스, 2017.03.02.

로 나타났다(이재경, 2018).

청년들은 취업에 대한 체감 난이도가 높아짐에 따라, 자신들의 일자리를 중장년층이 독점하고 있다는 피해의식이 가지게 되고, 현재 자신들의 상황에 비해 과거 중장년층들의 취업 난이도는 비교적 수월했음을 연상하며 그 상대적 박탈감을 바탕으로 경제적 세대 갈등에 대한 인식을 가지게 된다. 한국 청소년 정책연구원의 보고에 따르면, 청년 3명 중 1명은 기성세대가 노력에 비해서 더 큰 혜택을 얻고 있다고 보는 부정적인 인식이 늘어난 것으로 나타났다(한국청소년정책연구원, 2018). 마찬가지로 중장년층 또한 청년들이 취업하지 못하는 것은 개인의 노력이 부족하거나 편한 직장을 원한다고 바라보는 경우가 많다고 밝혀져, 세대 간 갈등을 심화하는 데 한몫을 하고 있는 것을 알 수 있다.

그림 2.17과 2.18을 보면, 대한민국의 과거와 현재를 놓고 봤을 때 생활환경이나 삶의 질이 나아진 세대는 존재하지 않는다는 것을 알 수 있다. 정부의 복지정책에

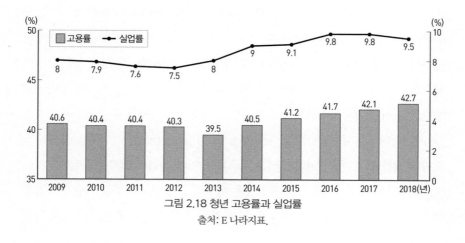

그림 2.18 청년 고용률과 실업률

출처: E 나라지표.

도 불구하고 실제 삶의 질은 그다지 개선되지 않은 것이다. 이처럼 서로가 삶의 여유를 가질 수 없었기 때문에 노년층의 일자리를 늘리겠다는 정책은 청년세대의 반발을 살 것이고 그 반대의 경우 역시 노년층의 반발을 살 것이다. 이처럼 세대 갈등에 있어서 경제적인 원인에 대한 근본적인 해결책은 서로의 입장을 헤아리는 공감 없이는 실현되기 어렵다.

2) 가치관의 차이로 인한 갈등

세대 갈등은 경제적인 요인으로 인해서 발생하기도 하지만, 젊은 세대와 노년층 간의 서로 다른 규범과 가치관 등으로 인해 형성되기도 한다(유희정, 2000).

한국의 성장기를 주도적으로 이끌어 왔던 중장년층들에게 형성되었던 수직적이고 권위적인 기업 문화는 기업뿐만 아니라 가정생활 내에 스며들며, 개인주의를 주된 가치관으로 지니고 있는 청년세대에게 거부감을 불러일으켰고, 결국 세대 갈등이라는 사회적인 문제로 표출될 수밖에 없었다(강량, 2013).

청년세대와 중장년층이 겪었던 사회적인 구조나 모습이 다른 상황 속에서 이러한 세대 간 다르게 형성된 가치관에 대해서 상대의 가치관을 인정하지 않는 모습은 사회적 가치관의 차이로 발생되는 갈등의 모습으로 나타난다. 기성세대가 바라보는 청년세대는 취업 준비기간이 길어지는 것에 대해서 사회적인 변화를 생각하지 않고 그들이 노력을 하지 않는다고 생각하거나 능력이 부족하거나 눈이 높다고 생각하며 청년세대를 비관적으로 바라보곤 한다. 반대로 청년세대에게 있어서 기성세대는 보수적이고 정체되어 있으며 그들의 가치관에 자신들을 맞추기 위해서 노력하는 모습으로 그려진다.

그림 2.19에서 볼 수 있듯이 청년세대와 노년층이 서로를 바라보는 시선은 대체로 부정적이다. 이렇듯 대화가 통하지 않는 이유는 가치관의 차이 때문이라고 보고되었다. 가치관의 차이로 인해서 가정이나 사회에서 서로 부딪히는 일이 많기

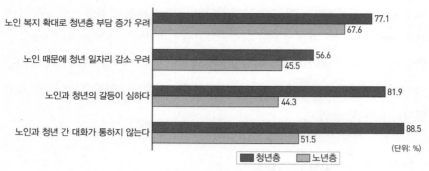

노인 복지 확대로 청년층 부담 증가 우려　77.1／67.6

노인 때문에 청년 일자리 감소 우려　56.6／45.5

노인과 청년의 갈등이 심하다　81.9／44.3

노인과 청년 간 대화가 통하지 않는다　88.5／51.5

(단위: %)

■ 청년층　□ 노년층

그림 2.19 세대 갈등에 대한 세대별 인식
출처: 국가인권위원회, 2018, "노인인권종합보고서".[30]

때문에 불편해하고 대화 자체를 꺼려하게 되는 것이다. 실제로 세대 갈등은 며느리와 시어머니와의 갈등 양상에서 육아나 가사에 대한 상이한 가치관을 가진 딸과 친정엄마의 갈등으로까지 번지고 있다.[31]

한국사회뿐만 아니라 세대 간 차이는 어떤 시대에나 존재할 수밖에 없는 차이이다. 앞서 언급했듯이 각 세대마다 경험하는 사건이나 사회·문화적 맥락이 다르기 때문이다. 하지만 이러한 차이에 대해서 인정하고, 그 원인에 대해 이해하지 못한다면, 생각의 차이는 차이를 넘어 갈등으로 심화되기 쉽다.[32]

과거 사회의 주된 가치관이었던 공동체주의 가치관은 이제는 청년세대들에게 공감을 얻지 못한다. 이 시대의 젊은이들은 더는 국가나 민족, 사회를 위해서 살아가지 않는다. '우리'를 강조하는 기성세대의 문화와 '나'를 중시하는 청년세대 문화 사이의 차이는 서로를 이해하기 위해서 반드시 넘어야 할 큰 장애물이라 할 수 있다. 현대사회의 개인주의 문화는 청년세대의 가치 판단의 준거를 개인주의적 공정성으로 변화시켰다(강원택 외, 2019, p.240-241). 과거, 소위 586세대라고 불리는 현재의 기성세대들이 아직 청년이었을 무렵, 민주화운동에 최전방에서 활약하던 있던 그들에게 사회란 권선징악과 사필귀정의 논리가 남아 있던 사회였으며, 정직하고 노력하는 자들은 그 노력에 걸맞은 보상을 얻을 수 있는 사회였다. 그에 반해 현재의 청년세대들은 노력한 만큼 보상을 받지 못하는 삶을 살아가며 학습된 좌절과 무기력에 길들여져 있다. 이들에게 기성세대가 말하는 삶의 경험과 지혜는 그저 "나 때는 말이야"의 잔소리로 받아들여지는 것이다.

이뿐만 아니라 10대 아들과 30~40대 아버지 사이의 가정 내 세대차이도 흔히 발생한다. PC게임 초창기에 게임을 하며 자랐던 젊은 아버지들이, 스마트폰 게임에 빠진 아들을 이해하지 못하는 것이다.[33] 이는 문화적인 경험과 기술의 차이로 인해서 새롭게 발생하는 세대 간의 문화 차이라고 볼 수 있다.

2018년 통계청 조사를 통해 살펴볼 때, 세대 갈등의 심각성에 대해 인식하는 정도는 세대별로 큰 차이를 보여 주고 있다. 갈등은 인식하는 정도는 19~30세, 50~69세의 두 연령층에서 가장 높게 나타났다. 이는 두 세대가 조사 표본에서 가장 젊은 연령층과 가장 연로한 연령층이라는 것을 감안해 볼 때 대단히 흥미로운 결과이다. 젊은이들 사이에서 사용되는 '꼰대'라는 단어가 지칭하는 대상이 아직 사회활동을 하는 기성세대인 50대와 60대라는 것도 공교롭다. 한편, 젊은이들에 대한 폄하 현상은 몇 천 년 전부터 항상 있었다. 기원전 1700년경 수메르 시대에 기록된 점토판의 문자를 해석했더니 '요즘 것들은 버르장머리가 없다'라는 내용의 글이었다는 내용은 세대 간 갈등이 인류 역사에 항상 존재했다는 것을 알게 해 준다.[34] 버르장머리 없다고 평가되는 소위 '요즘 것들'에 해당하는 젊은 연령층이 20대에 해당한다는 것을 감안하면 결국 이들 청년층과 중고령층의 높은 갈등 인식은 사회적으로 이들을 향해 가해졌던 시선을 반영하고 있음을 유추할 수 있다. 추가로 이 조사에서 세대 갈등뿐만 아니라 다른 모든 전반적인 사회 갈등의 원인은 '개인/집단 간 상호이해의 부족'에 있다는 응답이 가장 높은 비율을 차지했으며, 다음으로 '이해 당사자들 개인의 이익추구'가 뒤따랐고, 마지막으로 '개인/집단 간 가치관 차이'의 순서로 나타났다(한국행정연구원, 2018). 갈등의 발생이 상호이해와 그로부터 이어지는 공감의 결여에서 비롯된다는 것은 이미 많은 사람들에 의해 이미 널리 알려져 있는 사실이라고 할 수 있다.

5. 한국사회에서 갈등은 왜 발생하는가

그림 2.20은 OECD 사회통합지수 조사를 바탕으로 국내에서 발간한 『사회통합지수 개발 연구』 중 한국의 갈등관리, 종합지수만 제시한 것이다. 한국은 OECD 30개 국가 중 종합지수는 29위에 머물고 있으며 갈등관리 지수 또한 하위권에 위치하고 있다. 이런 상황에서 한국사회는 갈등관리에 대한 해결뿐만 아니라 사회통합이라는 국가적인 과제를 해결하지 못하는 상황이다. 한국사회의 갈등 정도는 심각한 수준이며 갈등을 관리하기 위한 제도나 장치 역시 미비한 시점이다.

계층 갈등뿐만 아니라, 이념 갈등, 지역 갈등, 세대 갈등, 성별 갈등 한국사회에서 발생하고 있는 다양한 갈등 양상 중 사회적으로 가장 이슈화되고 폭력적인 양상으로 전개되는 갈등들이다. 이러한 갈등들은 보통 사회 갈등은 일정한 객관적인 상황에 한 개인이나 집단의 주관적 인식에서 발생한 차이로 인해서 발생한다. 갈등의 긍정적인 기능은 갈등을 해결하기 위한 노력을 통해서 사회발전에 기여할 수 있다. 그러나 현실에서 갈등은 긍정적으로 기능하지 않는다. 갈등 양상이 폭력적으로 변화하면서 부정적인 기능이 강조되고 있다. 한국사회뿐만 아니라 다양한 사

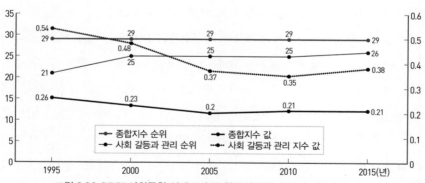

그림 2.20 OECD사회통합 실태조사 중 한국의 종합지수 및 갈등관리 지수
출처: OECD, 2015, "Social Cohesion Indicator", 정해식, 2017, 「사회통합지수 개발 연구」,
보건사회연구원 연구보고서.

회에서 갈등은 언제나 발생할 수 있으며 이로 인한 경제적, 사회적 비용이 기하급수적으로 증가하고 있다. 실제로 정도의 차이는 있지만 어느 사회나 갈등은 발생하고 있다. 이러한 상황에서 갈등관리를 어떻게 해야 하며 이를 어떻게 해야 하는가에 대한 논의가 활발하게 일어나고 있다. 갈등을 해결하기 위해서는 갈등이 왜 발생하는가를 인식하는 것이 중요할 것이다.

계층 갈등과 사회 갈등의 원인을 정리해 보면, 한국사회에서 갈등의 원인은 먼저 역사적인 배경에서 형성, 급격하게 사회적, 경제적 변동으로 형성된 정치적인 구조와 경제적인 구조로 인해서 발생했다고 볼 수 있으며, 소통의 부재, 집단 간 상이한 사회적, 역사적, 문화적 경험이 다름으로 인해서 발생한 가치관의 차이 등으로 인해서 생긴다고 볼 수 있다. 물론 이외에도 다양한 원인이 있지만, 앞에서 살펴본 사회 갈등들의 공통적인 요소는 세 가지로 압축할 수 있기 때문에 세 가지 원인에 대해서 살펴보도록 하겠다.

특히 한국사회에서 갈등관리나 갈등해결이 더 중요한 이유는 앞에서도 언급했듯이 갈등이 혐오로까지 번지기 때문이다. 혐오로 번지는 갈등은 더욱 해결하기 어려운 깊은 골을 만들며 해결할 수 없는 갈등을 만들기도 한다. 때문에 한국사회에서 갈등관리는 더욱 중요한 이슈이며 이를 위해서 갈등의 원인이 무엇인지에 대해서 살펴볼 필요가 있다.

1) 역사적인 배경

역사적으로 한국사회는 근현대사에서 사회에 큰 영향을 끼친 두 가지 사건을 찾아볼 수 있다. 먼저 일제강점기 시절을 겪은 직후 발생한 한국전쟁은 한국의 근현대사에 있어서 엄청난 영향을 준 사건이다. 이러한 사건 등으로 인해서 발생한 갈등은 이념 갈등과 지역 갈등이다. 역사적인 사건으로 인해서 발생한 지역 갈등은 이념 갈등과 연결해서 생각해야 한다. 또한 이후에도 한국사회는 민주화운동, IMF

등의 굵직한 사건들을 겪으면서 다양한 갈등의 양상으로 전개되기 시작했다. 역사적인 사건으로 인해서 집단의식을 강조하는 원인으로 작용하기도 했다. 역사적인 사건을 극복하기 위해서 한국사회는 끊임없이 뭉쳤고 이러한 집단의식을 통해서 역사적인 사건을 극복할 수 있었다. 이러한 교훈은 현대사회에 접어들어서도 집단 의식을 강조하는 결과를 야기했다. 집단의식에 대한 강조는 긍정적인 영향을 미치기도 했지만, 부정적인 영향을 미쳤다는 것을 간과하기 어려울 것이다. 특히 단일 민족에 대한 강조는 결국 다문화 사회로 발전하게 되는데 어려움을 겪게 하였으며 외국인과 내국인을 서열화하는 결과로 이어졌다. 역사적인 배경에서 형성된 가치관이나 의식구조는 다른 원인들에 비해서 더 뿌리 깊은 인식이나 가치관을 가져온다. 물론 이렇게 형성된 가치관과 인식의 영향이 다른 원인들보다 약해지고 있는 것은 사실이지만 한국인의 마음 깊이 내재된 역사적으로 형성된 가치관과 인식구조는 갈등의 소지를 항상 가져올 수 있다.

2) 급격한 사회변화로 형성된 경제, 정치적인 구조

한국사회는 급격한 현대화는 한국에서 다양한 사회 문제를 일으킨 주요한 원인이었다. 급격한 현대화는 경제적인 성장과 급격한 민주주의 사회로의 진입으로 볼 수 있는데 경제적인 성장은 빠른 시간 내에 경제성장을 이룩하고자 효율성을 강조하면서 거점 중심의 개발, 대기업 위주의 경제정책 등은 계층 갈등을 조장하였을 뿐만 아니라 효율성을 추구하면서 수직적인 관계의 가치관을 형성하게 되었고 이는 수평적인 관계의 가치관을 가지고 있는 젊은 세대와 이전의 가치관을 가지고 있는 기성세대 간의 세대 갈등의 원인이 되기도 하였다. 또한 거점 중심의 개발은 거점이 아닌 지역의 상대적 박탈감을 조장하고 인구의 유출, 자본의 유출 등으로 지역의 경제구조를 어렵게 만든다. 이런 영향은 지역 간 갈등을 조장하는 원인이 되었다.

경제적인 구조로 형성된 갈등은 신자유주의가 가지고 있는 문제점이라고도 할 수 있다. 한정적인 자원을 두고 끊임없이 경쟁하는 구도를 형성하는 신자유주의 경제구조는 결국 경쟁하는 개인이나 집단을 형성한다. 자원을 두고 경쟁하는 갈등 양상은 가장 심화되어 나타나거나 가장 직시적인 현상을 보여 준다. 한국사회는 성장을 위해서 신자유주의적인 경제요소를 강조하고, 자원을 둘러싼 치열한 경쟁 구도를 형성하였다. 이런 경제적인 구조는 경제적인 계층을 형성하는 가장 큰 원인이다.

급격한 정치적인 변동은 정치적 양극화를 빠르게 확산시킨다. 이념 갈등에서 말한 것과 같이 정치적인 변화가 일어나기 이전의 세대와 이후의 세대가 공존하기 시작하면서 서로 간의 이념차이를 인정하지 못하고 갈등의 양상이 전개되고 있다. 이렇게 형성된 정치구조로 인해서 정치인들의 기반은 논리적이고 합리적인 정책, 공약이 아닌 감정에 호소하는 경우가 많다. 지역을 이용하여 지역주의를 조장하기도 하고, 정치적인 이념을 강조하면서 감정에 호소하기도 한다. 이러한 감정의 호소는 집단의식을 고취시키고 자신들의 의견에 동조하지 못하거나 반대하는 의견을 가진 개인이나 집단에 대한 거부감, 혐오감을 조장한다.

3) 가치관의 차이 – 동시대의 비동시성

앞서 살펴본 두 가지 원인은 결국 개인이나 집단의 가치관을 형성한다. 이렇게 형성된 가치관으로 인해서 발생하는 갈등은 우리가 앞에서 살펴본 갈등에 대한 근본적인 정의에서 볼 때[35] 근본적인 갈등의 원인이라고 할 수 있다. 이념 갈등, 지역 갈등, 세대 갈등, 성별 갈등, 계층 갈등 등의 갈등은 형성된 맥락이나 배경은 다르지만, 집단 간 상이하게 형성된 가치관의 차이로 인해서 발생된다. 즉, 한국사회에서 갈등 양상은 대부분 가치관의 차이로 인해서 발생한다. 이러한 가치관의 차이에 대해서 인정하지 않고 다른 가치관을 가진 개인이나 집단을 부정적인 시선으로 바라보거나 다른 가치관에 대해 부정적인 인식을 가질 때 갈등은 발생한다. 부정적인 인식으로 바라보고 편 가르기, 몰이 등으로 외부적으로 표출되면 갈등 양상은 보다 폭력적이고 치열하게 전개된다. 앞서 살펴본 한국사회의 갈등 양상은 모두 이러한 가치관에 대한 인식이 외부로 표출되면서 전개되고 있다. 이러한 모습은 국민들 간 화합을 어렵게 만들고 사회적인 발전에 악영향을 끼칠 수밖에 없다.

4) 공감 부재의 한국사회

가치관의 차이는 갈등을 불러오는 가장 크고 근본적인 이유이다. 물론 가치관의 차이는 언제, 어디서나 존재할 수 있지만 다른 가치관에 대해서 인정하지 않고 부정적으로 바라보는 것은 결국 상대방에 대한 불신에서 비롯한 공감의 부재에서부터 출발한다고 볼 수 있다. 이러한 공감 부재의 모습은 한국사회에서 갈등이 혐오로까지 번지게 하는 가장 큰 이유이다. 즉, 가치관의 차이를 공감하지 못하는 행동은 갈등의 골을 더 깊게 만들 뿐만 아니라 두 집단이나 개인 사이에 해결할 수 없는 깊은 골을 만들고, 보이지 않는 벽을 만들기도 한다. 역사적인 맥락에서 살펴볼 수도, 정치, 경제적인 구조로 인해서 형성될 수도 있다.

제1부에서 살펴보았듯이 공감은 다양하게 정의할 수 있다. 포털사이트에 공감이라고 검색해 보면 남의 감정, 의견, 주장 따위에 대하여 자기도 그렇다고 느낌. 또는 그렇게 느끼는 기분이라고 나온다.[36] 학문적인 논의에 의하면 타인의 상태에 대한 정서적인 반응이라고 정의할 수 있다. 이는 동정과는 차이가 있는 개념이다. 동정은 타인과 나를 분리하지 않고 자기 일처럼 여기는 것을 의미하지만 공감은 타인과 나의 차이에서부터 출발하여 그 차이나 형편을 인정하는 것이라고 볼 수 있다. 이런 공감의 부재는 서로의 차이를 인정하지 않고 부정적인 시각으로 바라보는 갈등으로 표출되고 갈등의 심화는 서로를 혐오하는 모습으로 발전하기도 한다.

한국에서 공감은 어떻게 받아들여지는가. 공감이라는 긍정적인 의미에 대해서 모두 고개를 끄덕이겠지만 돌아본다면 한국사회에서 공감이라는 정서가 과연 넓게 퍼져 있는가에 대한 질문에 대해서는 생각해 볼 필요가 있다. 한국사회는 전체적으로 공감이 부재한 상황이며 이로 인해서 서로 간의 차이를 이해하지 못하고 갈등 양상으로 전개된다.

공감 부재의 상황에서 공감 부재를 해결하기 위해서는 한국사회에서 공감이 부재된 이유에 대해서 한 번 생각해 볼 필요가 있을 것이다. 다음 장에서는 한국사회에 공감이 부재된 이유에 대해서 알아보도록 하겠다.

우리 사회에 있는 많은 문제의 원인은 공감의 부재라 할 수 있다. 상대에 대한 공감이 없으면 상대를 이해하고 포용할 수 없게 되고, 그 결과 상대와 나의 차이는 갈등의 씨앗이 된다. 공감이란 상대방의 안위에 대한 관심을 바탕으로 생겨나는, 상대방의 상태에 대한 정서적 반응이자, 상대방의 입장에 대한 고려를 바탕으로 나오는 행위이다. 예를 들어, 친구가 열심히 준비한 취업 면접에서 실수를 하여 좋은 결과를 받지 못했을 때 우리는 그 친구가 현재 느끼고 있을 좌절감과 실망감에 공감하여 함께 슬퍼한다. 또는 형제, 자매가 오랫동안 목표로 삼아온 대학에 합격하여 기뻐하는 모습을 보면 덩달아 기뻐진다. 이런 공감은 비단 나와 가까운 사람들만을 향해서 생겨나는 감정만 해당하는 것은 아니다. 어떤 청년이 길에서 걸려오는 전화를 받으며, 곧 환희에 찬 목소리로 "정말요? 합격이요? 감사합니다. 정말 감사합니다." 말할 때 우리는 덩달아 미소를 짓게 된다. 그 청년이 합격이라는 통보를 받기까지 들였을 인내와 노고, 그리고 그 결과로 얻어낸 성과가 주는 행복감을 상상하며 이에 공감을 할 수 있기 때문이다. 한편, 반대로 타인의 비극이나 불운을 마주했을 때 우리는 정도의 차이는 있을 수 있지만, 어느 정도 마음 한편에 덩달아 슬픈 감정을 공유하게 될 것이다.

그러나 이러한 공감은 결정적인 한계를 지니고 있다. 우리의 공감은 우리와 상관없는 사람들에게까지 발휘될 수 있을 정도로 강력한 감정이지만, 한편으로 어떤 사람에게는 공감이 형성되고 어떤 사람에게는 형성되지 않는 선별적 성격을 띠고 있다. 예를 들어 미국의 한 연구는 우리의 공감이 스스로 속한 집단 내부 구성원들에게 더 강력하게 발휘되고, 집단 외의 이방인에게는 제한적으로 발휘된다는 사실을 밝혀냈다. 이는 우리는 우리가 이해하지 못하고, 거리감을 느끼는 상대에 대해서는 비교적 공감을 잘 하지 못한다는 사실을 의미한다. 즉, 우리가 대상을 얼마나 가깝다고 느끼는지에 의해, 또 대상에 대해 얼마나 많은 맥락적 지식을 지니고 있는지에 의해 대상과 공감하는 정도가 달라진다. 제레미 리프킨은 그의 저서 『공감의 시대』를 통해 공감이 그리는 희망찬 미래를 예언하였다. 공감이 형성되면 사회 갈등의 많은 부분을 해소할 수 있다고는 하지만, 공감을 형성하는 것부터가 중요한 난제일 것이다. 그렇다면 우리 사회의 계층 간, 세대 간, 이념 간, 성별 간 등의 관계에서 공감이 부재한 까닭은 무엇일까? 그 원인은 한국사회의 특수한 역사적 맥락과 그로 인한 구조적/개인적 문제들에서 찾을 수 있다. 아래의 그림은 대한민국에서 공감의 부재를 설명하기 위한 이론틀을 도식화하여 보여 주고 있다.

그림 2.21을 통해서 나타냈듯이 공감 부재는 역사적 사건이나 경험과 제도적인

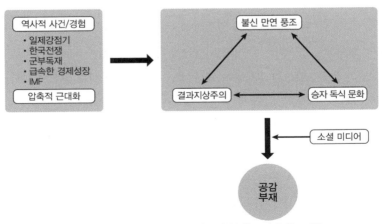

그림 2.21 역사적, 제도적 환경이 공감 부재로 이어지는 과정

환경으로 형성된 불신 만연 풍조, 결과지상주의, 승자 독식 문화가 결국 공감 부재를 만들어 내는 주요한 요인이다. 최근에는 SNS, 유튜브, 인터넷 커뮤니티 등으로 인하여서 세 가지 인식을 강화시키고, 갈등을 증폭시키는 요소로 작용하여 공감 부재라는 정서를 증폭시키는 매개체의 역할을 하고 있다.

한국의 공감 부재는 한국이 겪어 온 근현대사의 역사적 배경과 현재 대한민국 사회가 지닌 제도적 특성에 기반하고 있다. 이를 위해 먼저 역사적 배경과 제도적 특성을 정리한 뒤, 이후 공감 부재에 직접적인 영향을 미치는 세 가지 요소에 기반 하여 설명하며, 이에 더해 이 과정에 SNS와 미디어 커뮤니케이션이 상호작용하여 영향을 미치는 과정을 보여 주는 방식으로 글을 전개하도록 하겠다.

1. 대한민국의 역사적인 배경

1) 일제강점기의 경험

한국의 근현대사의 앞 페이지는 일제강점기이다. 1910년 국권 피탈로 대한제국이 멸망한 이후부터 8.15 광복이 있기까지 한국사회는 36년의 일제 지배 아래에 있었다. 일제강점기와 다른 역사적인 사건이 차별점이 있는 이유는 긴 기간 동안 단 한 번 존재했던 민족의 정통성과 역사적 단절이 있었던 시기였다. 경제적, 사회 문화적으로 큰 타격을 입었던 시기이다. 경제적으로 국내에서 생산된 수많은 자원을 수탈당하였으며 인적자원의 유출 또한 심각한 정도에 이르렀다.

그림 2.22는 1920~1930년 사이 있었던 일제의 산미증식 계획시기에 쌀 생산량과 수탈량, 1인당 연간 쌀 소비량을 보여 주는 그림이다. 이를 통해서 알 수 있듯이, 일제는 한국에서 생산되는 쌀에 많을 때는 약 40%가량을 수탈했다.[37] 이렇듯 농경사회에 머물고 있었던 국내에서 생산되었던 쌀 중 많은 양이 일본으로 빠져나

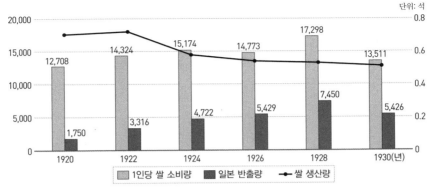

그림 2.22 1920~1930년 쌀 생산량, 수탈량, 한국 내 1인당 연간 쌀 소비량
출처: 통계청, 광복 이전 통계 참고.

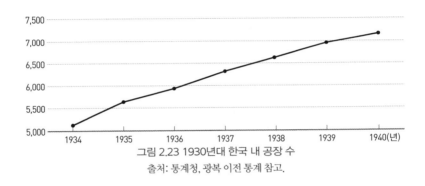

그림 2.23 1930년대 한국 내 공장 수
출처: 통계청, 광복 이전 통계 참고.

간 것을 볼 수 있으며 반대로 쌀 생산량이 증가한 반면에, 1인당 쌀 소비량이 감소한 추세를 볼 때 한국인의 삶은 나날이 피폐해져 갔다는 것을 볼 수 있다.

그림 2.23을 보면 1930년대에는 공장의 수가 기하급수적으로 늘어난 것을 알 수 있다. 이는 일제가 태평양 전쟁을 준비하기 위한 생산기지로 한반도를 이용했기 때문이라고 볼 수 있다. 이러한 경제적인 자원의 수탈뿐만 아니라 인적자원의 강제동원 역시 대거 발생했다. 노무동원의 경우 국내 650만 명, 국외 104만 명, 군 동원은 27만 명, 총 782만 명에 대한 강제동원이 발생했다.[38]

또한 이러한 물적, 인적자원의 유출뿐만 아니라 사회문화적인 부분에서도 일제강점기 시절 한국사회는 큰 영향을 받았다. 대표적으로 일제강점기 문화통치와 민족말살 정책을 예로 들 수 있다. 문화통치는 3.1 운동 등으로 무단통치의 한계를 인식하고 국제여론이 악화됨으로 인해서 발생하였으며 문화통치의 본질은 친일파를 양성하여 민족의 갈등을 조장하려한 것에 있다. 이러한 문화통치의 결과만 살펴보면 민족 신분의 발행 등과 같은 정책이었지만 자세히 들여다보면 일제가 언론이나 교육 등에 간섭하기 위한 정책이었다. 민족말살 정책은 한국인과 일본인은 하나라는 주장을 하면서 창씨 개명, 황국 신민 서사, 신사 참배 등을 강제하면서 민족성을 말살하려 했다. 일본식으로 성씨를 바꾸지 않으면 입학과 진학을 금지하는 등의 조치를 취하였다.

경제 수탈정책으로 인해서 한국사회의 빈부격차가 매우 심각한 수준으로 벌어졌다. 일본은 강압적인 정책을 통해 한국인들의 국민성을 억압하고, 한국인은 일본인들보다 우매한 사람들이며 2등 시민이라는 패배의식을 심으려 하였다. 식민통치 아래 한국인들은 일본의 강제 점령을 용인하고, 더 나아가 이를 지지하여 자신의 세를 불리려 시도했던 소위 친일 집단과, 이에 저항하여 일신의 피해를 무릅쓰고 스스로를 희생하여 조국 광복을 이루려 했던 반일 집단으로 나뉘어졌다. 일본 정부 입장는 친일파를 귀히 중용하고 반일파를 억압하려 하였고, 이는 결국 국가와 민족을 위해 더 노력한 사람들이 더 비참한 처지에서 궁핍하게 살아가야 하는 모순적인 환경을 만들어 냈다. 한국이 일본으로부터 독립을 이뤄낸 뒤에는 그동안 정당하지 못한 방법으로 세를 불렸던 친일파에 대한 적절한 처벌과 탄압받았던 저항 세력들에 대한 보상이 있어야 했으나, 오히려 안정적인 행정체계를 확보해야 한다는 명목으로 기존의 관리자 계급이었던 친일파가 여전히 중용되는 등 해결되지 않은 부조리가 지금도 남아 있다. 일제강점기는 이외에도 많은 흉터를 한반도에 남겼다. 해방 직후 미군정이 들어서면서 남과 북이 나뉘게 되었고, 이후에도 친일파 청산문제, 한일 관계, 과거사 청산, 위안부 문제 등 한국사회에 있어서 일제강점기는 사회문화적으로, 경제적으로 한국사회에 지대한 영향을 끼친 사건

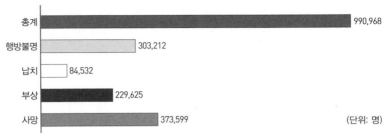

그림 2.24 한국전쟁 당시 일반인 인명피해 현황
출처: 대한민국 통계연감.

이며 일제강점기 시절을 겪지 않은 세대에게도 큰 상처로 남아 있다. 일제강점기의 트라우마는 아직도 우리 머리 깊숙한 곳에 남아 있다.

2) 한국전쟁

한국전쟁은 1950년 6월 25일 북한의 남침으로 시작해 1953년 7월 27일 휴전이 성립되기까지 약 3년간 계속된 전쟁이었다. 한국전쟁은 이념전쟁의 성격을 가진 전쟁이었다. 이 전쟁은 북한정권이 남북한 내부의 민족 갈등 속에서 한반도를 무력으로 통일하고 공산주의화 시키자는 목표 아래 발생한 전쟁이었다. 이는 광복이후 남한과 북한의 단독정부가 수립되고 소련과 미국의 냉전이 한반도로 옮겨 오면서 발발된 전쟁이었으며 당시 북한의 김일성은 중국의 마오쩌둥, 소련의 스탈린 등 공산주의 국가의 지도자들과 긴밀한 협의 후에 진행되었다. 한국전쟁의 결과로 남북한을 합쳐서 200만 명 이상이 사망 또는 실종되었다.

작가 윤흥길의 소설 『장마』는 한국전쟁이 일반 국민들에게 미쳤던 영향에 대해서 잘 묘사하고 있다. 주인공인 소년을 중심으로 국군 소위로 복무하고 있던 외삼촌과 빨치산으로 활동하는 친삼촌이 이념 갈등과 전쟁으로 인해 대립해 가는 과정이 짧고도 강렬하게 묘사되어 있다. 그러나 이 소설 속에서 대립과 갈등보다 더 중요하게 묘사되고 있는 것은 바로 가족이다. 친삼촌은 비록 본인이 빨치산으로 활동하고 있지만, 국군 소위인 외삼촌을 북한국의 수색으로부터 숨겨 준다. 주인공의 아버지는 친삼촌이 국군에 발각되지 않도록 감춰주다가 이를 들켜 곤욕을 치르게 된다. 이런 모습이 의미하는 바는, 전쟁 당시 일반 국민들에게 북한과 남한은 그저 다른 생각을 가지고 있는 한 가족이었다는 것이다. 보통 사람들에게 자유주의든 사회주의든 하는 거창한 이념의 문제는 그렇게 중요한 것이 아니었고, 자신과 가족의 안위가 가장 중요한 문제였던 것이다. 현재 우리나라의 수도인 서울만 하여도 몇 차례나 북한군에 의해 점령되었다가 국군에 의해 수복되었다가 하였다. 이른바 "낮에는 대한민국이요, 밤에는 인민공화국"이었던 것이다. 이때 서울에 사는 보통의 사람들은 대한민국, 또는 인민공화국에 대한 충성심을 지닌 채 다른 한쪽에 저항하며 살아가는 삶과는 거리가 멀었다. 끊임없이 바뀌는 거버넌스는 사람들에게 안정된 신념을 갖게 만드는 것이 아니라 혼란을 겪게 하며, 사람들은 일단 보신(保身)을 최우선에 두는 기회주의적인 성향을 지니게 된다. 기회주의적인 행동은 불신을 낳기 때문에, 한국전쟁의 여파로 타인에 대한 불신이 팽배해졌다고 할 수 있다.

이처럼 한국전쟁은 사람들의 가치관을 혼란시키며 사회적으로 큰 영향을 미쳤

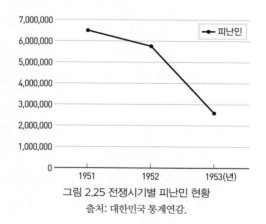

그림 2.25 전쟁시기별 피난민 현황
출처: 대한민국 통계연감.

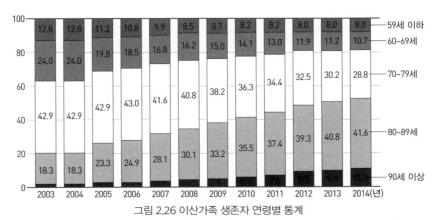

그림 2.26 이산가족 생존자 연령별 통계

다. 그림 2.26을 통해서 알 수 있듯이 가족들과 헤어진 후 현재까지도 이산가족으로 남아 있는 피난민들이 많다. 한국전쟁은 가족을 갈라놓고 평생 조우하지 못하게 만들었으며, 국민들에게 전쟁의 트라우마를 남겨 한국에서 가족 중심의 가치관이 형성되는 데 영향을 미쳤다. 이렇듯 한국전쟁은 근현대사에 있어서 일제강점기와 더불어 한국사회에 가장 큰 영향을 준 사건이라고 할 수 있다.

3) 군부독재와 민주화

한국전쟁 이후 한국에서 가장 무서운 말은 빨갱이라는 말이었다. 한국전쟁 당시 남한에서는 "낮에는 한국사람 밤에는 북한사람"이라는 말이 있을 정도로 정치적으로 혼돈을 겪었던 시기이며 특히 북한군이 남한사람을 학살하거나 폭력을 행사하는 경우도 자주 발생했다. 이로 인해서 한국사람에게 북한은 공포의 대상이 되었으며 이러한 공포는 공산주의에 대한 증오와 혐오로 표출되기 시작했다.

문제는 정치권이 이러한 증오와 혐오, 공포를 이용했다는 것이다. 정치가들은 반공주의라는 이념 아래 공산주의 타도를 외치며 국민들에게 북한에 있는 모든 것, 공산주의의 모든 것은 사회악이라는 인식을 심어 주기 시작했다. 한국전쟁의 공포가 사그라지지 않은 국민들에게 이러한 목소리는 큰 설득력을 지녔다. 정치가들은 이를 이용해 자신들의 의견에 반대하는 야당 인사들을 빨갱이로 몰아 재판에 세우거나, 사회에서 매장시키거나, 심한 경우 전범이나 간첩으로 몰고는 하였다.

결국 이념적인 프레이밍은 국민들에게 공산주의에 대한 두려움을 갖게 했고, 야당인사들에게는 정권에 반항하면 빨갱이로 몰려 처벌을 받을 수 있다는 공포감이 형성되도록 만들어 정치체제를 더욱 견고히 할 수 있는 수단이 되었다.

이러한 정치적인 상황에서 민주화운동을 주도하거나 주도할 여지가 있는 개인이나 세력, 특히 대학생들에게 고문을 가하여 이들을 공산주의자로 몰아가는 상황이 빈번하였다. 특히 5.18 광주 민주화운동이 이러한 움직임의 대표적인 예시이다. 5.18 당시 전두환 정권은 "5.18 민주화운동은 남과 간첩들이 조장한 내란이다"라고 하는 선동을 통해 광주를 무력으로 탄압하였으며 이로 인해 많은 민간인 피해가 발생하였다.

군부독재 시절에 대한 평가는 긍정적인 평가와 부정적인 평가가 병존한다. 긍정적 평가는 박정희 전대통령의 카리스마적 통치를 통해 대한민국이 급속한 경제성장을 이뤄낼 수 있었으며, 서민들은 그 덕분에 흰 쌀밥에 고깃국을 먹을 수 있게 되었다는 내용이 주를 이루며, 부정적 평가는 억압된 개인의 자유와 희생은 그 어떤 것으로도 보상할 수 없는 인간의 존엄성이기에 군부독재는 최악의 정권이었다는 내용이 주를 이룬다. 이런 상반된 군부독재의 의미는 해석하는 사람이 어떤 정치 성향을 지니고 있고, 어떻게 바라보느냐에 따라 달라진다. 그렇기 때문에 군부독재의 경험은 경제성장을 중심으로 한 보수진영과 민주화운동을 중심으로 한 진보진영에게 완전히 다른 의미로 기억되었으며, 이들이 서로를 이해하지 못하고 대립하게 만드는 원인을 제공하였다.

4) 급속한 경제성장

우리나라는 1970년대부터 지금까지 약 50년 이라는 짧은 기간 동안 급속한 경제성장을 이루었다. 그림 2.27, 2.28을 통해서 볼 수 있듯이, 우리나라의 국내총생산(GDP)은 약 260억 달러에서 약 1조 7000억 달러로 600배 성장하였으며, 1인당 GDP 역시 1970년 253달러에서 2만 7천 달러로 100배 이상 증가하였다.

이처럼 한국의 1970년대와 1980년대는 급격한 경제성장을 이룩한 시기였다. 이는 정권이 발전국가 모형을 통해 대기업 중심의 경제구조, 거점 중심의 개발을 추진해 낸 결과라고 볼 수 있다. 단기적으로 이 시기는 경제성장의 수치에서 많은 증

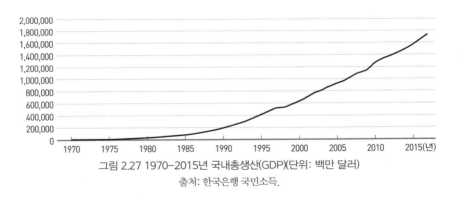

그림 2.27 1970-2015년 국내총생산(GDP)(단위: 백만 달러)
출처: 한국은행 국민소득.

그림 2.28 1970-2015년 1인당 GDP(단위: 달러)
출처: 통계청, 대한민국 통계연감.

가를 보인 시기였으며, 개인의 삶이 풍요로워질 것이라는 기대감으로 충만하던 시기였다. 하지만 동시에 이 시기는 성장 중심의 경제발전을 통해 한국사회에 불평등과 불균형을 심화시키는 계기를 제공하는 시기였기도 하다.

5) IMF 사태와 경제위기

IMF 사태, 1997년 외환위기는 대한민국 정부의 금융정책의 미숙과 실패로 인해서 일어난 사건이다. 당시 한국뿐만 아니라 아시아 경제의 위기로 외국자본이 급격하게 유출하고 이로 인해서 외환보유고가 바닥나게 되었고 충격을 극복할 수 없을 정도로 단기간에 기업의 파산과 부도, 대량 실직이 발생하게 된다. 이 사건은 대한민국의 경제사에 큰 상처를 남겼다. 그림 2.29를 볼 때, 1997년 1998년 사이의 경제성장률을 살펴보면 −5.5%인 것을 확인할 수 있다. 이로 인해서 그림 2.30은 이로 인한 실업자의 급증과 취업자의 급감을 보여 준다. 외환위기의 여파는 이렇듯 가정과 사회에 큰 영향을 미쳤다.

IMF 사태는 또한 사회·경제적인 양극화를 심화시키는 계기가 되었으며 전통적인 가족관을 해체하는 계기가 되었다. 기존 사회에서 경제적인 주도권을 쥐고 있던 가장이 정리해고 등 경제적인 위기를 겪으면서 가장의 외벌이에 의존하는 생계구조가 무너진 것이다.

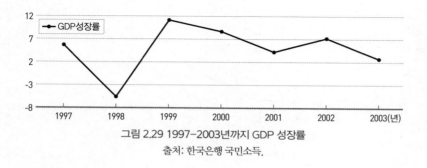

그림 2.29 1997-2003년까지 GDP 성장률
출처: 한국은행 국민소득.

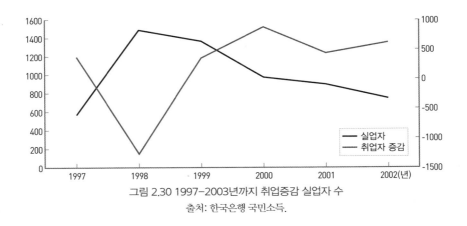

그림 2.30 1997-2003년까지 취업증감 실업자 수
출처: 한국은행 국민소득.

2. 압축적 근대화

일제강점기, 6.25 전쟁과 더불어 경제성장을 겪었던 한국사회에서 근대화는 압축적인 형태로 진행되었다.[39] 장경섭(2009)은 압축적 근대화의 결과로 능동적인 자기변혁이 아닌 사회질서에 의해 통제된 과정 속에서 이념과 물질의 만성적인 부정합성이 생겨나게 되었다고 논한다(장경섭, 2009, p.28-29). 이는 일제강점기와 한국전쟁, 그리고 독재정권 등을 거치며 발생한 사건들로 인해서 이념적인 선택을 강요하게 되는 결과로 이어졌다. 한국전쟁의 경험과 냉전 대립의 심화는 개인의 신념을 통제하려는 국가의 억압을 촉진시켰다.

우리나라는 근대사회로서의 진입이 일제에 의해서 강행되었고, 그 이후로도 서구의 발전국가를 모방하면서 급속도로 발전을 이룩하였다. 전통적인 가치와 제도가 잔존하는 상황에서 서구적이고 현대적인 가치와 제도가 급격하게 밀려들어 오면서 가치와 제도의 우발적인 다원성이 발생하게 된 것이다(장경섭, 2009, p.28-29). 다시 말해 개인들은 전통적인 유교 가치관과 급진적인 서구 개인주의 가치관에 동시에 노출되며 혼란을 겪게 되었다. 또한 기술의 변화가 다른 어느 국가들보다 빠르게 전개되었다. 지금의 기성세대들은 농업사회, 경공업사회, 중공업사회,

IT사회를 모두 겪어 보았다는 사실을 놓고 볼 때 사회적 전환이 얼마나 빠르고 급격하게 일어났는지 체감할 수 있다. 이렇듯 급격한 사회 변화는 개인의 삶에 혼란을 가져왔으며 시대에 적응하기 위해 요구되는 노력과 경쟁을 강조하는 사회 분위기를 조성했다.

한국사회의 제도적인 환경은 이렇듯 압축적인 근대화 과정을 통해 가치관의 혼란, 법과 전통적 도덕성의 혼란을 가중시켰다. 또한 서구의 자본주의가 급하게 적용되는 과정에서 천민자본주의나 물질만능주의 같은 자본주의의 부정적인 측면이 드러나게 되었다. 정치의 영역에서 압축적인 근대화 과정은 정치인들이 정책이나 공약 등으로 평가받는 것이 아닌 지역에 호소하거나 이념에 호소하는 방향으로 유권자들의 표를 얻는 문화가 확산하도록 만들었다. 이런 경향은 현재까지도 여전히 남아 있다.

3. 공감 부재의 요인

1) 불신 만연 풍조

대한민국의 공감의 부재 현상은 첫 번째로, 대한민국 사회가 불신이 만연한 풍조라는 점에서 비롯한다. 불신이라 함은 크게 대한민국 제도에 대한 사회 불신과 다른 개인들 전반에 대한 대인 불신으로 나뉜다. 먼저, 사회에 대한 불신은 규칙의 모호성과 원칙 적용의 임의성에서 생겨난다. 지켜지지 않는 원칙과 명확하지 않은 규칙은 사람들로 하여금 자신의 행동이 불러올 결과에 대해 쉽사리 예측할 수 없게 만든다. 똑같은 행위를 통해서 운이 좋은 사람은 큰 복을 누릴 것이며, 운이 나쁜 사람은 오히려 벌을 받을 것이기 때문이다. 한국사람들이 지닌 제도에 대한 강한 불신의 역사적인 원인은 바로 박정희라는 카리스마적 독재자가 진두지휘했던 근대화 과정에 있다. 카리스마에 의한 통치란, 법이 적용되는지에 대한 여부는 카리스마를 지닌 통치자의 주관적 해석에 의존하는 상황을 말한다.

이를 극적으로 보여 주는 것이 군부 독재 시절 박정희의 재벌 살리기 일화이다. 당시 박정희가 임의적이고 주관적으로 어떤 재벌은 지원하고 어떤 재벌은 강력하게 제재했던 사례는 매우 유명하다. 대우와 율산이라는 두 기업 중에서 대우를 선택하였던 이유에 대해 세간에 돌던 소문은, 사실 여부와 관계없이 대한민국의 규칙 적용에 관해 적어도 사람들의 인식이 어떤 식으로 형성되어 있는지에 대해서 잘 말해 주고 있다. 소문의 형태는 이렇다. 소탈한 성격의 박정희가 두 회장의 집을 방문하여 아침 식사를 함께 들기로 했다. 대우의 김우중 회장은 조촐한 아침 식사를 하고 있었음에 반해, 율산의 신선호 회장은 아침부터 호화스러운 식사를 하고 있었다. 이를 본 박정희가 율산을 억누를 목적으로 법을 적용하였고 결국 율산이 제거되었다는 것이다. 이런 소문의 존재는, 이것이 사실이든 아니든 간에, 사람들은 합리성이 아닌 지배자의 이성적인 선택으로 인해 한국의 중대사가 좌지우지되었다는 사실을 믿었다는 것을 암시한다. 이런 상황에서 미래의 예측에 대한 예측은 불가능하게 되고, 공정한 원칙과 규칙의 존재를 믿을 수 없기에 결국 제도 전체에 대한 불신으로 이어진다.

예를 들어, 영화 〈범죄와의 전쟁: 나쁜놈들 전성시대〉 속에서 이런 모습이 적나라하게 드러난다. "느그 서장, 남천동 살제?"라는 대사는 주인공 최익현(최민식 분)이 경찰에게 체포되어 경찰서에 출두했을 때 자신을 취조하는 형사에게 오히려 뺨을 때리며 했던 말이다. 이 짧은 장면 안에는 당시 우리 사회가 지니고 있던 만성적인 문제, 다시 말해 부조리하고 부정의한 원칙과 규칙 적용의 민낯이 담겨 있다. 서장과 개인적 친분이 있고, 함께 '다 했다'는 이유로 잘못을 저질렀음에도 오히려 형사를 폭행하고 당당하다. 또, 상대편의 형사들도 이 말에 동조하며 상대를 제재하기 이전에 서장과의 관계를 확인하려 한다. 피의자의 신분으로 형사를 폭행하는 일은 규칙과 원칙이 제대로 기능하는 사회에서는 서장의 지인이 아니라 서장

본인이라도 용납되지 않을 일이다. 때문에 이 장면은 당시 한국사회에 얼마나 일관성 있고 공정한 기준이 부재했는지, 또 그것의 적용에 있어 얼마나 선택적이고 임의적이었는지 구체적으로 묘사하고 있다. 이런 사회 분위기 속에서 개인은 사회 전반에 대해서 전혀 신뢰할 수 없게 되고 회의와 불신만을 지니게 된다. 표 2.2에서 볼 수 있듯이 한국인의 대인 신뢰도는 다른 국가들에 비해서 현저하게 낮은 수치로 나타나는데, 이는 한국사람들이 대체로 다른 사람들을 믿지 못하는 상태라는 것을 의미한다.[40]

  한편, 사회 전반에 대한 불신과 더불어 타인들 개개인에 대한 불신은 대한민국의 공감 부재에 대한 추가적인 설명을 제공한다. 한국사람들은 전반적인 사회와 대부분의 타인에 대해 낮은 신뢰를 가지고 있다. 엄밀히 말해 한국사람들은 자신과 가까운 사람들을 믿는 정도에 비해 나와 관계없는 사람들을 믿는 정도가 다른 나라들보다 매우 낮다(Delhey, Newton, and Welzel, 2011). 한국사람들이 이렇듯 일반적인 대인 신뢰가 낮은 이유는 유교 문화 특유의 집단주의 성향에서 찾아

표 2.2 '대부분의 사람은 믿을 수 있다'에 동의한 국민 비율

	1981~ 1988	1989~ 1993	1994~ 1998	1999~ 2004	2005~ 2009	2010~ 2014
한국	38	34	30	27	28	27
일본	41	42	42	43	39	39
중국	–	60	52	55	53	63
홍콩	–	–	–	–	41	48
미국	43	52	36	36	39	35
이탈리아	25	34	–	33	30	–
독일	31	35	–	35	39	45
스웨덴	57	66	60	66	69	62
노르웨이	61	65	65	–	74	–
핀란드	57	63	49	58	62	

출처: 김희삼, 2018, "저신뢰 각자도생 사회의 치유를 위한 교육의 방향", 한국개발연구원 연구보고서.

볼 수 있다. 사회를 이루는 최소의 집단으로서 가족을 강조하는 유교 문화는, 내 가족을 그 어떤 것보다 우선해야 한다고 가르친다. 이를 가족주의 성향이라고 한다. 표준국어대사전에서는 가족을 "주로 부부를 중심으로 한, 친족 관계에 있는 사람들의 집단, 또는 그 구성원, 혼인, 혈연, 입양 등으로 이루어진다."라고 정의하는데, 나의 가족이 모든 판단의 기준이 되며 모든 행위의 기준이 가족의 안녕을 근거로 도출되는 사회적 체계를 가족주의라고 것이다. 이런 가족주의 성향은 유교 문화를 지닌 국가들에게 공통적으로 드러나는 성향이다. 유교는 국가에 대한 충성과 부모에 대한 효심을 기본 윤리로 설정하는데, 이 중 효는 예의 기초이며 충은 효의 확대된 형태라는 원리를 바탕으로 한다(김동춘, 2002). 다시 말해, 유교는 부모에 대한 효성을 그 무엇보다 강조한다는 것이다. 유교는 자녀에 대한 부모의 책임 또한 강조한다. 결국 유교적 사상은 가족 구성원 모두에게 서로에 대한 책임과 헌신을 규범화하는 문화를 형성한다.

이런 가족주의 성향은 한국전쟁 이후 더 심화되었다. 한국전쟁 당시 전쟁을 피해 남쪽으로 이주해 온 피난민들은 알고 지내는 인맥이 전무한 상황이었고, 함께 내려온 가족이나 새롭게 구성하는 가족만이 그들의 모든 연고가 되었다. 의지할 곳도, 또 헌신할 곳도 오로지 그들의 가족이 전부였기 때문에 그들은 삶의 모든 가치와 무게중심을 가족에 우선적으로 부여하게 되었고, 이에 따라 제 가족을 끔찍이 위하는 생활을 하였다. 영화 〈국제시장〉(2014)을 보면 이러한 가족주의 성향이 잘 드러나 있다. 영화의 조명은 시종일관 가족을 지키기 위한 주인공 덕수의 고군분투에 맞춰져 있다. 가장 대표적으로 '꽃분이네'를 지키기 위한 노력을 예로 들 수 있는데, 작중 이곳은 덕수와 아버지 사이의 유일한 연결고리를 상징한다. 피란을 떠나기 전 헤어진 아버지가 남긴 "꽃분이네서 보자"는 말에, 아버지가 자신을 찾아올 수 있는 유일한 지표인 꽃분이네를 지키고자 노력하는 것이다. 그러기 위해 상권 개발을 위해 자신의 가게를 매수하려 찾아온 자치회장에게 독설을 내뱉으며 그를 내쫓고, 물류 배치를 위해 자신의 가게 앞에 잠시 차를 주차해 둔 옆 가게 사장에게 빨리 차를 빼라며 종용한다. 혹시라도 꽃분이네가 팔려 다른 가게가 되면 아버지가 자신을 찾지 못할까 걱정되고 차가 주차된 그 잠시 동안 아버지가 찾아왔다가 꽃분이네 간판을 보지 못할까 두려운 것이다. 이로 인해 덕수는 지역 상인들에게 이기적인 사람이라 오해를 받고 욕을 먹지만 개의치 않는다. 실제로 덕수는 자신의 가족을 위해 다른 상인에게 피해를 주는 부분에 있어 거리낌이 없는 모습으로 그려진다. 또한 덕수가 젊었을 때 덕수는 동생 승규의 학비를 대기 위해 자신의 꿈조차 포기하고 파독 광부 모집에 지원했으며, 여동생 끝순이의 혼인 비용을 마련하기 위해, 또 꽃분이네를 지키기 위해 전쟁 중인 베트남으로 파견 근무를 자원한다. 이는 가족의 행복에 모든 가치의 중심을 두고 살아가는 가족주의적 사고방식의 전형적인 일례를 제공한다. 영화 속에서 보여지는 덕수의 모습은 한국전쟁 이후 우리 사회의 시대상을 정교히 반영하고 있다. 북에서 피난 온 사람들뿐만 아니라, 이들과 함께 살게 된 남쪽 사람들도 이들을 보며 가족중심의 사고방식을 지니게 되어 결국 한국전쟁의 여파는 우리에게 "피는 물보다 진하다", "가정이 화목해야 모든 일이 잘 된다" 등 가족주의적 가치관을 남기게 되었다.

한편, 타인에 대한 불신은 제도에 대한 불신과 상호작용하면서 서로가 서로에 영향을 미친다. 민주주의는 일반적으로 사람에 대한 신뢰를 높여주는데, 이는 각자가 함께 정치과정에 참여하면서 시민들 간에 공동체 의식을 함양시키기 때문이다(Dahl, 2000). 그러나 역사적으로 우리나라의 민주주의는 모진 풍파를 겪으며 자주 휘청거렸다. 때문에 우리나라 민주주의는 아직 성숙하지 못한 상태이고, 이는 이 사회의 구성원인 일반적인 사람들에 대한 신뢰를 떨어뜨린다. 반면에 일반적 구성원에 대한 불신은 공동체의 효능감을 감소시키고 이들에 의해 구성되고 운영되는 사회 제도에 대한 신뢰감을 떨어뜨린다. 쉬운 예로, 국회의원, 공무원, 법관 등 제도를 구성하는 중요 공직자들에 대해서 '기회만 되면 자신의 이권만 챙기고 부정비리를 저지를 수 있다'고 의심하는 성향은 사람에 대한 불신이 그 원천이다. 남을 믿지 못하는 문화와 정서가 박혀 있는 한국사회에서 남을 이해하고 인정하는 공감의 의미를 찾기란 힘든 상황이다. 결국 불신이 만연한 사회 분위기는 공감에 대한 인식 이전에 남을 의심하도록 만드는 상황을 초래하여 공감의 기회조차 박탈해 버리는, 공감 부재의 가장 큰 원인이라고도 볼 수 있을 것이다.

2) 승자 독식 문화

모 개그 프로그램에서 유행된 "1등만 기억하는 더러운 세상"이라는 말이 있었다. 이 말은 크게 유행하여 일반인들이 많이 따라하는 유행어가 되었다. 이 말이 왜 유행되었을까? 필자는 이를 한국사회를 직설적으로 표현하는 대사이기 때문에 유행되었다고 생각한다. 승자 독식 문화는 한국전쟁과 압축적인 근대화 과정을 겪은 한국의 역사적인 경험과 관련이 있다. 전쟁의 경험에서 패배하는 것은 곧 죽음과 다름없는 실패를 가져온다는 인식을 심어 주며 압축적 근대화 과정에서 실패는 발전하는 사회에서 남들을 따라가지 못하고 도태된다는 인식을 가져오게 된다. 1997년 대한민국의 경제를 뒤흔들었던 외환위기는 한 달도 채 안된 시점에 무려 3,300여 개의 기업을 도산시키며 전국에 실업자를 양산했고, 무력하게 패배한 채 돌아온 아버지, 어머니들은 자식들에게 대기업이나 공무원이 아니면 실패한 인생일 뿐이며, 악착같이 살아야 한다는 인생의 교훈을 가르쳤다. 이들을 지켜본 목격자들은 상처를 통해 얻어진 이들의 교훈을 마음속에 깊이 새기게 되었다. 특히 압축적 근대화 과정에서 발생한 성장위주의 경제정책과 기업구조는 이러한 승자 독식 문화를 더 견고히하는 계기가 되었다. 성과가 좋은 기업에 집중적으로 투자함으로써 경제성장을 빠른 시간 내에 이룩하려 했던 국가 정책은 결국 일부 승자의 지위를 획득한 기업에게 모든 것이 돌아가게 만드는 결과를 가져왔다. 승자 독식 문화는 글로벌화가 진행되면서 더욱 심화되어, 소수의 기업과 소수의 브랜드가 시장을 잠식하고 상대적으로 경쟁력이 낮은 기업들이 경쟁에 참여할 수 있는 기회조차 뺏어간다. 결국 사람들에 뇌리에 남는 기업이나 브랜드는 승자의 지위를 획득한 소수의 기업일 뿐이다.

이런 과정을 통해 승자 독식 문화는 한국인의 마음속에 자리 잡게 되었다. 승자가 되면 모든 것을 차지하고 패자가 되면 아무것도 얻을 수 없는 'All or Nothing'의 문화를 받아들이게 된 것이다. 승리하지 못하면 어떤 것도 쟁취할 수 없기 때문에 승자 독식 문화는 승자가 되지 못한 이들에게 좌절감을 가져온다. 승자 독식 구조에서는 최고에 가까운 소수의 사람들이 보상을 독차지하게 되며(Frank and Cook, 1995), 재능이나 노력의 미미한 차이가 과도한 소득 차이로 이어지기 때문이다(심상용, 2012).

또한 승자 독식 문화는 끊임없는 경쟁 속에서 자신 주변의 타자들을 경쟁자로 인식하고 그들을 직간접적으로 견제하도록 만든다. 학교는 사회의 축소판이라는 말이 있다. 학교 내에서 성적이 좋은 아이들은 승자로 인식되면서 학교 내 집단에서 높은 지위를 가지며 선생님의 인정을 받게 되지만 반대로 성적이 낮은 아이들은 패자로 받아들여지고 선생님이나 집단에게 무시당하게 되는 상황을 볼 수 있다. 얼마 전 선풍적인 인기를 끌었던 드라마 〈SKY 캐슬〉을 보면 이런 성향이 거울처럼 잘 반영되어 있다. 주인공 예서의 어머니인 한서진은 예서를 서울대 의대에 보내기 위해 코디네이터의 지도를 통해 예서의 모든 것을 관리하며 탄탄대로를 달리도록 만들려 한다. 그 과정에서 받는 지독한 스트레스로 사회성이 떨어져도 괜찮다. 도벽이 생겨도 괜찮다. 예의가 없어도 된다. 입시 결과만 좋으면 모든 것은 용서될 것이기 때문이다. 이는 현실세계에서 충분히 있을 법한 일이라 여겨진다. 실제로 드라마 방영 이후 강남 학원가에 컨설팅 문의가 급증하고 있다는 것을 통해 우리 사회에 만연한 공감 부재의 사회상을 실감할 수 있다.[41] 대학입시를 중시하는 교육과정에서 남이 아닌 자신을 먼저 위하는 사람들만이 승자가 될 수 있으며, 이들은 사회에서 이기적인 엘리트로 살아가게 된다. 즉, 이러한 교육과정의 영향으로 상대와 소통하고 공감할 수 있는 인재가 만들어지지 못하는 것이다.

승자 독식 문화는 세컨드 찬스(Second Chance)의 부재라는 문제를 가져온다.

패자가 된 사람들이 다시 승자로 올라갈 기회를 상실하게 되어 버린다는 것이다. 한때 지방대와 서울에 있는 명문대 졸업자의 취업과정에서 지방대 졸업자의 학점을 상대적으로 낮은 비율로 반영하는 문제가 있었다. 이는 일부의 기업의 문화가 아니라 대부분의 우리나라 기업들이 해 왔던 부조리이다. 이로 인해서 지방대를 졸업한 사람들은 학점이 높다 하더라도 상대적으로 낮은 점수를 받게 되는 것이다. 결국 지방대를 졸업한 사람들은 대기업이라는 승자의 위치로 나아갈 수 없었다. 이는 대기업에 있는 사람들은 승자 독식 문화에서 살아남은 사람들이며 패자들은 학창시절에서부터 취업에 있어서까지 일관되게 패자로 남을 수밖에 없는 사회 분위기를 만들었다.

승자 독식 문화에 사로잡힌 사회에서 사회를 살아가는 구성원들은 항상 패자가 된다는 공포감에 사로잡혀 고단하고 황폐하게 살아간다. 승자가 되기 위해서 타인을 경쟁자로 인식하고 그들을 이기기 위해서 수단과 방법을 가리지 않는 삶을 살게 되는 것이다. 이는 기본적으로 타인을 존엄한 인간이 아닌 목적을 위한 수단으로 인식하게 만들게 되면서 그 사람의 안녕이나 상태에 대한 관심을 원천적으로 차단한다. 이런 사회 환경에서 사회적 수준의 공감대는 형성되지 않는다. 승자 독식 문화는 결국 수단과 경쟁을 가리지 않는 경쟁구도를 만들고 승자들조차 또다시 승자가 되기 위해 경쟁하게 만든다. 결국 이러한 경쟁은 타자에 대한 부정적인 인식을 가지게 하고 타자에 대한 공감에 큰 방해요소로서 작용하게 된다.

3) 결과지상주의

마지막으로 대한민국 사회는 사회의 구성원들로 하여금 결과지상주의적 사고방식을 지니도록 조장한다. 가장 먼저 우리나라는 1910년 8월 29일, 대한제국이 멸망하고 나라의 주권을 일본 제국에 빼앗기는 경술국치 사건을 통해 36년의 일제강점기 역사를 시작하였다. 식민지 역사 속에서 우리는 약자의 힘없는 정의는 아무런 가치를 지니지 못하고, 오로지 강자의 총칼만이 하늘 아래 유일한 법이라는 힘의 논리를 교훈으로 얻게 되었다. 조선과 조선인의 독립이 정당한 권리임을 주장하던 1919년 3월 1일의 만세운동은 역사적인 의의는 있었지만, 무수한 사망자와 구속된 자를 내며 강력히 진압되었다. 더군다나 이때 침묵했던, 더 나아가 일제의 편을 들었던 친일파가 결과적으로 사회·경제적으로 득세하여 풍요로운 삶을 살아가는 것은 역사와 민족을 위해 희생하던 사람들의 고난과 대비되며 숭고한 가치를 위해 헌신하는 행위의 허망함을 환기시키곤 했을 것이다. 친일파는 조국과 민족의 안위보다 본인들의 부귀영화를 더 우선시하였고, 조선총독부는 조선인들을 통치하기 위해 현지를 잘 아는 관리 및 조력자가 필요하였기 때문에 협조적인 태도를 보이는 친일파들을 기용하였던 것이다. 친일파들은 앞장서서 일제의 통치가 성공적으로 이루어지고 이어질 수 있도록 수행하며 심지어 이를 위해서는 동포들마저 도구로 이용하였다.

식민지 역사 속에서 힘의 논리, 강자의 논리, 그리고 결과가 수단을 정당화하는 결과의 논리를 체득했던 사람들은 해방 이후 새로운 교훈을 깨닫게 된다. 그것은 바로 권선징악과 신상필벌은 실현되지 않는다는 것이다. 권선징악은 동서고금을 막론하고 대부분의 사회의 구전이나 설화 속에서 흔히 등장하는 교훈이다. 선한 자는 결국 복을 받고 악한 자는 결국 벌을 받는다는 것이다. 권선징악의 교훈이 필요한 까닭은, 선을 추구하는 것은 그 자체로는 어떠한 물질적 풍요나 사회적 성공도 보장하지 않기 때문에 사람들로 하여금 그것을 가치 있는 것으로 여기게 만들어야 한다는 인위적 필요성이 존재하기 때문이다. 이렇듯 권선징악의 실현에 대한 약속과 기대는 개인들 각각에게 선의 본질적 가치에 대한 믿음을 줌으로써 공공선의 실현을 위해 노력하고 실천하도록 유도한다. 공동체 구성원 모두가 공공선의 가치와 그 실현 가능성에 대한 신념을 지니고 있다는 것을 통해 그 공동체는 서로 공감하며 하나 된 효능감을 지닐 수 있게 되는데, 한국에서는 권선징악이 실현되지 않았다. 민족을 위해 목숨을 던지는 독립운동가들을 팔아먹으며 제 한 몸 안위를 챙겼던 친일파들이 끝내 청산되지 않았던 것이다. 많은 사람들이 친일파 청산이 이루어지지 않았던 것이 현재 대한민국의 많은 사회 문제들을 야기했다고 말한다. 이들의 주장처럼 '실현되지 않는 정의'의 살아있는 상징인 친일파와 그 후손에 대한 징벌의 부재는 현대를 살아가는 한국사람들에게도 영향을 미쳐 "남 좋은 일 하지 마라", "네 한 몸만 건사해라", 그리고 "결과만 좋으면 모든 게 좋은 것이다"라는 사상을 심었다. 이에 더해 실현되지 않는 사회정의에 대한 울분이 결과지상주의의 도래에 큰 영향을 미쳤다. 5.18 민주화운동 때 군부를 동원하여 대량의 민간인 유혈사태를 야기했던 전두환조차 법의 심판대를 피해 갔다. 전두환은 정권교체 이후 1995년 노태우와 함께 기소되어 반란 수괴죄 및 살인, 뇌물 수수 등으로 사형을 선고받고 징벌의 대상이 되는 듯했으나, 1997년 12월 전두환 사면을 공약으로 내세웠던 김영삼 전 대통령과 문민정부에 의해 사면된다. 심지어 이마저도 1995년 최초로 전두환과 노태우 등 군사 쿠데타로 권력을 탈취한 정치인 군인들이 고소의 대상이 되었을 때 검찰은 "성공한 쿠데타는 처벌한 전례가 없다"는 논리를 통해 공소권이 없다고 주장하며 관련자 전원에 대해 불기소 처분을 내렸다. 이런 식으로 정의의 실현에 대한 암담한 전망이 사회 전체에 만연하게 될 시 사람들은 공정하고 정당한 수단을 추구하는 것에 회의를 느끼고 결과의 효율성에 함몰된다. 이를 극단적으로 보여 주는 사례가 지난 2017년 한국에서 불었던 비트코인 열풍이다. 2017년 9월 기준으로 전체 거래량이 중국을 제치고 미국과 일본에 이은 3위에 들 정도로 한국은 유난히 비트코인 열풍이 심했다. 시장의 규모를 고려하면 이는 한국에서 비트코인이 가히 광풍이라는 표현이 걸맞을 정도의 유행이 되었다는 것을 보여 준다. 당시 설문조사 전문기관 두잇서베이가 조사했던 바에 의하면 20대 이상인 연령층의 25% 이상이 비트코인을 구매했던 경험이 있었던 것으로 드러났다.[42] 흥미로운 사실은 이들 대부분이 비트코인에 대한 관심은 높지만 블록체인 기술에 대한 이해는 현저히 낮은 것으로 파악되었다는 것이다. 이는 이들의 관심이 기술에 대한 투자의 측면이 아닌 자산의 이익을 추구하기 위한 투기의 측면에 있음을 시사한다. 비트코인으로 이익을 봤던 사람들이 주변 사람들에게 흔하게 했던 말이 바로 "비트코인 거래는 안 하는 게 바보"라는 말이다. 상승장에서 일견 모두가 돈을 버는 것 같아 보이는 상황이었기 때문에 나온 말이다. 이는 당시 사회에 정당한 근로를 통해 번 돈이든 아니든 관계없이 결과적으로 돈만 벌면 된다는 발상이 팽배했다는 것을 보여 준다. 이렇듯 불로소득을 통한 일확천금을 노리는 것은 우리 사회의 구성원들이 결과적으로 돈만 벌면 된다는 결과지상주의에 물들어 있다는 것을 의미한다.

한편 우리나라의 교육체계의 비정상적인 경쟁 과열 구도 또한 결과지상주의 사회의 심화에 크게 기여한다. 우리나라 교육체계는, 앞에서도 언급했지만, 수능중심의 교육체계와 세컨드 찬스의 부재로 인해 대입수학능력평가에서 잘 받은 성적표 한 장이 향후 모든 인생의 경로를 좌지우지하게 된다.[43] 얼마 전 화제가 되었던 숙명여자고등학교 쌍둥이 자매 시험지 유출 사건은 우리나라에서 좋은 수능점수를 갖는다는 것이 얼마나 중요한지를, 그 때문에 양심에 벗어난 행위를 하면서까지 결과만을 추구하는 사람까지 생겨난다는 것을 잘 드러낸다. 이 사건은 2018년 7월 중순에 치러진 숙명여고의 2학년 1학기 기말고사에서, 시험지 검토 및 결재 권한을 지닌 현경용 당시 교무부장의 두 딸이자 2학년 재학생인 두 자매가 내신 성적에서 문이과 각각 전교 1등을 차지하면서 불거진 사건이다. 정황적 근거로 두 딸의 아버지인 현경용 교무부장이 자신의 딸들의 성적을 위해 비리를 저지른 것으로 판단되어 2019년 5월 23일 징역 3년 6개월이 선고되어 1심 유죄 판결이 나왔다. 이들은 단지 한국사회의 민낯을 보여 주는 거울에 지나지 않는다. '꿩 잡는 게 매'라는 말처럼 결과지상주의가 낳은 형태 중 극단적 사례일 것이다.

4) 소셜미디어가 조장한 공감 부재

페이스북, 트위터, 인스타그램 등의 소셜미디어는 익명의 타인과도 의사소통을 가능하게 만들었고, 우리의 삶의 영역을 크게 확대시켰다. 한국정보통신정책연구원의 조사에 따르면 한국인의 소셜미디어 이용률은 지속적으로 상승하여 2018년에는 거의 50%에 육박하였고(그림 2.31, 32 참고), 20~30대의 사용률은 전체 인구의 80%를 상회하였다.

기존 의사소통을 강조한 하버마스의 전통을 이어 많은 학자들은 소셜미디어가 사람들로 하여금 많은 이슈들에 대해 합리적인 토론을 할 수 있는 공론장을 제공할 수 있을 것이라 예측했지만, 많은 경우 소셜미디어는 사회 갈등을 확대 및 재생산하는 역할을 수행하는 데 그치고 있다. 미국의 학자 선스테인(Sunstein)은 소셜

그림 2.31 한국인의 소셜미디어 이용률 추이

출처: 정보통신정책연구원, 'SNS 이용추이·이용행태 분석' 보고서.**44**

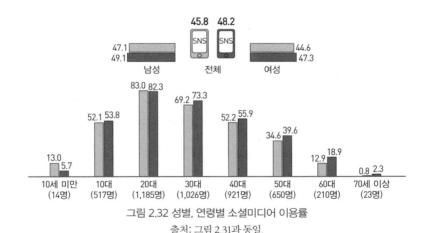

그림 2.32 성별, 연령별 소셜미디어 이용률

출처: 그림 2.31과 동일.

미디어를 통해 상반된 효과가 발생할 수 있다고 주장한다. 첫째는 앞서 말한 공론장 효과로서, 소셜미디어가 사회 구성원 간의 토론장으로서의 역할을 할 수 있다는 효과이다. 둘째는 반향실 효과로서, 소셜미디어가 이념 성향 등을 더욱 극화시킨다는 효과이다. 한국의 경우에도 이러한 이론에 기대어 많은 학술적 분석들이 실시되어 왔는데, 대부분의 연구결과들은 한국의 소셜미디어가 반향실의 성격을 가지고 있어 정치·사회적으로 양극화되어 사람들 간의 갈등을 부추기고 있다고 보여 준다(한규섭 외, 2013). 가령 보수적 성향을 지닌 개인이 소셜미디어에서 자신의 성향에 들어맞는 정보들을 선택적으로 수용한다면, 반대의 의견과의 합의점에 다다르기가 어려우며 이들이 현실에서 충돌했을 때 기존보다 더 큰 형태의 갈등이 발생한다는 것이다. 흔히 편 가르기라고 불리는 행태가 소셜미디어에서 심화되고 있는 것이다. 또한 온라인의 의사소통은 익명성에 기대고 있어서 기존의 커뮤니케이션에 비해 발화의 공격성이 더 강하게 드러난다. 우리는 소셜미디어에서 과도한 비난과 욕설을 종종 목격하게 되는데, 이러한 경우 사람들 간의 보다 합리적이고 생산적인 소통은 더욱 어려워진다. 결국 소셜미디어는 기존의 기대와 달리 사람들 간의 불신을 초래하고 다양한 방면의 사회 갈등을 확대재생산하는 기제로 작용하고 있다.

공감의 형성은 사람이 지니고 있는, 또한 사회에 주로 통용되는 가치관에 의해 강력하게 영향을 받게 된다. 때문에 위에서 언급한 세 가지 요인들과 소셜미디어라는 정보통신 수단의 결합이 한국사회의 공감 형성을 가로막는 가장 강력한 장애물로 기능하게 되는 것이다.

위에서 논의한 바, 이렇듯 우리는 이기지 못하면 모든 것을 잃고 주저앉으며, 비겁하고 사악한 수를 써도 아무런 문제가 없으며, 모르는 사람들은 신뢰할 수 없다고 여겨지는 사회에 살아가고 있다. 이러한 요소들은 한국사회의 구성원들로 하여금 타인을 존엄한 인간이 아닌 목적을 위한 수단으로 인식하게 만듦으로써 그 사람의 안녕이나 상태에 대한 관심을 원천적으로 차단한다. 이런 사회 환경에서 사회적 수준의 공감대가 형성되는 것이 오히려 신기하고 놀라운 일이 될 것이다. 결국 다양한 맥락에서 형성된 사회 분위기는 공감 부재로 이어지며 공감의 부재는 다시 갈등으로 악순환하게 되는 것이다.

제3부 공감의 희망

제6장 공감의 미학

　이 장에서는 앞에서 다뤘던 공감(empathy)의 개념 정의를 바탕으로 공감이 다양한 맥락(미학, 사회학, 인류학)에서 활용되고 있다는 것을 살펴보고 공감을 현대사회의 일상성의 핵심적인 요소로 제시할 것이다. 우선적으로 공감개념이 미학 분야에서 발원한 점에 착안하여 관련된 주요 연구들을 궁구할 것이다. 미학에서 발원한 공감은 보다 일반적인 개념으로 확장하면서 여러 분야에서 연구되는 중층적인 맥락을 형성한다. 공감은 무엇보다도 일상성(la quotidienneté)의 기저를 이루며 근대의 보편적인 합리성이 배제하거나 주변화한 감성의 영역에 위치한다. 감성과 공감은 미셸 마페졸리(Michel Maffesoli)의 일상성의 상상계(이마지네르 imaginaire)의 자양분으로서 근대~근대 이후의 문화 현상을 이해하고 해석하는 키워드이다. 프랑스 '이마지네르'의 사회학은 일상성이 보여 주는 징후적 문화 현상을 '포스트모더니티(postmodernités)'로 정의하고, 그것의 원초적 형태를 에밀 뒤르켐(Émile Durkheim)의 주저 『종교생활의 원시적 형태』(1912)에서 발견한다. 따라서 우리는 포스트모더니티를 뒤르켐이 말하는 종교적 사회적 요소와 알프레드 슈츠(Alfred Schutz)의 일상성 사회학과의 친연관계로 파악한 미셸 마페졸리[45]의 감성 사회학에 주목할 것이다.

1. 공감과 심미성

일반적으로 공감은 심리학적 개념으로 이야기된다.[46] 그런데 인간이 자신으로부터 나와 타자와 교감하는 과정에서 얻는 많은 즐거움과 쾌락은 주로 아름다움과 관계한다. 공감이란 심리학뿐만 아니라 미학, 예술영역으로 확장하면서 역사적으로 미학의 영역에서 깊이 논의된 개념이다. 대표적인 예로서 미학자 빌헬름 보링거(Wilhelm Worringer)는 고대 예술에서 표현주의 아방가르드 예술에 이르기까지 서양 예술사의 주요 국면들을 짚어 가면서 공감과 추상이 지니는 다양한 문맥들을 궁구하였다.

공감과 예술창조의 관계는 필연적이고 자연적이다. 예술가의 감수성과 창작에의 의지는 공감력에서 비롯되기 때문이다. 공감력은 삶의 진실, 즉 인공적이 아닌 유기적이고 자연주의적 삶과 연결될 경우 더욱 크고 깊어지는 것이다.

> 공감의 필요는 예술적 의지의 전제조건이라고 볼 수 있다. 그것은 단지 예술에의 의지(artistic volition)가 유기적인 삶의 진실에 대해 무엇인가 느낄 경우, 보다 높은 의미에서 자연주의로 향할 경우 그러하다(Worringer, 1997, p.14).

자연주의적이고 유기적인 삶이란 아름다운 생명력의 원천으로서, 이때 공감이란 아름다움(la beauté)에의 감수성이고 미로 향하고자 하는 마음이며 그것은 자기 향유(享有)의 한 형태이기도 하다.

공감의 미학자 테오도르 립스(Theodor Lipps)[47]는 미로 인한 자기 활성화와 그러한 내적인 욕구를 만족시키는 상태에서 공감적 감수성이 형성된다고 보았다(Worringer, 1997, p.14). 공감적 감수성은 고립된 자아의 상태에서 벗어나, 나 자신의 즐거움이 타인, 타자와 교감하면서 객관화하는 상태를 뜻한다. 이는 립스가 공감을 지각하는 대상에 자신을 투사하는 것, 달리 말해 "상상을 통해 무생물뿐만 아니라 타인의 경험 안으로 자신을 투사하는 예술가의 느낌"으로 정의한 것과 유사하다(Ricard, 2015, p.39).

공감은 지각의 대상인 타자에게 자신을 투사하는 행위로서, 그로 인해 내적 욕구가 충족되며 자기활성화(self-activation)를 촉매한다. 이때 자기활성화의 발현은 자기향유(self-enjoyment)의 상태와 유사하다. 그런데 전통적인 관점에서 자기활성화나 자기향유는, 주로 자연에 대한 관조와 예술작품 감상과 관계한다. 특히 우리가 예술작품에서 아름다움의 쾌락을 얻는다면 그것은 "미학적 향유가 자기향유로 객관화(Aesthetic enjoyment is objectified self-enjoyment)"하는 과정이라고 말할 수 있다(Worringer, 1997, p.14).

그런데 보링거가 말하는 공감은 단순한 예술의 감상을 통해 즐거움이나 쾌락을 얻는 데 그치지 않고 미를 향한 강한 의지로 발현한다. 이것은 자기향유의 객관화로서 수동적인 것이 아니라 적극적인 '예술에의 의지(vouloir artistique, Kunst-wollen)'로 나타나며 공감력을 강하게 밀어 올리려는 힘으로 확장한다. 공감으로서의 예술에의 의지는 – 프로이트식으로 말한다면 – 모종의 충동(la pulsion)으로서 미적 대상 안으로 들어가려는 힘이다. 이는 오스트리아 미술사학자 알로이스 리글(Alois Riegl)이 말하는 예술에의 의지와 거의 같은 맥락이다. 리글의 예술에의 의지는 미술사에서 수많은 사람들이 공유하는 개념으로서 예술적 생산과 창조의 원천이 되는 보편적인 감수성이자 힘이다(Riegl, 2004). 예술적 생산과 심미성을 향한 의지는 외부세계인 자연과 조화로운 관계를 가지는 데 필요한 공감력을 그 원천으로 한다.

달리 말해 공감과 심미적 경험은 우리 안에 잠재된 자기 활성능력을 발현함으로써 우리는 대상 안으로 들어가 자신으로부터 벗어나는 계기를 마련한다(Worringer, 1997, p.24). 이는 립스가 말하는 바대로, "공감 안에서 나는 실제의 내가 아니고 나는 실제의 나로부터 내적으로 해방되는 것이다. 모든 것으로부터 나의 벗어남, 그것은 내가 형태의 관조를 통해 그 모든 것으로부터 벗어남을 뜻한다. 나는 단지 이러한 이상(ideal)이고, 이것은 관조하는 나(this contemplating I)이다(Lipps, 1903, p.247; Worringer, 1997, p.24)."

공감력과 관조를 통해 내가 실제의 나로부터 벗어나 내적으로 해방된다는 것은 단순히 미적 대상에서 즐거움이나 쾌락을 얻는 것이 아니라, 대상 안으로 들어가 나 자신이 느낌 그 자체가 되는 사태이다. 이 경우 나와 대상의 거리와 구분은 사라지고 나는 느낌으로 존재한다. 립스는 이것을 공감의 상태로 정의하면서 내가 사물과 대상 안에서 공간적 위치를 획득한다고 하였다(Ribbs, 1903, p.254; Maibom, 2017, p.80). 내가 대상 안에서 공간적 위치를 획득한다는 것은 심미적 향유로 이어지는 맥락이다.

립스의 공감개념이 크게 반영된 심미적 향유(aesthetic enjoyment)는 바로 나 스스로의 향유(self-enjoyment)가 객관화하는 형태를 지칭한다. 심미적으로 향유한다는 것은 관능적인 대상에 나 자신을 공감화(to empathize myself into it)하는 것이다. 달리 표현하면, 내가 "그 안으로 공감화하는 바는 일반적으로 삶이며, 삶은 에너지이고, 성취하는 내적 작용"이다(Worringer, 1997, p.136). 공감은 주체가 지각대상에 투사하는 심리적 상태로서 삶의 에너지, 삶의 의지이고 예술에의 의지이기도 하다. 삶의 의지와 예술에의 의지는 인간과 외적 대상 사이의 조화롭고 범신론적인 관계를 형성한다. 그러므로 보링거가 말하는 "공감에로의 솟구침(urge to empathy)의 전제조건은 인간과 외부세계 현상과의 사이에서 행복하고 범신론적 믿음 관계"가 되는 것이다(Worringer, 1997, p.136). 보링거가 정의한 공감으로 유발된 '행복하고 범신론적 믿음 관계'는 '거대한 정신적인 공간의 피륙(an immense spiritual dread of space)'을 직조하는 과정에서의 기초적인 미학적 태도이다.

지금 추상에로의 솟구침에 대한 심리적 전제조건(presuppositions)은 무엇인가? 우리는 그것을 세계에 대한 사람들의 감정과 우주로 향하는 (그들의) 심리적 태도에서 찾아야 한다. 공감에의 솟구침의 전제조건이 사람과 외부세계 현상과의 행복하고 범신론적인 믿음의 관계라면, 추상에의 솟구침은 외부세계 현상에의해 영감받은 (인간 안의) 커다란 내적 동요(unrest)의 결과이다. 종교적인 관점에서 이는 모든 개념에 대한 강한 초월적 엷은 느낌(tinge)과 맥이 통하는 것이다. 우리는 이러한 상태를 공간의 거대한 정신적 피류(Worringer, 1997, p.15)으로 묘사할 수 있을 것이다.

보링거는 공감력을 고대로부터 현대 아방가르드에 이르는 모든 예술 행위를 가능케 하는 심미적 태도로 파악하고 이러한 심미적 태도가 정신적 종교적 우주론적 차원을 예술에 부여한다고 보았다.

그런데 립스의 미학적 공감개념은 예술과의 자연스러운 관계를 넘어서 타자의 심리상태를 읽고 모방하는 일반적 개념으로 외연을 확장한다. 우리는 독일어 'Einfühlung'을 영어로 옮긴 티치너(Tichener)의 진술에서 그것을 발견할 수 있을 것이다.

내가 끌어당기는 힘, 겸손함, 자부심, 예의 바름, 웅장하고 위대함을 바라보는 것이 아니라, 나는 그것들을 우리 마음의 근육(mind's muscles)으로 느끼는 것이다. 우리가 독일어 'Einfühlung'의 표현(번역)으로서 'empathy'를 사용한다면 나는 이것을 공감의 단순한 경우라고 가정할 것이다. 거기에 어떠한 호기심 거리나 이상한 것도 없다. 그것은 단지 언급되어야 할 사실일 뿐이다(Tichener, 1909, p.21−22; Maibom, 2017, p.81).

티치너의 이러한 공감에 관한 새로운 정의는 이미 립스가 말한 공감개념과 유사하다. 립스는 미학적 경험에서 출발하여 보다 일반적이고 보편적인 인간 심리와 인간 활동의 영역으로 개념을 확장한다.

나는 어떤 사람이 강하고 자유롭고 가볍고, 아마도 용기 있는 모종의 행동을 볼 경우, 그것은 나의 주목의 대상이 된다. 나는 그가 노력하는 것을 느낀다. 나는 그것을 실제 모방의 움직임으로 행할지도 모른다. 만일 그렇게 한다면 나는 스스로 움직이고 활성화하는 것을 느낀다. 나는 단지 상상하는 것이 아니라, 그 노력과 장애물의 저항, 극복과 성취를 느낀다(Ribbs, 1903; Maibom, 2017).

립스에서 영감받은 티치너의 공감은 개념 정립이 이뤄질 무렵 집중적으로 논의되었던 미적 감수성이나 심미적 경험에서 벗어나 보다 일반적이고 보편적인 인간의 심리 행동, 그리고 사회문화적인 현상을 기술하는 개념으로 외연을 넓혀 간다.

2. 공감의 재맥락화

심리학에서 발원하여 미학에서 널리 연구된 공감개념은 사회학, 사회신경학(Social Neuroscience), 심리학, 심리치료, 정신분석학, 정치, 광고, 미디어 등의 분야에서 활발히 진행되고 있으며 그것의 함축과 응용, 적용도 매우 다양하게 나타나고 있다. 그리고 나와 타자와의 긴밀한 불가분의 관계, 그리고 나를 타자로 확장하는 공감력은 전통적인 학문인 미학, 문학, 교육, 철학 분야에서 날로 그 중요성이 커지고 있다.

현재 논의되는 공감개념은 미국사회에서 전개된 일련의 정치적 사건을 계기로 급부상한 것으로 알려졌다. 예를 들어, 미국 대통령 버락 오바마가 공감이 사회적으로 소외된 계층의 삶을 이해하는 길이라고 말함으로써, 공감개념이 정치 사회적으로 크게 반향하였다.[48] 오바마는 공감 결핍이 물질적 경제적 궁핍 못지않게 사회적 통합을 이루는 데 커다란 걸림돌로 인식하였다. 이러한 정치적 문맥에서 공감은 전통적인 인문학 범주를 벗어나 사회적 불평등을 해소하는 중요 수단으로 부상하게 된 것이다. 정치·경제·사회적 불평등으로 인해 사회의 토대를 이루는 신뢰와 유대의 끈이 취약해지는 상황에서 공감이 중요한 개념으로 떠오른 것은 어찌 보면 자연스러운 현상일 것이다.

일반적으로 '하나가 되어 함께 느낀다'는 뜻을 지니는 '공감(共感)'의 영어표현 'empathy'는 독일어 'Einfühlung'으로부터 비롯되었다. (그러나 공감 용어가 나타나기 이전에 이에 대한 개념이 없었던 것은 아니다. 보살핌의 윤리 연구가 마이클 슬롯은 이미 데이비드 흄이 『인간 본성에 관한 논고(A Treatise of Human Nature)』에서 오늘날 공감으로 불리우는 개념을 동정심(sympathy)으로 기술하고 있다고 주장한다(Slote, 2007, p.13).**49**

독일어 공감개념은 1873년 심리학자 로베르트 피셔(Robert Vischer)가 미학 논쟁에 'Einfühlung' 개념을 도입함으로써 비롯되었다. 피셔는 꿈이란 몸을 공간적 형태로 객관화할 수 있다는 칼 슈어너(Karl Scherner)의 주장에서 직접적으로 영감을 받아 공감개념을 창안한 것이다.

(피셔가 말하기를) 나 자신이 형태의 순수한 상징주의 개념과 연관될수록, 내가 이상적인 연상작용과, 상상과 객관적인 형태가 직접적으로 혼용하는 것을 구별하는 것이 가능하다. 후자의 가능성은 칼 알버트 슈어너(Karl Albert Scherner)의 책 『꿈의 삶(Das Leben des Traums)』에 힘입어 내게 분명해졌다. (⋯) 『몸의 자극에 대한 기본적인 상징적 형성(Die symbolische Grundformation für die Leibreize)』에 관한 부분은 꿈에서 모종의 자극에 반응하는 몸이 어떻게 스스로 공간적 형태로 객관화하는가를 보여 주고 있다. 그리하여 그것은 무의식적으로 자신의 몸의 형태를 − 그리고 이와 함께 정신도 − 대상의 형태에 투사하는 것이다. 바로 이 지점에서 나는 '공감'이라고 부르는 개념을 도출한다(Vischer, 1873, p.92; Maibom, 2017, p.79).

칼 알버트 슈어너의 『꿈의 삶』에서 깊이 영감받은 피셔는 공감을 꿈을 넘어서 사물과 대상 안으로 들어가는 감성적 능력으로 확장하고, 나 자신을 외부의 대상에 투사하는 심리상태의 개념으로 사용하였다. 주로 나무 언덕 등 자연의 대상과 그것을 바라보는 주체가 하나가 되는 것을 일컫는 개념이다. 피셔에 따르면 독일어 공감이란 "대상의 중심에서 대상의 형태, 즉 대상의 안에서 대상 밖으로 사물을 따라가는 것"을 뜻한다(Mallgrave, 1994, p.108; Lanzoni, 2018, p.32). 간단히 말해 공감은 인간사회를 유지시키는 감성으로서, 나의 내면으로부터 타인을 느끼는 능력(to feel the other from within)을 지칭하는 것이다(Ricard, 2015, p.39).

피셔 이후 20세기 초 테오도르 립스(Theodor Lipps)는 ─ 앞서 보았듯이 ─ 독일어 공감개념의 외연을 확장하였다. 립스가 말하는 공감은 상상을 통해 타자의 경험 속으로 자신을 투사하는 느낌으로서, 일례로 "공중의 외줄 위를 걷고 있는 사람이 느끼는 팽팽한 긴장감을 내가 함께 나누는 상태"를 말한다. 나는 공감력을 통해 타자의 심리상태뿐만 아니라 타자의 '몸 안으로 들어가게' 되는 것이다(Ricard, 2015, p.39). 이후 티치너가 립스의 'Einfühlung' 개념을 영어 단어 'empathy'로 옮겼으며 이것이 오늘날 영어권에서 널리 사용하는 용어가 되었다.

인간의 심리상태와 미학에 대한 논의로부터 출발한 공감력은 과학적 연구로 확장하고 과학적 연구는 공감개념의 부상에 크게 기여하고 있다. 특히 원숭이, 침팬지, 코끼리, 돌고래의 심리와 행동을 관찰 분석하는 영장류연구(primatology)가 활발하게 진행되면서 현대인이 망각한 까마득한 옛날의 인간의 능력을 재발견하게 된 것이다. 예컨대 프란스 드 발(Frans de Waal)은 영장류, 코끼리, 돌고래도 공감 능력을 갖고 있다는 것을 입증하였다. 프란스 드 발에 따르면, 공감은 "복합적이고 중층적인 능력으로서 그것은 기본적인 감정적 전염, 위로의 노력, 걱정과 우려, 목표가 있는 돕는 행동, 타인의 입장을 취하는 발전된 인지 모델을 포함하는 능력인 것이다(Lanzoni, 2018, p.6)." 그런 관점에서 프로이트가 말하는 현대 문명의 불안과 불만은 진화의 과정에서 획득한 공감 능력, 오래된 태고적 진화의 우물 깊숙이 스며 있는 사회적 유대감을 망각한 데서 기인한다고 볼 수 있다.

여러 연구결과를 바탕으로 공감 능력을 정리한다면 그것은 인간 사이를 연결하는 끈끈함과 의식과 무의식의 층위에 숨겨져 있는 타자 지향성이라고 말할 수 있다. 공감 연구가 수잔 란조니는 공감이란 '우리를 타자의 상황에 얽어매는 것(Empathy hooks us into other's situation)'이라고 표현함으로써 나와 타자와의 근본적이고 필연적인 관계를 강조하고 있다(Lanzoni, 2018, p.6).

티베트의 수도승 마티외 리카르는 공감을 '타인을 위한 느낌의 정서적인 지각행위와 경험의 인지적 상상력'으로 정의한다(Ricard, 2015, p.39). 그러나 공감은 일반적으로 말하는 감정이나 감동, 감동의 전염과는 다른 점을 보인다. 후자는 타인의 느낌과 자신의 느낌이 함께 섞이는 경향을 보이는 데 비해, 공감은 나의 느낌과 타인의 느낌이 분명하게 구별된다. 공감은 내가 타인이 처한 상황 속으로 들어가면서 자신의 느낌을 분명하게 의식하면서도 그와 공명할 때 나타나는 심리적 현상이다.

일반적으로 공감은 동정심(sympathy)과 구별된다. 동정심이 나의 입장에서 타인을 바라보는 것이라면 공감은 남의 안으로 들어가 그 안에서 마음을 헤아리는 능력을 말하는 것이다. 그러나 공감과 동정심의 차이는 불분명하다. 이미 데이비드 흄이 공감개념이 탄생하기 이전 동정심을 공감개념으로 사용했다는 점을 다시 환기할 필요가 있다(Slote, 2007, p.13).

공감을 사회신경학적으로 연구한 대니얼 뱃슨(C. Daniel Batson)은 공감의 다양한 결과 뉘앙스를 짚어 가며 다음과 같이 여덟 가지로 분류하고 정의하고 있다.[50]

우선적으로 타인의 감정과 생각을 포함하는 내적인 상태를 인지하는 공감이다. 인지적 공감(cognitive empathy), 또는 공감적 적확성(empathic accuracy)으로 불리기도 하는데 이 경우 공감은 가까운 친구나 지인이 나에게 자신의 상황을 이야기한다면, 나는 그의 심리상태를 헤아릴 수 있는 것이다. 두 번째 관찰대상인 타자의 태도나 표현을 받아들이는 태도 또는 관찰대상의 '뉴런적 응답을 매칭'하는 태도이다.

즉 모방적 뉴런의 재현(mimicked neuronal representations)에 주목하고 지각 행동모델에 기반을 드는 공감의 형태이다. 안면적 공감(facial empathy), 흉내 또는 모방(motor mimicry, imitation) 등으로 불리기도 한다. 세 번째, 다른 사람이 느끼는 바와 유사하게 느끼는 공감이다. A. 다마지오와 같은 신경과학자, 철학자, 심리학자 등이 정의하는 바로서, 내가 타인의 상태를 동일하게 느끼지는 못하더라도 타인의 감정을 유사하게 느끼는 것을 말한다. 여기서 공감의 사용의 핵심은 '감정 매칭'뿐만 아니라 감정포착(emotion catching)이다. 이러한 공감을 심리학자 레빈슨(Levinson)은 나눔의 심리학이라고 부른다. 나눔의 심리학이란 감정의 매칭이나 감정의 캐칭을 분명하게 제시하지 않는다. 흄은 타자가 느끼는 바와 유사하게 느끼는 것을 동정심(sympathy)으로 정의하였으며 심리학에서는 감정의 전염(emotional contagion), 정서적인 공감(affective empathy), 자동적 감정의 공감(automatic emotional empathy)이라고 불렀다.

네 번째, 나 자신을 다른 사람의 상황으로 투사하거나 감정으로 인지하는 공감이다. 이는 1903년 립스가 'Einfühlung'를 정의하고 티치너가 영어 'empathy'로 옮긴 개념과 비슷한 것으로서 내가 상상적으로 타인의 상황으로 들어가는 심리상태를 뜻한다. 이는 타자의 상황 안으로 자아를 투사하거나 감정적으로 인지(intuiting)하는 미학적 공감으로 불리기도 한다.

다섯 번째, 미학적 투사와 달리 대상과 관련하여 타인이 어떻게 생각하고 느끼는가를 상상하는 감이다. 스토틀랜드(Stotland)는 이러한 공감을 '타자의 입장수용(perspective taking)'의 특수한 형태로 보았으며 일반적으로 '타자를 상상하는(imagine other)' 공감으로 불린다. 여섯째, 타자의 입장에 서서 생각하고 느끼는 바를 상상하는 공감이다. 애덤 스미스는 이러한 공감의 형태를 상상적으로 '입장을 바꿔 타자를 생각(changing places in fantasy)'하는 것으로 보았으며, 스토틀랜드는 이를 '상상적 자아 조망(imagine-self perspective)'으로 정의한 바 있다.

일곱 번째, 타인의 고통을 목격함으로써 타인의 극단적인 슬픔, 즉 비탄감(distress, 悲嘆感)을 느끼는 공감이다. 이는 타인을 위한 깊은 슬픔이나 타자로서 비탄감에 빠져드는 것이 아니라 타자에 의해 깊은 슬픔을 느끼는 상태를 말한다. 공감적 비탄감, 개인적 비탄감으로 불리기도 한다. 마지막으로 고통받고 있는 사람을 위해 느끼는 공감이다. 타자지향성의 감정적 반응(other-oriented emotional response)으로서 타자지향성이란 감동을 강조하는 것이다. 여기서 느낌이란 타자를 위한, 타자로 향하는 느낌으로서 이타심이 발원하는 지점이다(Batson, 2011, p.4-8).

　이 가운데 우리의 주목을 끄는 것은 타인을 걱정하고 우려하는 마음이다. 대니얼 뱃슨이 말하는 공감적 걱정과 우려(empathic concern)는 - 마티외 리카르에 따르면 - 이타심으로 연결되는 맥락이기 때문이다(Ricard, 2015). 이때 공감은 내가 타인이 겪고 있는 고통과 비탄 속으로 들어가 그와 동일하게 고통을 느끼는 상태를 일컫는다. 공감은 내가 직접적으로 고통이나 비탄의 상태에 놓이지 않고도 타인의 마음을 헤아릴 수 있는 것이다. 여기서 타자란 사람이 아닌 동식물이나 사물에도 적용될 수 있다. 주변에서 우리와 함께 살아가는 각종 동식물 그리고 자연 전체가 타자가 되는 것이다. 타자는 자연으로 외연을 확장하며 자연은 거대한 타자이다.

　위에서 살펴본 바와 같이 다양한 공감의 형태를 구별한다는 것은 쉬운 일이 아니다. 그러나 이렇듯 섬세하고 미묘한 타인의 내적 심리상태를 인지한다는 것은 일상성을 함께 살아가는 우리에게 적지 않은 사회적 의미를 지니며, 그 까닭은 공감의 과정(프로세스)이 사회적 지각과 상호작용의 기본을 이루는 것이기 때문이다(Batson, 2011, p.11).

　이러한 맥락에서 우리는 미셸 마페졸리와 에밀 뒤르켐의 연구에 힘입어 주체가 타자와 맺는 감성과 공감적 사회적 관계가 포스트모더니티와 일상성(la quotidienneté)을 지탱하는 근본요소로 작용하는 방식에 대해 살펴보고자 한다.

3. 공감과 포스트모더니티의 일상성

오늘날 사회는 과거의 전통적인 유대감 상실과 사회의 파편화, 그리고 개인의 단자(單子)화를 그 특징으로 한다. 한국사회뿐만 아니라 주요 포스트–산업사회를 살펴본다면, 개인의 단자화 현상, 유기적 공동체의 해체에 따른 유대감의 소멸을 쉽게 목격할 수 있다. 한 사회에 있어서 다양한 형태의 단절, 분절, 파편화 현상이 나타나는 것이 근대적 삶의 특징이다. (이미 발터 벤야민은 보들레르의 시를 통해 19세기의 대표적 근대도시 파리에서의 경험을 익명의 군중, 플라뇌르, 판타스마고리로 기술하였다.) 전통적 유대감이 강했던 한국사회에서조차 1인 가구가 급증하고 홀로 살아가는 삶이 별로 이상하게 느껴지지 않게 되었다. 이른바 혼밥, 혼술 등 홀로 주거 홀로 끼니를 해결하는 것이 특이한 현상이 아니라 일반적으로 관찰되는 사회현상이다. 근대 사회의 특징이라고 할 수 있는 핵가족마저도 더 이상 오늘날의 '이상적인' 가족의 형태가 아니다. 수많은 다양한 삶의 형태가 나타나면서 사회적 유대감의 약화, 유기적 공동체의 해체, 일상적인 삶의 단자화 현상은 더욱 가속화된다.

그러나 현대사회에서 목격되는 유대감의 약화, 삶의 파편화로 인해 사회의 근간을 이루는 근본적인 삶의 모습과 인간관계의 형태가 모두 사라지는 것은 아니다. 상업주의의 전면화, 자본과 기술의 도시 집중, 공간의 균질화와 다양성의 소멸 현상에도 불구하고, 이른바 기술적 형식적 합리성이 지배하는 공간에서 배제된 매우 친밀하고 구체적인 사회성의 국면들은 여전히 다양한 형태로 살아남는다. 미셸 마페졸리는 그러한 현상을 포스트모더니티(postmodernités)의 일상성 문화에서 발견한다.

일상성과 상상력의 사회학자는 포스트모더니티 현상을 관찰하면서 궁극적으로 인간사회를 지탱하는 근본적인 요소에 대해 주목한다. 무엇보다도 사회를 형성하고 유지하는 데 필요한 가장 기본적인 요소는 인간을 잇는 보이지 않는 끈으로서 모종의 유대감과 같은 것이다. 그는 인간 사이 보이지 않는 끈을 감성적 유대감(reliance)으로 정의한다. 이것은 마르셀 볼 드 발(Marcel Bolle de Bal)이 말하는 보이지 않지만 인간 사이를 느낌과 감성의 '끈으로 잇고자 하는 경향'인 것이다(Marcel Bolle, 1996). 인간 사이를 감성의 끈으로 잇는 경향은 단지 몸으로 느끼는 감각적인 것만이 아니므로 사회적 윤리적 차원에 놓이는 것이다. 획일적인 근대성과 메마른 합리성이 인간의 유대감을 약화하고 결절하였다면, 포스트모더니티의 유대감은 게마인샤프트의 강한 연대감이 아니라 산포적이고 느슨한 느낌, 정동(affect)과 같은 것이다. 포스트모던의 게젤샤프트는 수평적이고 리좀적이다. 들뢰즈가 말하는 리좀은 중심이 없이 무한히 뻗어나가는 연결의 가지치기를 뜻한다.[51]

리좀적 유대감은 끈끈한 점성(viscosité)을 지니며 삶의 공동체(communauté de vie, Lebensgemeinschaft)를 구성한다. 막스 셸러(Max Scheler)가 말하는 삶으로서의 공동체의 인간은 수직적 위계와 합리성의 획일성으로부터 자유로운 공통의 인간(personne commune, Gesamtperson)인 것이다(Maffesoli, 2004, p.89-90). 자유로운 공통의 인격은 수평적으로 이어지는 감성적 유대감으로 형성되는 타자 지향성의 인간이다. 탈위계적이고 산포적인 감성은 타인의 고통 안으로 들어가는 공감력으로서 사회가 유지되는 데 긴요한 '서로에게 속한다'는 느낌과 같은 것이다. 특정 이데올로기나 거대담론이 약화 소멸된 포스트모더니티 사회는 혈연이나 지연과 절연한 일종의 취향과 느낌의 공동체라고 말할 수 있다. 느낌과 취향의 공동체는 공감의 커뮤니티이기도 하다. 사회구성의 기초단위로서의 상호적 소속감의 끈끈함은 보통사람들이 살아가는 일상의 피륙의 씨줄과 날줄이다. 마페졸리는 보통의 사람들이 살아가는 지혜를 보통지식(connaissance ordinaire)이라고 정의하였다(Maffesoli, 1985). 일상성의 피륙은 보통지식과 친밀성, 상호부조의 그물로서 정치적 경제적 거대 담론이나 이데올로기가 아니라 살아가는 작은 이야기들로 촘촘하게 짜여진다. 거대한 이념 체계는 모호한 관념의 세계로서 구체성으로서의 삶이 가능하지 않은 추상의 세계이다. 일상성을 살아간다는 것은 현재적 삶과 몸의 근접성의 세계를 살아간다는 것을 뜻한다. 하찮고 무의미한 것의 흐름인 일상성의 시간은 삶의 의미를 건져올리는 거대한 그물망이다. 직접적인 지각과 매 순간에 대한 주의(attention à la vie)로 이뤄지는 시간은 과학적 합리성의 이전에 이미 있었던 삶의 존재방식이다.

　구체성과 친밀함이 엮어가는 일상성은 서구 근대의 산물인 획일적이고 절대적인 힘을 행사하는 역사(l'Histoire) 이성(la Raison)[52] 이 지배력을 행사하지 못하는 탈중심화하고 수평적으로 뻗어나가는 공간이다. 투명하나 위계적인 합리성의 제도 권력이 중심으로부터 주변화한 일상성은 불투명한 공간의 질서이다. 합리성이 축출한 보통지식과 일상성은 개인의 감정(l'affect)과 열정이 투사되며 친밀함의 인간관계가 싹트는 공간이며, 특별한 경험과 감각, 특히 몸의 근접성(proxemics)의 공간이다(김동윤, 2007, p.131-132).

　일상성은 구체적 순간과 몸의 근접성의 짜임이다. 개인과 일상을 둘러싸고 있는 작고 내밀한 것들은 사회적 정치적인 것과의 교호작용으로 거대한 삶의 세계를 구성한다. 여기서 말하는 사회적이고 정치적인 것은 반드시 절대적인 의미에서 이성이나 합리성을 바탕으로 한 거대담론의 체계가 아니다. 료타르가 '포스트모던 조건'에서 말하듯, 거대담론(Master Narrative), 즉 공산주의 유토피아, 정형화한 정치 이데올로기, 종교적 초월적 이상, 종교근본주의는 더 이상 호소력을 지니지 않기 때문이다.

　일상성은 사회적인 차원(sociétal)이 펼쳐지는 공간이다. 사회적인 것, 사회적인 차원은 일반적으로 말해지는 사회성(social)과 구별된다. 사회적인 것은 인간 사이를 이어가는 끈과 같은 느낌과 관계하는 사회적, 미학적, 윤리적인 개념이다. 인간은 근본적으로 타자성과 복수성의 존재이다. 이미 G. 리졸라티가 마카크 원숭이를 대상으로 한 실험에서 '거울-뉴런(mirror-neurons, 1996)'의 존재를 입증한 바와 같이, 인간은 근본적으로 타자 지향적이다. 원숭이의 뇌에 전극(Electrode)을 장착한 실험에서 실험 조사자가 몸을 움직이면 피실험자인 원숭이의 - 움직이는 부위와 관련한 – 뇌 뉴런이 활성화하는 실험 결과는 인간은 과학적으로도 모방적 타자 지향성을 지님을 보여 주는 것이다(Rizzolatti & Craighero, 2004, p.169-192). 개체 인간은 타자와 이어진 상태에서 태어나고 타자와의 연결은 사회적인 유대를 만들어 간다.

인간은 타자와 함께 있으면서 자신의 존재를 더 크게 느낀다는 점에서 미학적이고 윤리적이다. 인간은 타자와의 교감을 통해 작은 자아(ego)에서 더 큰 사회적 자아(le Soi)로 나아간다. 이는 사회를 구성하는 데 긴요한 것으로서 추상적 관념이나 이념, 근대적 합리성의 제도 밖에 위치하면서 사회적 관계 시스템의 기저를 이루는 요소이다.

비록 유기적 공동체의 쇠락으로 게마인샤프트의 연대성이 약화하였음에도 불구하고 근본적인 사회적 관계의 현실은 오늘날 포스트모던의 미학과 문화의 형태로 다시 부활한다. 인간사회를 파편화하고 관계의 단절을 초래하는 지극히 상업화 개인화한 사회 속에서 나타나는 다양한 문화적인 현상 – 각종 유행, 끼리끼리 문화(신부족주의)와 아이돌 팬덤 현상, 언더그라운드 대중음악 콘서트 등 – 에서 그 예를 찾을 수 있다. 과거의 경성적(硬性的) 성격의 산업사회가 보편적 합리성, 도구적 이성, 과학적 사고를 강조했다면, 포스트-산업사회는 탈근대성, 감성, 리좀적 형태를 추구하는 것이다. [여기서 포스트-산업사회란 인터넷, 디지털기술, 소셜미디어 등 새로운 정보통신기술 기반의 연성적(軟性的) 사회를 말한다.]

감성에로의 회귀 현상은 이른바 '포스트모더니티'의 핵심 요소로서 극단의 신자유주의적 상업화로 인하여 나타난 산문적 삶의 형태에 저항하는 공감문화이다. 이미 소멸된 유기적 유대감은 삶이 표준화, 파편화한 사회에 보다 느슨한 점성(粘性)의 끈으로 나타난다. 사람은 인간(人間)으로서 사람 사이의 관계는 상호주관적인 끈적끈적함이고 점성이다.

일상성의 세계는 근본적으로 상호주관성의 세계이고 이는 이미 현재의 나와 우리 이전에 살았던 사람들이 우리에게 넘겨준 지식과 지혜와 경험의 축적이다. 일상적 삶의 세계는 현재의 우리에게 해석과 경험의 대상으로 주어진다. 그것은 오 랫동안 축적된 '경험의 저수지'로서 즉각적으로 우리에게 주어지는 실천 가능한 '가용성의 지식(available knowledge)'이다(Schütz, 1987, p.105). 근대의 합리성 이 배제하고 주변화한 가용성의 지식은 공감과 유대감에 뿌리내린다. 가장 기초적 이고 긴요한 인간관계는 매우 오래된 원시부족 사회의 근원적이고 원초적인 형태 (Formes essentielles, 에밀 뒤르켐, 1912)에서 발견된다.

4. 종교적 형태로서의 공감

에밀 뒤르켐은 호주 원시부족사회에 나타난 원시적 종교형태를 깊이 분석하였 다. 뒤르켐에 따르면, 종교란 일반 통념과 달리 사회적 형태로서 개인의 이해관계 를 벗어나 사회의 지속을 가능하게 하는 초월적인 힘인 것이다. 그것은 종교의 기 본적인 요소이고 사회 구성의 근원적인 유대감이다. 이러한 근원적인 인간관계의 형태는 '지속적인 의존감'이고 사회가 자체의 목적과 지속을 위해 그것을 각 개인 에게 강제하는 유대감이다.

> (…) 사회란 그 자체가 지속적인 의존의 감정을 우리 안에 유지 보존한다. 그 이 유는 사회가 우리 개인의 본질과 다른 고유의 본성을 갖고 있기 때문이다. 사회 는 동시에 특별한 목적을 추구한다. 그러나 사회가 우리를 매개로 하여 그 목표 에 도달할 수 있으므로, 사회는 엄중하게 우리의 협조를 요구한다. 사회는 우리 개인의 이해관계를 고려하지 않고 우리가 그것의 봉사자가 되기를 강제한다. (…)53

사회가 움직이고 운용되는 방식(les manièrs d'agir)은 집단적인 표상방식과 표상체계를 개인에게 강제하는데 그 표상체계는 모든 개인의 표상방식으로 인해 엄청난 힘을 지니는 것이다(Durkheim, 1960, p.297). 이것이 일상성을 가능하게 하는 힘인 것이다.

뒤르켐은 원시부족의 축제인 코로보리(Corrobori)[54]에 관한 스펜서(Spencer)와 길렌(Gillen)의 연구보고서를 읽고 흥미로운 종교적 제의적 현상을 발견한다. [이는 뒤르켐이 직접 현장 조사한 것이 아니라 스펜서와 길렌의 보고서를 참고한 것이다(Durkheim, 1960, p.313)]. 원시부족의 코로보리는 넓은 대륙에 퍼져나가 살면서도 가끔씩 함께 모여 '회중의식(état de congrégation)'을 치른다는 점에 착안한다. 회중의식은 근친상간, 혼음(混淫), 폭력의 제식화, 엑스터시(ecstasy) 등의 극단적인 소요(騷擾) 상태에 이르는 '들끓는' 집단 연회(宴會)이다. 뒤르켐은 코로보리에 관해 다음과 같이 기술하고 있다.

> 사회가 널리 퍼져 있는 상태는 삶을 획일적이고 따분하며 시들게 한다.[55] 그러나 일단 코로보리가 열리면 모든 것이 바뀌게 된다. 원시성의 감동적이고 열정적인 부분이 이성과 의지에 의해 불완전하게 제어되었기 때문에 이내 그 통제성은 상실되고 만다. 중요한 사건이 원시성을 즉각적으로 이성과 의지 밖으로 내몬다. (…) 이내 벌어지는 것은 흥분의 도가니이다(Durkheim, 1960, p.308).

미셸 마페졸리는 자신의 공감과 일상성의 윤리의 기본 생각은 바로 이 대목에서 가지고 왔음을 대담을 통해 밝히고 있다(Maffesoli, 2009, p.29). 뒤르켐은 원시사회에는 넓은 지역에 흩어져 사는 부족과 특정한 지역에 모여사는 부족의 형태가 존재한다고 보았다(Durkheim, 1960, p.307). 그런데 그가 주목한 바는 인간사회란 분산되고 그 인구가 넓은 지역에 산포(散布)할수록 그만큼 함께 모여 있기를 원한다는 점이다. 인간은 사회적 동물이나 단지 모여 함께 사는 것으로 만족하지 않는다는 사실을 인정하는 것이다. 어떠한 이벤트나 축제, 연회가 없는 삶은 지루하고 따분하다. 거기에는 반드시 사회의 끈을 잇고 강화하는 자극적인 갱생의 축제가 필요하다. 원시사회의 경우 공동체의 유지와 갱생을 위해 축제와 연회가 특별한 기능을 담당한 것은 잘 알려진 바이다. 예를 들어 유겐 핑크(Eugen Fink)는 이러한 현상을 '태고의 축제성(festivité archaïque)'으로 규정하고 그것은 "민중적 기쁨이나 환희보다 더한 것으로서 모든 사회 관계의 현실" 그 자체로 정의한 바 있다 (Wunenbureger, 1977, p.247). 그가 말하는 사회적 관계의 현실로서의 축제적 제의성은, 군집한 회중(會衆)인 보통의 사람들이 초월적인 존재들 – 신, 죽 은자, 영웅 – 과 함께하는 마술적인 스펙터클을 통해 그 절정에 이르는 상태를 말한다. 유겐 핑크가 말하는 모든 사회적 관계의 현실로서의 오래된 축제의 원형은 뒤르켐의 연구에서 발견할 수 있다.

에밀 뒤르켐에 따르면, 개인들이 모여 군집(群集, agglomération)을 이룬다는 자체가 개인의 흥분감을 자극하기에 충분한 조건이다. 그리고 각자의 감정표현은 아무 저항 없이 모인 회중의 의식 속에 메아리치고 역으로 회중의 감정은 개인의 의식에 공명(共鳴), 달리 말해 모종의 밈(meme)현상이 일어나는 것이다 (Durkheim, 1960, p.308; Blackmore, 1999). 군중의 흥분감과 열띤 감정은 마침내 들끓는 분위기와 엑스터시로 이어진다. 코로보리 연회가 벌어지면 이전의 일상적 조건에서 억압되고 통제된 모든 심리적 기제와 도덕적 기율들의 고삐가 풀려나간다. 연회가 벌어지는 가운데 파트너를 교환하고 심지어 일상적으로 끔찍하게 여겨진 근친상간의 터부가 무너지는 것을 목격할 수 있다. '들끓는 분위기(l'effervescence)'로 인해 열정의 사슬이 풀어지고 뜻밖의 행위들을 가능하게 한다 (Durkheim, 1960, p.309; 312; 313). 마치 광란의 소요로 보이는 코로보리 연회는 '가장 야만적인 광기의 장면(a scene of the wildest excitement)'으로 기록된다 (Durkheim, 1960, p.311). '가장 야만적인 광란'을 연출한 이후 원시부족은 깊은 침묵의 상태에 빠져들고 이를 계기로 약화된 구성원 간의 유대의 끈이 다시 단단하게 이어지는 것이다. 코로보리의 주술적인 연회를 계기로 단조롭고 무기력한 상태에 빠져 있던 원시부족사회는 문화적 역동성을 획득하고 거듭 태어난다.

뒤르켐이 『종교 생활의 원초적 형태』에서 기술하고 있는 축제적 상황은 일상성 공감문화를 연구하는 데 핵심적인 단서를 제공한다.

사회학자 마페졸리는 뒤르켐 연구에서 비등성(effervescence)과 아노미(ano-mie) 현상에 주목하고 원시부족에서 발견된 이른바 '비등성과 아노미 현상'이 오늘날 포스트모던의 사회현상과 유사성을 지닌다고 보았다(Maffesoli & Bour-seiller, 2010, p.29). 마페졸리는 아노미 현상을 뒤르켐이 말하는 "사회집단이 자신들이 커뮤니티에 대해 갖고 있는 감정을 강화하려는 순간"에서 찾고 있다(Maffe-soli & Bourseiller, 2010, p.29).

원시 부족 사회 연구에서 오늘날 사회와의 관련성을 찾아서 맥락화하려는 노력은 이미 뒤르켐의 연구목적에 명시되어 있다. 뒤르켐은 자신의 연구목적이 단지 고대 원시문명의 사라져버린 삶의 모습을 밝히는 것이 아니라, 원시사회의 현실이 바로 오늘날 우리의 현실이며 바로 그것이 인간의 현실이란 점을 분명히 밝히고 있다. 실증과학으로서의 사회과학은 복고적이거나 과거지향적인 것이 아니라 현대사회의 특징과 모습을 파악하기 위해 원시사회의 인간관계의 형태를 궁구하는 것이다. 현대 사회학의 문제의식은 역사학이나 민속학과 다른 문제의식을 갖고 있으며, 그것은 지나가 버린 과거 문명의 모습을 단지 지식으로서 재구성하는 것이 아니라 인간 삶의 보편적 형태와 사회적 현실의 항존성을 포착하는 일이다. 사회학적 연구의 목적은 "모든 실증과학처럼, 우리와 가까운 현실, 우리의 생각과 행동에 영향을 미치는 현실을 설명하는 것"으로서 "그러한 현실은 인간이고, 보다 각별하게 오늘날의 인간"인 것이다(Durkheim, 1960, p.1-2). 태고적 원시사회가 보여 주는 인간관계와 삶의 형태는, 서구 근대문명의 과학적 합리화과정(rationalization)에도 불구하고 크게 변한 것이 없는 항구성을 지니는 것이다. (달리 말해 항존적 초월성을 지니는 것이다.) 인간의 사회적 관계의 산물인 "신앙과 숭배 체계 근간에는 모종의 근본적인 표상체계와 제식의 태도가 있으며 - 서로 다른 형태의 다양성에도 불구하고 – 그것은 동일한 객관적인 의미를 지니며 동일한 기능을 수행하고 있다(Durkheim, 1960, p.6)." 즉 원시사회에서 종교적 제의 제식은 사회적 관계형태와 다름 아니며 그러한 사회적 관계형태는 인간적이며 영원한 것을 구성하는 항구적 요소이다. 모든 종교 사회현상은 필수적인 것으로 환원하며, 필수적인 것(l'indispensable)은 핵심적인 것(l'essentiel)이며 우리가 그것을 합리적인 지식으로 알기 전에 매우 중요하다(Durkheim, 1960).

뒤르켐이 말하는 인간 현실의 '필수적인 요소', '핵심적인 국면'은 지극히 기계화 산업화한 현대도시의 소외되고 단절된 삶의 현실에서도 – 모습과 형태는 다를지라도 – 사라지지 않고 나타나고 있다. 예를 들어 오늘날 거대 도시에서 사람들이 모여드는 현상, 한류스타 아이들의 콘서트에 열광하는 팬덤현상, 그리고 축구와 같은 스포츠 경기에서 나타나는 관중들의 열기와 광기, 폭력에 가까운 집단적 히스테리가 연출되는 것은 여전히 인간사회의 순수하고 기본적인 형태가 발현하는 현상이다. 뒤르켐의 비등성과 아노미 개념은 여전히 오늘날 포스트모더니티 현상에서도 다양한 형태로 나타나고 있다. 일상성의 공감 사회학은 근대의 거대담론이 퇴조한 후 나타나는 인간관계의 원초적이고 근본적인 사회적 형식에 주목한다.

5. 공감의 사회성과 공감의 윤리

포스트모더니티의 연구는 우선적으로 근대가 만들어 낸 합리성과 그것의 사회적 정치적 형식을 문제화하고 근대적 기술합리성이 주변화, 배제한 감성적인 것(l'émotionnel)이 회귀하는 현상을 관찰하고 이해하고 해석하는 것이다. 근대가 과학기술적 합리성 특히 목적합리성(Zweckrationalität)을 그 특징으로 한다면 '근대-이후' 사회의 특징은 그것에 저항하는 감성과 공감적 가치이다. 기술합리성이 위계적 지식으로 자리 잡는 데 비해, 감성과 공감은 그 성격상 수평적 전염과 따라하기와 같은 모방행위로 빠르게 확산한다.

 인간을 다른 동물과 차별화하는 것은 밈(memes)과 같은 모방형식이다. (이것은 르네 지라르가 라이벌 의식에 기초하는 모방적 욕망과 성격이 다르다.) 수잔 블랙모어는 밈을 바이러스처럼 번져나가는 수평적 인식론, 수평적으로 증식하여 전파하는 문화현상으로 정의한다.

> 밈(memes)은 여러 세대에 거쳐 수직적으로 전해지지만, 밈은 수평적으로도 여행한다. 전염병의 바이러스처럼. 사실, 우리가 인터넷에서 모방이나 다큐멘터리, 스터드머핀(studmuffin)과 같은 단어의 확산을 측정할 경우, 우리가 연구하는 것은 광범위한 수평적 인식론(horizontal epistemology)이다(Blackmore, 1999, p.ix).

 도킨스의 이기적 유전자 이론에서 비롯된 밈 개념은 유전자의 생존 논리와 유사하다. 물론 이기적 유전자는 단지 이기심을 위한 유전자가 아니다. 리처드 도킨스는 유전자란, 자신들이 살아남기 위해, 즉 스스로의 복제를 위해서 이기적으로 움직일 뿐이라고 말한다(Blackmore, 1999, p.5). 이를 밈의 현상에 적용한다면, 밈이란 그 자체가 유용한 것인지 아닌지 상관없이 무차별적으로 스스로 전파하는 문화현상이고 그것의 운반체(vehicles)이다. 밈은 유용성과 유해성에 관계없이 이기적 유전자처럼 번져나간다(Blackmore, 1999, p.7). 그런데 밈(memes)은 이기적 유전자(selfish genes)와 진화론적 관점에서 공통점을 지니더라도 밈은 본질적으로 문화를 전파하는 복제기제(replicator)로 기능한다. 밈은 유전자와 달리 타자지향성과 이타성을 지닌다. 이타적 행위는 행위자의 유전적 적자생존을 낮출 수 있다는 것이다(Blackmore, 1999). 그런 의미에서 유전자와 밈은 경쟁관계에 놓인다. 유전자가 본질적으로 생물학적 개념인데 비해 밈은 인간의 상징적 기능인 언어와 문화를 포괄한다는 점에서 창의성을 전파한다. 그러므로 인간 주체인 나는 유전자 복제의 결과이지만 동시에 나는 인류가 발명한 것들의 집합체인 셀프플렉스(selfplex)이고 동시에 밈플렉스(Memesplex)이다.

"셀프는 거대한 밈플렉스이다. — 아마도 가장 교묘하게 널리 퍼져 있는 밈플렉스"이다(Blackmore, 1999, p.159). 셀프플렉스는 우리의 모든 생각과 사유와 경험의 세계에 스며들기 때문에 그것을 분명히 포착할 수 없으나 그것은 분명 밈 덩어리이다. 우리 각자는 거대한 밈플렉스이다. 밈플렉스는 인간 몸의 신체적 시스템과 뇌에서 작동하고 — 그것은 하나의 기계와 같은 것이다(Blackmore, 1999).

밈(meme)의 모방성과 전염성으로 인해 개체적 인간은 유전적 복제와 유전적 유산을 산물이고 한 인간의 삶을 구성하는 것은 대부분 다른 사람들, 즉 문화와 문명의 산물이다. (밈 이론에는 자아, 의식, 주체 개념은 사라진다.)(Blackmore, 1999, p.236; 246).

밈은 문화와 사회 구성의 필수적인 운반체와 복제의 힘으로 작용하면서, 행위자는 타자와 공감하고 문화를 모방, 확산하는 것이다. 밈은 지극히 기능적인 모방적 증식의 개념이지만 그것은 궁극적으로 인간 사이의 끈끈한 점성의 유대감 없이 문화의 복제와 전파는 가능하지 않을 것이다. 모방으로서의 문화의 확산은, 파편화하고 단속적(斷續的)인 현대사회의 일상을 느슨하면서도 근본적인 유대의 끈으로 엮어 주는 기본적인 사회현상이다. 그것은 바로 일상성의 감성 사회학이 말하는 포스트모더니티의 특징이기도 하다.

마페졸리의 포스트모더니티 개념은 모자이크와 패치워크와 같은 일관성을 지닌다(Maffesoli & Bourseiller, 2010, p.66). 일반적으로 말해 근대적인 것이 합리적 일관성으로 관철된다면, 포스트모던 문화는 모자이크와 패치워크로 짜이며 그것은 인간사회의 원시적 원초적 형태의 편린(片鱗)이고 반향(反響)이다. 뒤르켐이 호주 원시공동체에서 발견한 종교의 원시적 형태는 모든 사회성의 근본을 이루는 암묵적인 지식의 형태이고, 이해 이전에 존재하는 그 무엇, 그것은 이성으로 분석 불가능한 공감적 이해의 형태이다(Watier, 2002, p.135; 33, 49, 29; Maffesoli,

2004, p.93). 그러므로 원초적 사회성과 그것의 의미에 다가가기 위한 접근은 – 막스 베버가 말하듯이 – 목적 합리적(zweckrationale)인 것이 아니라 이해의 설명방식(verstehende Erklärung)이어야 할 것이다(Schütz, 1987, p.246).

그러므로 언뜻 보아 복잡하게 뒤엉킨 실타래와 같은 오늘날의 문화현상의 이면을 읽기 위해 어떠한 합리적 논증이나 과학적 방법론보다 매우 단순하지만 원시사회라는 거울이 더욱 필요할지 모른다. 원시공동체는 근대적 합리적 이성이 침투할 수 없는 인간관계의 원형을 보여 주기 때문이다. 오래된 지혜가 가르치는 바, 진리와 진실은 단순하고 소박한 곳에 있을 것이다. 뒤르켐은 말한다. "매우 단순하고 소박한 존재들처럼, 삶이란 긴요한 요소들로 환원"한다고(Durkheim, 1960, p.9). 앎과 지식 이전의 인간현실의 핵심적인 요소들을 외면하는 것은 실로 어려워 보인다. 인간과 인간현실, 모든 사회관계의 현실을 떠받치는 주춧돌은 바로 공감의 느낌이다.

단순하게 말한다면, 공감의 느낌은 홀로 생각하며 존재하는 것이 아니라 나와 타자가 감성으로 – 마치 한 몸처럼 – 긴밀하게 연결되어 있다는 느낌이다. 공감은 타자에 대한 나의 관심이고 타자에로 나를 던지는 이타적 마음이다. 타자에로의 나아감과 솟구침은 타자의 상황 안으로 들어가 타자를 위한 삶으로 이어진다. 이것이 뱃슨이 말하는 공감적 우려(empathic concerns)이고 이타심(altruism)으로 나아가는 맥락이다. 공감의 사회성은 경험과 타자성을 함께 지닌다. 후설의 현상학과 일상성의 긴밀한 관계를 연구한 알프레드 슈츠(Alfred Schütz)는 그것을 '너에로의 지향성(Du-Einstellung)'이라고 하였다(Maffesoli, 1987, p.XI). 너(Du)와의 경험은 타자의 경험이고 타자의 삶은 나의 삶의 경험을 풍요롭게 한다. 이는 공감을 통해 일상성이 펼쳐 보이는 다양한 세계를 이해하는 가장 기본적인 방식이다. 너를 향한 타자 지향성은 '함께 있음'의 바탕 윤리로서 일상성의 사회적 삶을 기본요소이다. 그것은 슈츠가 말하는 근접성의 경험(Erlebnisnähe)(Maffesoli, 1987, p.XI), 근접성으로서의 삶은 '함께 존재함(co-existence)[56]'과 다름 아니다

(Maffesoli, 1987). '함께-존재함'의 사회성은 사회적인 공감으로서 집단적인 삶의 경험을 뜻하는 것이고 근본적으로 그것은 점성적이고 혼융적이며, 들끓는 비등성의 특징을 보인다. 근대적 합리성이나 사회계약성의 개입 이전에 원래 있었던 순수하고 형태로서의 사회적 공감은, 장구한 세월 동안 인간사회를 균형적으로 지탱하여 온 매우 원초적인 감성이며 – 마페졸리가 말하는 – '사회적 몸 감각(coenesthésie sociale)'이다(Maffesoli, 1987, p.XVI).

사회적 감응과 공감은 보통사람들의 일상적 삶에서 발견되는 보살핌, 돌봄, 배려심은 인간의 원초적이고 순수한 사회성의 발현이며, 이러한 평범하고 보잘것없이 보이는 것들(les banalités)은 뜻밖에 매우 깊은 윤리적 미학적 영성의 차원을 보여 준다. 타자에 대한 관심과 타자로 향하는 마음은 지극히 기본적인 인간의 심리이지만 그것의 함의는 지극히 정신적이고 고귀한 차원을 갖는다. 그런 문맥에서 공감에의 솟구침이 궁극적으로 거대한 정신적 피륙을 짜는 것이라는 보링거의 발언이 큰 울림을 갖는 이유이다.

제7장 한류, 초국적 공감을 만들다[57]

이 장에서는 K-Pop 및 BTS 관련 자료들을 수집 및 분석하여 글로컬 문화의 전파와 더불어 문화 공감이 형성되는 과정을 살펴보려고 한다. 문화적 공감대를 매개로 초국적·초문화적 관계를 형성할 수 있는 방안을 모색할 것이다. 한류는 1990년대 말 한국의 아이돌 그룹이 해외 시장개척을 위해 중국과 일본에 적극적으로 진출하면서 시작됐다. 2003년부터는 한국드라마의 해외 수요층이 급증하면서 확산되었다. 2010년을 전후로 K-Pop이 아시아를 넘어 유럽과 미국으로 진출하면서 글로벌 팝 음악으로 발전하면서 한국의 매력을 어필하고 있다. 한류의 영향력이 다방면으로 확대되면서 한류는 한국 문화를 포함한 한국이 주체가 되는 모든 활동을 포함하게 되었다. 그중에서도 한국기업의 해외 진출과 현지화 활동, 디지털 미디어 기술의 발달은 한국 기업의 이미지 향상과 함께 한류문화콘텐츠의 초국적 확산에 일조하였다.

K-Pop이 글로벌 단위의 문화콘텐츠로 격상할 수 있었던 원인 중 하나는 유튜브(YouTube) 플랫폼을 통한 K-Pop 뮤직비디오의 전 세계적 확산이다. 반복적이고 중독성이 강한 리듬에 화려한 댄스 퍼포먼스와 패션이 더해져 K-Pop 뮤직비디오는 유튜브 안에서 단기간에 글로벌 트렌드를 이끄는 콘텐츠로 부상했다. 한국드라마, 영화, K-Pop으로 상징되었던 한류문화콘텐츠는 라이프스타일 전반을 아우르

는 일상문화콘텐츠(life contents)로 확장되어 글로벌 문화콘텐츠로 인정받기 시작한다.

2016년 후반부터 한국사회의 대중문화콘텐츠는 위로와 공감을 주제로 다양한 장르를 통해 대중에게 "지금 이대로도 괜찮다."는 '위로'의 메시지를 건네기 시작했다(KBS NEWS, 2016.10.11.). 이는 한때 유행하였던 힐링의 메시지와는 차별적인 것으로, 인간관계에 지쳐 있고 나 자신과의 관계마저 자괴감을 느끼는 환경에 놓인 20대에게 위로와 공감의 메시지로 작용됐다. 아이러니하게도 그 결과 위로와 공감의 메시지는 가족이나 친구 간의 대화에서 벗어나 대중문화콘텐츠로 이동해 대중문화계를 이끄는 키워드로 급부상했다. 이러한 경향은 현재까지 이어지는 추세이며, 시기적으로 BTS가 초반부터 외쳐 왔던 메시지의 울림이 사회 내부에서 공감되는 접점을 만난 것이다. BTS와 ARMY의 사례는 여느 K-Pop 아이돌 그룹의 팬덤과는 소통방식에서 차이가 있으며, 온·오프라인에서 K-Pop을 매개로 초국적 문화공동체 형성을 위한 소통과 공감의 가능성을 나타낸다.

1. 글로컬 문화로서의 한류와 K-Pop

'글로컬화(glocalization)'는 글로벌화(globalization)와 로컬화(localization)의 합성어로, 보편적 특성(세계)과 지역적 특성(지역)의 교차를 통해 끊임없이 생성되는 변화와 적응의 과정을 의미한다. 또한 이 과정에서 지역의 독자적 역량이 증가하고 지역 간의 교류를 통한 새로운 공동체 간 수평적 관계의 형성을 말한다(홍순권, 2010).

네트워크 근접성으로 연결된 초국가적 네트워크를 바탕으로 만들어지는 현대성과 일상성이 '공감'이라는 특성을 기반으로 할 때, 글로벌 환경에서 로컬과의 차이를 없애고 문화발전의 원동력이 될 수 있다. 이 과정에서 초국적 문화공동체가 형

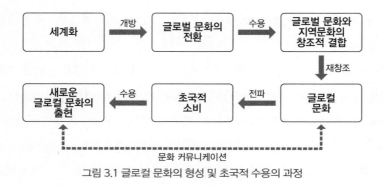

그림 3.1 글로컬 문화의 형성 및 초국적 수용의 과정

성하는 문화 공감은 경제적 이익에 그치지 않고 사회적 자본 증진, 창조적 문화콘텐츠 개발에 긍정적인 영향을 미친다.

한류와 같은 글로컬 문화는 글로벌 문화의 영향을 넘어 지역의 특수성을 창조적으로 재해석하고 이를 보편화시킨다(Jang & Lee, 2016). 세계화의 흐름에서 시공간적 혼종화와 경쟁중심주의 같은 한국사회의 지역적 특징은 한국드라마와 K-Pop과 같은 문화상품의 제작과정 및 상품성에서도 나타난다. 한국사회는 압축적 근대화(compressed modernization), 고경쟁(hyper-competition), '레드퀸 레이스(red queen's race)', 그리고 제한적 내수시장의 규모 등으로 특징지어진다. 한류문화상품 제작자는 문화산업화 초기부터 지리적, 규모적, 양적인 확장을 위해 해외 시장에 진출하여 국내시장의 한계를 극복하려 하였다. '레드퀸 레이스'는 유동적으로 변화하는 환경과 경쟁중심주의로 인해 모든 이들이 노력에도 불구하고 상대적으로 경쟁에 밀리거나 또는 제자리에 있는 현상을 뜻하는데, 이는 연예기획사에서 K-Pop 그룹의 연습생을 훈련시키는 과정에서도 나타난다. K-Pop과 유사한 장르를 제작하려 했던 외국의 엔터테인먼트산업 전문가들도 인정하듯이, K-Pop 연습생들은 오랜 기간 동안 고강도의 훈련과정을 통과한 경우에만 아이돌이 될 수 있다. 이처럼 세계적인 수준의 K-Pop 아이돌의 퍼포먼스 능력은 '레드퀸 레이스'의 결과물이며 제한된 시장적 한계를 넘어 해외에서 경쟁력을 가진 상품이 되었다(Jang & Lee, 2015, p.9-11).

한국사회의 압축적 근대화에 따른 경쟁 위주 문화, 해외시장에 의존적인 구조적 특성은 경제와 문화 분야의 현지화를 촉진하였다. K-Pop 아이돌 그룹의 시초인 H.O.T.를 비롯한 1세대 아이돌 그룹은 멤버 구성에서 외국인을 포함시키거나 해외 진출을 위해 장기간 국내 일정을 포기하는 등 해외 현지화에 집중하였다. 그 결과, 단기간 안에 매력적이며 화려한 테크닉을 바탕으로 해외 문화콘텐츠소비자에게 K-Pop을 어필할 수 있었다.

한류의 초국적 소비는 글로컬 문화로서의 가치를 높인다. 혼종문화는 문화생산자와 수용자들의 취향, 가치, 욕구, 문화적 다양성 및 태도 등에 따라 형성 및 발전되는데, 특히 문화수용자의 다양한 경험에 따른 문화 리터러시(cultural literacy) 능력은 주체적인 수용능력을 향상시킨다(김연순, 2008; 송정은·장원호, 2013). 글로컬 문화의 출현은 유사한 음악적 취향을 공유하는 팝 문화 아티스트와 팬 간의 커뮤니케이션과 교류의 기회를 확대한다. 다양한 문화 속의 한류 팬들이 문화적 보편성, 정체성, 그리고 취향을 공유하는 것은 초국적 문화적 공동체 형성의 기반이며 나아가 상호적 이해와 협력을 이끄는 원동력이 되고 있다.

2. 뉴미디어와 팬덤의 진화

뉴미디어의 발달은 한류를 매개로 한 전 세계적인 문화공동체를 형성할 수 있는 구조적 기반이 되었다. 한류 수용자와 팬덤에 관한 연구는 SNS를 통한 소통에 관한 것이 주를 이룬다. 소셜미디어의 핵심 가치인 공유와 관계는 SNS상의 팬 커뮤니티를 지역적 경계나 거리감으로부터 벗어나 전 세계 팬을 연결해 주는 계기가 되었으며, 팬들의 참여에 따라 지속적으로 문화 참여를 촉진하는 공동체로서 발전하고 있다.

대중문화 팬의 영향력이 가시화됨에 따라 팬덤(fandom)이라는 개념이 성립되었다. '팬덤은 특정 스타나 장르를 선호하는 팬 공동체를 의미하는 것으로, 대중문화 콘텐츠 및 스타를 선택하여 팬들이 능동적으로 콘텐츠를 생산하고 확산시키면서 다양한 하위문화를 창조해 가는 대중문화의 일반적인 문화현상'으로 정의된다(Jeong, 2016). 팬에 대한 연구는 대부분 대중문화 스타와 팬덤 현상, 팬의 리터러시(literacy) 능력, 하위문화 형성, 그리고 팬덤의 미디어 활용(TV, 인터넷 웹사이트, 블로그 등)을 주제로 한다. 대중문화 팬의 능동적인 문화적 실천은 1990년대부터 주목받기 시작하였으며 활발한 팬 커뮤니티 활동을 통해 자신의 정체성 및 스타에 대한 적극적인 지지를 표현한다(Jenkins, 1992). 이 과정에서 팬과 다른 소비자들이 새로운 콘텐츠의 창작과 순환, 유통에 참여하며 대중문화콘텐츠를 확산하고 재창조하기도 한다(Jenkins, 2006).

팬덤 온라인 커뮤니티는 "인터넷이나 컴퓨터의 통신 네트워크를 매개로 공통의 관심사나 문제의식을 가진 참가자가 자발적으로 모여, 비교적 대등한 입장에서 자율적으로 상호작용을 행하는 사회적 공간"으로서, 참여자 간에 강한 유대감의 "동질성이 높은 자원을 축적하는 결속형 사회관계자본(Bonding Social Capital)"과, 이질성으로 인해 유대관계는 약하지만 공동목표를 위해 "이질성이 높은 자원을 보유하는 가교형 사회관계자본(Bridging Social Capital)"을 형성한다. 온라인 커뮤니티 참가자들은 공감대에 따라 커뮤니티 내부 또는 외부에서 새로운 네트워크를 형성하며, 태도의 유사성이 높을수록 친구 관계로 발전하기도 한다. 온라인 커뮤니티는 SNS의 출현과 함께 지역적인 한계를 넘어 초국적 소통을 발전시키고 있다(송정은·장원호, 2013).

예루살렘에서 이스라엘과 팔레스타인 대학생이 K-Pop을 공통분모로 만난 사례는 문화적 매개체로서 팬덤의 작지만 새로운 변화를 보여 준다. 단 한 번도 유대인과 이야기해 본적이 없는 팔레스타인 학생이 K-Pop 동호회에 참석하면서 유대인들과 K-Pop과 관련된 이야기를 나누게 되었고, 이 과정에서 팔레스타인과 유대인들은 서로 공통된 생각과 문화적 취향을 가지고 있다는 것을 느끼게 되었다. 그 후 이들은 정치적 상황에 얽매이지 않고 대학 K-Pop 동호회를 매개로 교류할 기회를 가지게 되었다. 이는 향후 팬덤을 매개로 한류 팬들이 문화적 취향과 경험을 공유하면서 초국적 문화공동체를 형성할 수 있음을 방증한다.

1) 소셜미디어와 팬덤

소셜미디어의 이용동기는 신속성과 지속성, 이용자의 다수성과 다양성, 경제성 혹은 접근성, 친근성과 신뢰성이라 할 수 있다. 소셜미디어를 통한 다문화주의의 재인식이나 다문화가족 및 이주민과의 소통은 사회적, 경제적, 문화적으로 소셜미디어가 제시할 수 있는 광범위한 네트워크적 연결과 그러한 연결로 인한 공동체적 결속의 정서인 '공감'으로 기능하게 될 것이라고 판단된다(Boyd & Ellison, 2007).

표 3.1은 소셜 네트워크 서비스의 기능(SNS)을 크게 5가지로 구분한 것으로, 정보검색(expert), 소통(communication), 연결(connection), 콘텐트 공유(content

표 3.1 소셜 네트워크 서비스의 기능에 대한 정의

요인	기능
정보검색(expert)	SNS를 통해 평소에 만날 수 없었거나 전문적인 지식을 소유하고 있는 사람들을 검색하는 기능
소통(communication)	SNS를 통해 자신의 의견을 상대방에게 전달하거나 친구들과 대화를 나누기 위한 기능
연결(connection)	SNS를 통해 오프라인상으로 관계를 맺고 있는 사람들과 연락하면서 관계를 유지하는 기능
콘텐츠 공유 (content sharing)	SNS를 통해 알고 싶은 정보나 음악, 동영상 등의 콘텐츠를 공유하거나 배포하는 기능
정체성 형성(identity)	SNS를 통해 자신의 최근 상황이나 기분, 감정 등을 표현하고 자신만의 개성을 표현하는 기능

출처: 송정은·장원호, 2013, 159.

sharing), 정체성(identity)이다. 이러한 5가지 기능은 국내외 K-Pop 팬덤의 대표적 활동으로, 팬클럽 형성 목적은 크게 K-Pop 스타에 대한 지지(Support), 팬덤의 결합, 스타 홍보 및 시장형성으로 나뉜다. 이러한 팬클럽은 주로 온라인에서 정보교류를 하며 온오프라인에서 정기적인 미팅을 개최하면서 소통한다. 팬들 간의 정보 및 콘텐츠 공유를 통한 연결과 소통은 K-Pop 스타를 위한 홍보를 넘어 권리 보호 등의 대규모 집단적 움직임을 실현하는 기반이 된다. 팬덤은 SNS를 통해 시공간적 제약없이 지속적인 소통과 협력을 통해 연대감을 바탕으로 하는 문화적 공동체로 발전하고 있다.

전 세계의 K-Pop 팬들은 팬클럽의 문화적 정체성을 위해 글로벌 단위에서 자발적으로 생산적인 활동에 참여하며 민간교류의 기반을 형성한다. 예를 들면, 자신이 좋아하는 스타의 이름으로 국제적 기관에 기부를 하거나, 스타가 처한 부당한 계약조건 및 상황을 적극적으로 전 세계 팬들에게 알리며 지지를 호소한다. 한국사회에서도 문화와 놀이 등의 개념이 사치가 아닌 기본 권리로 인식됨에 따라 팬덤에 대한 인식역시 긍정적으로 변화하고 있다. 이제 대중문화 팬덤은 기존의 팬덤에 대한 부정적 사회 인식을 타파하고 스타의 이미지를 높이기 위해 다양한 사회적, 문화적 활동에 참여하고 있다.

대표적인 사례가 바로 기부선행으로, 이러한 움직임은 팬들 스스로 공감대를 바탕으로 발전시키는 상향적(bottom-up)문화로 자리 잡았다. 점차 팬덤은 개개인의 사회참여 및 이를 위한 집단적 공동체문화로 향상되고 있는 것이다. 특히 디지털 네트워크가 확산되면서 팬덤은 정보공유와 의사소통을 위해 뉴미디어를 적극 활용하여 갖가지 연결망을 형성하고, 이러한 연결망은 시공간의 제약을 넘어 확산되고 실천적 행위로 이어진다.[58] 이제 팬덤은 "일종의 라이프스타일(Jenkins, 2008)"이 되어 가고 있다. 팬 스스로 자기 완성적 실현을 위해 행동하며 정서적 공감을 형성해 공동체 일원과 바람직한 사회를 구축하기 위해 일조하고 있다. 이제 팬덤은 개개인에게 즐거움과 자기효능감을 제공하는 감정적 및 행동적 요소이자,

소통과 공감으로 나, 너, 우리를 연결하는 연대감을 형성하는 공동체이다.

유튜브는 시각적 요소가 강하게 어필되는 K-Pop의 주요 전달매체로서, 이용자의 적극적인 참여와 이용자 간 상호작용에 의해 콘텐츠의 양적 및 질적 발전 가능성을 극대화한다. 유튜브는 이용자들의 '프로슈머(producer+consumer)' 활동을 촉진시키며, 텍스트가 아닌 영상콘텍스트를 통해 커뮤니케이션 한다는 점에서 여론 형성, 동영상 콘텐츠 재생산, 동영상 콘텐츠 공유와 전달 활동 그리고 팬 공동체 형성에 용이하다.

2008년 이후 국내 연예기획사와 Mnet이 K-Pop 영상을 올린 것을 시작으로 유튜브에 K-Pop 뮤직비디오가 소개되었다. 이후 SM엔터테인먼트, 아리랑TV 등이 유튜브에 채널을 개설하면서 K-Pop을 홍보할 수 있는 플랫폼으로 활용하였다. 2011년부터 유튜브에 K-Pop의 인기가 가시화되었으며, 2012년 싸이의 〈강남스타일〉 히트를 기점으로 전 세계인과 K-Pop 제작자 간의 소통 경로가 되고 있다. 이제 K-Pop 관련 콘텐츠는 정식 뮤직비디오 외에도 K-Pop 팬들이 제작한 동영상까지 다양한 유형으로 확대되었다(한국콘텐츠진흥원, 2015).

유튜브에 게재되어 있는 대다수의 K-Pop 영상은 K-Pop 아이돌 그룹의 뮤직비디오 및 방송출연영상과 팬의 자체제작영상 등으로 이루어져 있다. BTS의 경우, 공식팬클럽 외에도 외국어 통번역이 가능한 팬들이 자발적으로 콘텐츠를 재생산·업로드를 지속하며 BTS 관련 정보를 전달 및 홍보하고 있다. 이들이 제작한 콘텐츠는 흥미 위주의 동영상부터 BTS 관련 국내외 뉴스 기사에 대한 해외 팬들의 반응 모음까지 다양하며 국내외로 실시간 전파되고 있다. 김숙영 교수는 "싸이는 유명인들이 언급하면서 유명해진 일종의 '톱다운(top-down)' 방식이었던 데 비해 BTS의 경우 팬들이 꾸준히 방탄에 관한 콘텐츠를 만들어 내는 '보텀업(bottom-up)' 방식"이라며 BTS의 경우 한국 팬만큼이나 해외 팬들의 참여가 활발하다고 언급하였다(박현영, 중앙선데이, 2018).

그림 3.2는 한국드라마를 수입하는 국가를 나타내고 있다. 색이 진할수록 한국

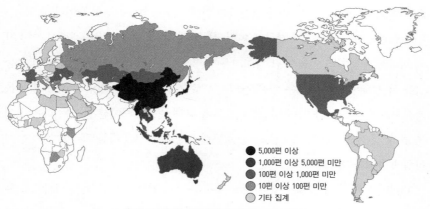

- 5,000편 이상
- 1,000편 이상 5,000편 미만
- 100편 이상 1,000편 미만
- 10편 이상 100편 미만
- 기타 집계

그림 3.2 한국드라마를 수입하는 주요 국가

드라마를 많이 수입하는 국가다. 대표적인 예로 일본, 중국, 미얀마, 베트남, 대만 등은 5000편 이상을 수입하였고, 다수의 동남아 국가와 호주는 1000편 이상의 한국드라마를 수입하였다. 또한, 그림에서 알 수 있듯이 한국드라마를 수입하는 국가는 아시아의 브루나이나 스리랑카, 유럽의 헝가리나 스웨덴, 남아메리카의 칠레와 페루, 심지어 아프리카의 보츠와나와 짐바브웨에 이르기까지 전 세계 총 60여 개 국가에 이르고 있었다.

표 3.2는 유튜브에서 가장 인기 있는 K-Pop 아이돌 그룹의 영상 조회 수를 정리한 것이다.

K-Pop 팬들은 유튜브에 K-Pop 관련 다양한 팬덤 행위를 동영상으로 제작하고 공유한다. 대표적인 예로 커버댄스[59]나 K-Pop 아이돌 코스프레로, 이는 각 지역별 K-Pop 팬이 K-Pop을 적극적으로 수용하는 과정에서 모방의 단계를 넘어 현지의 문화적 선호와 취향뿐만 아니라 특성을 반영하고 있다. 커버댄스에 참여하는 K-Pop 팬들은 그들의 스타를 모방을 통해 다른 K-Pop 팬과 구별지으며 무대위에서 퍼포먼스를 하면서 만족감과 성취감을 느낀다. 이처럼 해외에서 K-Pop은 팬덤에 의해 다양한 커뮤니티를 생성하며, 현지 사회에 팬들의 정체성을 포용하고

표 3.2 K-Pop 영상 조회 수

NO	아티스트	영상 조회 수	NO	아티스트	영상 조회 수
01	BTS	5.44B	16	Girl's Generation	327M
02	BLACKPINK	2.9B	17	(G)I-DLE	315M
03	TWICE	2.29B	18	IU	295M
04	EXO	1.01B	19	WINNER	275M
05	MOMOLAND	1.26B	20	선미(SUNMI)	230M
06	Red Velvet	1B	21	EXID	226M
07	PSY	987M	22	Apink	219M
08	GOT7	824M	23	NCT 127	219M
09	iKON	751M	24	SHINee	209M
10	BIGBANG	711M	25	AOA	188M
11	SEVENTEEN	531M	26	청하(CHUNG HA)	179M
12	JENNIE(BLACKPINK)	447M	27	볼빨간사춘기(BOL4)	174M
13	Wanna One	420M	28	현아(Hyun-a)	161M
14	SUPER JUNIOR	361M	29	태연(SNSD)	163M
15	GFRIEND	358M	30	IZ*ONE (아이즈원)	152M

출처: YouTube.com의 조회 수를 재정리(2018/01/28-2019/01/27).

사회문화적 유대관계를 형성하는 매개체가 된다.

3. K-Pop 팬덤과 초국적 문화공동체

"최근의 한류는 초기 한류와 달리 소셜미디어의 진화로 인해 혼종적(hybrid) 문화형식으로 빠르게 확산되고 있다. 소셜미디어의 플랫폼이 가진 기술적 어포던스(행위 유도성)와 팬들의 사회적인 상호작용으로 국적, 민족, 문화가 뒤섞이고 있다(Jin & Yoon, 2016, p.9-10)". 팬덤의 성격은 지속적으로 진화하는 커뮤니케이션 패러다임에 따라 관여와 장려(engage and encourage)를 강조하는 조류와 일맥상

통하다고 할 수 있다.

21세기의 급격한 글로벌화의 결과, 디지털 기술과 OTT 플랫폼의 발달은 연결성은 초국적 문화공동체의 지역 간 문화산업 및 콘텐츠를 통한 단기적 경제적 이해관계를 넘어서 사회구성체 각각 이문화 공감(intercultural empathy)을 통한 공감사회를 출현시켰다. 이문화 간 공감은 국가 내에서도 연령, 젠더, 지역, 인종, 민족, 언어, 계급 등의 차별 완화에 기여하며 평등과 평화를 지향하고 있다. 세대 간의 이해, 다양한 인종 간의 교류는 디지털시대의 공감을 바탕으로 한다.

모바일 기술의 발전은 디지털 소통 플랫폼의 확장과 사람과 사물을 잇는 초연결시대를 초래하며 소통과정의 감정까지 디지털화한다. 디지털 미디어상의 소통은 전통적 미디어의 시공간적 제한을 없애고 여론 또는 여론의 네트워크가 만들어지는 과정 자체를 변화시키고 있다(김헌태, 2018, p.50-60). 소통과 공감 능력은 사회적 연대와 협력을 가능하게 하여 개방적이고 신뢰할 수 있는 사회를 구축하는데 기반이 된다. 모든 사회 구성원이 소통의 기회를 갖고 자발적 참여와 공유를 통해 공감이 형성될 수 있는 것이 중요하다. 이런 의미에서 대항적 공론장이나 민중 친화적 공론장 형성은 협력적 소통을 위해 매우 중요하기 때문에, 온라인과 오프라인 모든 곳에서 연결과 공유를 통해 공감할 수 있는 장이 지속적으로 확장되어야 한다(임동욱, 2015, p.100-101).

사회를 유지하기 위해선 개개인이 대화와 배려를 바탕으로 타인과의 삶을 연결해 같이 나눌 수 있는 "공동적인 것(the common)을 만드는 일"은 매우 중요하다. 또한 "공동의 기억을 통해 호혜성을 나누는 경험"을 하며 지속적으로 다양한 연대를 만들 수 있는 공간이 필요하다(원용진, 2018, p.160). 이를 위해 세대 간, 계층 간 문화 공감을 강화할 수 있는 공간개발과 개인의 문화적 역량을 필수 요건으로 한다.

전 세계가 실시간으로 연결된 오늘날, 공감은 시공간의 제약 없이 신속한 커뮤니케이션을 기반으로 이루어진다. 개개인은 공감을 통해 타인과 사회와 연대하기 위해 노력한다. 트위터와 같은 소셜 매체가 늘어나면서 대상 간의 직접 커뮤니케이션이 일반화되었고, 문화콘텐츠산업에서도 창작자와 소비자 간 소통과 공감이 매우 중요해지고 있다.

1) K-Pop과 BTS

BTS는 빅히트엔터테인먼트의 방시혁 프로듀서가 아티스트형 아이돌로 제작한 7명의 남성 그룹이다. 2013년 6월 13일에 힙합장르로 데뷔하였다.[60] 이후 한국인 최초로 2년 연속 빌보드 시상식에서 수상하는 등 K-Pop의 새로운 역사를 쓰고 있다. 방시혁 프로듀서가 "역수입적 느낌이 있을 정도"라고 표현할 만큼 전 세계의 BTS 팬규모가 크다(한은화, 중앙선데이, 2018). 이는 BTS가 제시하는 철학적 메시지와 친근한 SNS 커뮤니케이션 방식을 바탕으로 실현되었다. BTS는 자신과 관련된 각종 콘텐츠를 인터넷에 공유하고 다방향·쌍방향적 연결을 시도하였다. 이러한 소통과정을 지속하며 BTS는 음악적 진정성과 함께 공감대를 형성하는 친구 같은 이미지를 강화하며 팬덤과 수평적 관계로 발전했다.[61]

BTS의 음악은 〈학교〉 시리즈(2 COOL 4 SKOOL), 〈청춘〉 시리즈(화양연화), 〈사랑〉 시리즈(LOVE YOURSELF)에 걸쳐 청춘들의 현실과 고민, 꿈과 사랑 등 보편적인 동시대성을 표현하였다. 전체 앨범 시리즈는 BTS의 세계관인 성장 이야기를 다루고 있으며, 앨범 외에도 뮤직비디오와 웹툰 등 다양한 콘텐츠에서 스토리가 연계되어 팬들의 몰입도와 이해도를 높인다. 각 콘텐츠마다 BTS의 각 멤버들의 캐릭터는 일관성을 유지하고 있다. 그들의 음악과 SNS 활동은 "아주 중요한 주제, 실제적인 주제를 노래"하며 "멤버들 역시 본인들의 감정을 공유하고 각각 보여"주며 소통하려 한다.[62] 이는 해외 K-Pop 팬들에게도 상당히 어필하고 있는 부분이다. 팀 리더 RM은 한 인터뷰에서 "우리는 사람들이 듣고 싶어 하고 들을 준비가 되어 있지만 다른 이들은 말하지 않는 이야기를 하기 시작했다"고 말했다(고정애, 중앙일보, 2017). BTS의 음악은 또래 세대들에게 감성적 연대와 동일시의 경험을 제공하는데, BTS의 노래 155곡의 가사 분석 결과, "나"라는 단어가 2323회 출현하고 '아이', '사랑', '행복', '시련', '새벽' 등의 단어가 자주 나타난다(JTBC, 이규연의 스포트라이트, 2018.07.05.).

2018년 BTS는 미국의 시사주간지 『타임(TIME)』에서 선정한 '인터넷상 가장 영향력 있는 25인'에 올랐다. 음악에서 발현되는 진정성과 선한 영향력을 통한 공감대 형성을 BTS의 강점으로 분석한다. 또한 BTS의 음악은 상처받거나 좌절감에 빠진 사람들을 위로할 수 있는 메시지를 전달하며, 서구의 문화적 취향에 따라가지 않고 자신의 장점으로 대중음악소비자들을 만족시켰다. 『타임』은 BTS의 인터뷰 내용 중 일부를 언급하며 과거 미국에 진출하였던 K-Pop 스타들과는 다른 BTS의 철학과 이미지를 소개했다. 무엇보다 BTS의 음악을 통해 '언어, 피부색, 종교 등이 다른 사람들과 소통할 수 있다'는 사례를 보여 주었고, 스토리텔링이 돋보이는 음악에서 청취자들과 공감하려는 노력이 돋보인다고 평가했다(Time Magazine, Oct.10, 2018).미국 유명 음악전문지 『롤링스톤(Rolling Stones)』은 '어떻게 BTS가 K-Pop의 가장 큰 금기들을 깨고 있나'라는 제목으로, BTS 멤버 중 RM과 슈가의 성소수자에 대한 트윗 발언과 팬들의 반응을 소개하면서 BTS는 도전적인 메시지로 한국의 젊은 세대와 소통한다고 평하였다.

국내외 팬들은 유튜브와 트위터를 매개로 BTS 관련 콘텐츠를 공유한다. BTS의 팬들은 BTS의 노래 가사와 멤버들의 행동에서 '함께'라는 감정을 느끼고 이에 공감한다. BTS의 공식 팬클럽인 ARMY(A.R.M.Y)는 2014년 3월 29일 창단되었다. BTS의 성공요인을 분석한 각종 뉴스 기사 및 유튜브 동영상의 댓글에서 공통적으로 노래 가사에 나오는 '자존감'에 대한 메시지가 팬들에게 위로와 격려를 전한다고 분석했다. BTS는 청춘들의 고민을 이야기하는 가사, 서사 구조(기승전결 시리즈)가 있는 앨범과 라이브 콘서트로 진정성을 전달했다. 또한 BTS는 유튜브나 V 라이브(V live)를 통해 자신들의 공연 전후 및 일상의 모습을 공유하기도 한다. 현대경제연구원은 "멤버들이 10~20대 관점에서 진솔한 고민과 이야기를 전달해 국적을 불문하고 공감을 얻었다"며, 앨범 기획부터 굿즈 판매까지 BTS를 다양한 형식으로 콘텐츠화하는 과정에서 끊임없이 팬들이 참여할 수 있는 기회를 제시하는 점을 BTS의 장점으로 분석했다(현대경제연구원, 2018). 이정희 중앙대 경제학과 교수는 "BTS와 보헤미안랩소디 현상은 특정 계층이 아니라 전 세대에 걸쳐서 나타나고 있다는 데 주목해야 한다"며 "그들이 주는 '위로'와 '공감'의 메시지가 어려운 현실을 맞닥뜨리고 있는 소비자들에게 용기와 자부심을 주는 데에 열광하는 것"이라고 설명 하였다(노정동, 한국경제 2018.12.16.).

① BTS 관련 영문 트윗 분석

그림 3.3은 12월 13일부터 12월 19일까지의 한 달 동안 BTS 관련하여 게시된 영문 게시글에서 연결 중심성 상위 50개 단어를 추출하여 의미 연결망을 그린 것이다. 중앙에 밀집된 단어들은 BTS/ARMY/with/together 4가지이다.

BTS와 ARMY는 함께하는 운명공동체라는 인식이 그 안에 함축되어 있다고 할 수 있다. 그 외에도 birthday와 happy로 대표되는 기념일과 긍정적 정서 단어들이 BTS와 근접하여 나타났다.

한편, 표 3.3에서 볼 수 있는 단어들의 중심성을 분석하면 BTS가 매우 높고, 그 외에는 ARMY, together, happy 등의 단어가 중요하게 나타났다. 그림 3.3에서 보이는 바와 유사하게 BTS와의 감정적 연대의식, 유대감의 표현이라고 해석할 수 있다.

② ARMY 팬덤의 초국적화, 초문화화

BTS의 해외 팬덤은 여러 K-Pop가수를 두루 지지하는 성향이 아니라 한국의 아이돌 팬덤과 유사하게 BTS만을 적극적으로 지지하는 경우가 많다. 각 지역의 ARMY들은 목적에 따라 권역별 ARMY 팬클럽 혹은 글로벌 단위의 ARMY들과 유

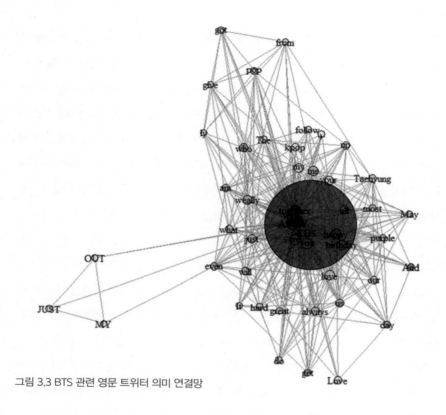

그림 3.3 BTS 관련 영문 트위터 의미 연결망

표 3.3 BTS 영문 트위터의 단어 중심성

순위	연결 중심성	매개 중심성	순위	연결 중심성	매개 중심성
1	ARMY	BTS	6	happy	ARMY
2	BTS	together	7	birthday	happy
3	you	And	8	me	day
4	we	who	9	love	get
5	together	with	10	with	us

기적으로 연대한다. BTS의 빌보드 차트 진입은 ARMY 팬덤 중 북미 지역 ARMY 의 공로가 크다. '톱 소셜 아티스트' 수상조건 중 하나는 가수 및 노래의 라디오 방영 횟수인데, BTS를 비롯한 K-Pop 아이돌 그룹들은 이 부분에 매우 취약하다. 이

러한 장애물을 없애기 위해, 북미 ARMY들은 꾸준히 지역별 라디오 방송국에 BTS 홍보와 노래 신청하기 캠페인을 진행하기도 했다.

BTS의 미국 에이전트 에시 개지트 역시 ARMY의 조직력과 열정적 지지를 BTS의 성공 요인으로 간주하며, 미국의 슈퍼스타 팬덤과 또 다른 양상의 BTS 팬덤을 새로운 현상으로 평가하였다. 이러한 점에서 한국뿐만 아니라 미국의 ARMY 역시 기성세대와는 구별되는 문화소비행위자이자 세계의 문화적 다양성에 대해 열린 자세를 갖고 즐기는 문화적 밈(meme)을 보이고 있음을 알 수 있다. 예를 들어 미국에서도 응원문화와 같은 한국의 아이돌 팬덤의 문화와 행위적 특성을 부분적으로 받아들여 '총공문화' 등의 새로운 현상을 보이면서 BTS를 지지하고 있다. 미국의 라디오 방송에서 BTS 음악이 소개되고 빌보드 집계의 한 부분인 라디오 방영 횟수 차트에 BTS가 진입하게 된 것은 미국 ARMY들이 한국 팬덤의 총공문화를 실현한 결과이다. 또한 한국 아이돌 팬덤과 다르게, 미국에 입국하는 K-Pop 아티스트를 안전하게 보호하기 위한 '퍼플 리본 프로젝트'[63]를 실시하여 새로운 팬 문화의 본보기가 되었다.

BTS의 경우 국가별 유튜브 조회 수만 놓고 봤을 때 한국이 약 10%, 미국이 약 10% 정도이며, 나머지 80%는 전 세계에 고르게 분포되어 있다. 10위까지의 상위권에는 일본과 베트남, 인도네시아 등 아시아 국가와 브라질, 멕시코, 아르헨티나 등 남미권 국가들이 있으며 10~20위 사이에는 러시아, 독일, 영국 등 유럽 국가들이 집계된다. BTS의 인기는 단순히 미국에 국한된 것이 아니라 국경과 인종, 언어를 넘어 전 세계에서 확인되고 있으며, 이제 BTS는 전 세계에서 가장 폭넓은 팬층을 가진 글로벌 스타이다(서병기, 헤럴드경제, 2019).

『타임』, 『롤링스톤』, 『포브스(Forbes)』 등의 언론에서는 BTS를 향한 ARMY의 팬덤 행위에 주목하면서 "BTS는 북미, 유럽에서 흥행에 성공한 유일한 K-Pop 그룹으로, ARMY의 열정적 지원의 결과이다"라고 평가하였다. ARMY의 열정적 반응으로 인해 BTS는 북미 전 지역에 방영되는 TV 프로그램으로부터 출연 제의를 받으며 K-Pop 가수의 위상을 보여 줄 수 있었다. 이처럼 ARMY는 국내뿐만 아니라 강력한 글로벌 팬덤(fandom)을 형성한 K-Pop 그룹으로 성장하였고, 해외 K-Pop 팬덤에도 한국형 팬덤문화를 전달하고 있다(SMIC, 2018).

국내외 ARMY 공식 팬클럽은 10대와 20대 팬이 대다수를 차지한다. 하지만 BTS 팬들은 공식 팬클럽 회원이 아니어도 BTS를 좋아하는 이유만으로도 ARMY라는 명칭과 정체성을 공유한다. 30대에서 60대까지 폭넓은 연령층의 BTS 팬들도 스스로를 ARMY라 칭하며 정서적 친밀감을 형성하고 있다. 이렇게 ARMY의 개념이 BTS에 대해 애정을 가진 모든 이들로 확장되면서, ARMY 간의 사회적 관계는 강한 유대감을 공유한다. 미국 『워싱턴포스트(The Washington Post)』는 ARMY의 열정과 실천력을 높이 평가하며 "방탄소년단 성공은 'ARMY' 없이는 불가능했을 것"이라 보도하기도 했다. 다국적 팬들에 의해 BTS 관련 콘텐츠엔 수분, 수시 내에 다양한 언어의 자막이 달린다.[64] 자막 번역의 생산과 공유는 팬들 간에 공동 문화의 산물로서, 팬들은 집단적이고 체계적인 생산 활동을 통해 연대감을 강화한다(김순영·정희정, 2010).

전문가들이 평가하는 ARMY의 특성은 BTS와 긴밀한 정서적 공동체를 형성하는데, 이 관계는 기존 아이돌과 팬의 수직적 관계가 아닌 수평적 관계를 형성하고 있다. 자발적이고 체계적으로 행해지는 BTS 관련 콘텐츠 번역부터 캠페인 실천과 같은 ARMY의 행위들은 BTS에게 새로운 기회를 부여하기도 하며, 이러한 상향적(bottom-up) 실천들은 전 세계적으로 발생하는 사회변화와 연관되어 있다(이지영, 2018). ARMY는 BTS와 함께 길을 발견한다는 태도로 BTS를 적극적으로 지지하며, 작품이 생산되는 스토리텔링 전 과정에 참여하기도 한다. 예를 들어, BTS가 음악의 모티브가 될 주제를 부분적으로 BTS 관련 영상물에서 암시하는 순간마다 ARMY들은 다양한 방법으로 해석하고 관련 콘텐츠를 생산하며 공유한다. ARMY들은 BTS의 메시지를 전파하는 동시에 메시지에 내재된 정신을 이해하고 실천하여 '보다 나은 사람이 되어 BTS에게 응답하려' 한다. 때문에 ARMY들의 참여와 실천은 정해진 패턴이 아니라 수많은 상호 네트워크를 이루며 BTS와 함께 '공유가치'를 제시하려 한다(이지영, 2018). 이러한 과정에서 BTS와 ARMY는 수평적 연대감을 가지며 인지적, 감정적 공감을 이루어 행동으로 실천한다.

ARMY는 BTS의 유니세프 캠페인에 동참하기 위한 기부부터 멤버들의 생일을 기념하여 선한 영향력을 발휘할 수 있는 이벤트를 기획한다. BTS의 지향점인 '선한 영향력'은 사회 변화 캠페인인 '러브 마이셀프(LOVE MYSELF)'에서 드러났다. 이 메시지는 UN의 폭력근절 캠페인과 연계되었고, BTS가 유니세프 홍보모델이 되었다. BTS와 빅히트엔터테인먼트는 2017년 11월 5억 원을 출연, 러브 마이셀프 펀드를 조성한 데 이어 앞으로 2년간 '러브 유어셀프' 시리즈의 앨범 음반 판매순익의 3% 등을 기부하기로 했다. ARMY의 성원에 힘입어 어린이·청소년 폭력 없는 세상을 위한 유니세프의 '엔드 바이올런스(#ENDviolence)' 캠페인에 총 18억을 지원하였다. BTS 사진으로 만든 이모티콘과 굿즈(기념품)를 ARMY들이 구입해 기부로 이어진 금액은 총 3억 원이 넘는다.

유니세프 기부 캠페인 외에도 국내외 ARMY들은 연대적 활동을 통해 사회에서 도움이 필요한 사람들에게 다가간다. BTS의 '달려라 ARMY' 팬클럽은 2018년에 BTS 멤버의 티셔츠 착용으로 이슈화되었을 때, 이슈를 해결하기 위한 방법으로 기

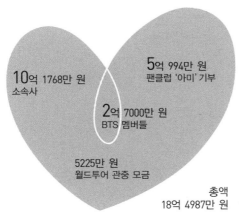

10억 1768만 원
소속사

5억 994만 원
팬클럽 '아미' 기부

2억 7000만 원
BTS 멤버들

5225만 원
월드투어 관중 모금

총액
18억 4987만 원

그림 3.4 BTS 러브마이셀프 기금 모금 현황
출처: https://www.koreaboo.com/news/
bts-army-million-unicef-love-campaign.

Resource: https://www.love-myself.org/post-eng/1st_anniversary-2/

Explosive Love
-Army의 자선 전시회
            (2017.7.15-2017.7.16)

One sope-ful day
- ARMY's 자선활동 (2017.3.11)

말레이시아 사회와 유니세프의 'LOVE MYSELF'
캠페인의 지속적 참여를 위한 자선파티 전시회
모금액: RM12.000 (about $3.200)

ARMY가 지역의 노인들을 초대해 생일 파티와
생필품을 기부하였음

Resource: https://http://kofice.or.kr –correspondant report

그림 3.5 BTS 팬들의 자선활동

부를 행했다. '달려라 ARMY' 팬클럽은 '일본군성노예제 문제 해결을 위한 정의기억연대(이하 정의연)'에 "일본군성노예제 문제 해결을 위해 투쟁해 오신 피해자들의 명예와 인권이 회복될 수 있도록 힘을 보태고자 자체 모금을 진행"하여 864만5천857원을 기부했다(김주리, 한국경제TV, 2018).

　기부활동 외에도, 전 세계 ARMY들은 다양한 방식으로 선한 영향력을 실천하려 한다. 트위터는 전 세계 ARMY들이 연결되는 공간으로, 트위터상에서 의미 있는 캠페인을 진행하며 팬들 사이의 소통을 확산한다. 전 세계 ARMY들은 번역 혹은 영어 구사를 통해 언어적 장벽을 없애고 경험을 공유하며 의미를 생성한다. BTS 팬덤 활동으로 인해 자신들의 긍정적 변화를 나누고 타인에게 도움이 되고자 하기 때문이다.

트위터를 활용하는 BTS 해외 팬덤은 ARMY의 개인적 고민 및 사회적 문제에 공감하며 문제 해결을 위해 협력한다(이지행, 시사IN, 2018). 이 예시는 다음과 같다.

① 해시태그 #BTSisNotYourAverageBoyBand(BTS는 당신이 생각하는 보통의 보이밴드가 아니다)[65]

② 우울감과 낮은 자존감으로 고통받는 팬들을 위해 세계 각국 언어로 위로를 전하는 심리 전공자들의 모임(@BTS_AHC), 예를 들어 영어권 팬들의 모임은(@BTS_AHC_ENG)

③ 전 세계 ARMY 멤버들의 개성과 문화적 다양성을 존중하기 위한 토론 모임(@army x culture)

④ 전 세계에서 고통받는 곳에 꾸준히 ARMY의 이름으로 기부를 하는 단체(@OneinAnArmy)

⑤ BTS의 트윗 계정을 보호하기 위한 온라인 모임으로 대표적인 활동은 퍼플리본 프로젝트(@ProtectionArmy)

이러한 사례는 BTS의 메시지에 영향을 받은 ARMY들의 실천이라 할 수 있다.

2018년 9월 뉴욕에서 열린 유엔 총회에서 BTS의 리더 RM의 연설은 "여러분의 이름과 목소리를 찾아라"라는 메시지를 전달한다. 이후 국내외 ARMY들은 SNS를 통해 자신의 고민을 공유하며 자신들이 경험한 긍정적인 변화에 자부심을 느꼈다.

기존 K-Pop 팬덤이 한국과 외국 팬 간 차별적 요소가 강하고 국적 혹은 지역별로 팬덤을 형성하는 경향이 있었다. 모바일 기술의 발전과 문제의식을 함께 해결하려는 참여의식이 강한 팬덤이 등장하기 시작하면서 이슈 중심으로 국가별 팬클럽 외에도 개별적인 팬덤이 협력하기 시작하였다. BTS의 팬덤은 기존 한국과 해외 K-Pop 팬덤 간의 긴장보다는 협력을 즐기며 일종의 "체험 팬덤 현상"을 만들고 있다. 성장 서사를 공유하면서 팬 활동 역시 다양한 하위문화를 만들어 가고 있으며, 특히 한국 ARMY들이 '외랑둥이(사랑둥이 해외 팬)'라고 칭하는 외국 팬덤은 한국의 아이돌 팬클럽의 성향과 행위를 닮아 가는 모습을 보인다.**66** 이같이 BTS와 ARMY는 시공간을 넘는 초국적, 초문화적 공동체 안에서 공감하고 있으며 아래와 같은 BTS 멤버 RM의 연설문에서 그 내용을 유추해 볼 수 있다.

…마지막으로 한가지만 더 말씀드리고 싶습니다. LOVE YOURSELF 앨범을 발매하고, LOVE MYSELF 캠페인을 시작한 후 우리는 전 세계 팬들로부터 믿지 못할 이야기들을 들었습니다. 우리의 메시지가 그들이 삶의 어려움을 극복하고 그들 자신을 사랑하게 되는 데 어떤 도움이 되었는지를요. 그런 이야기들은 우리의 책임감을 계속해서 상기시킵니다.

그러니 우리 모두 한 발 더 나아가 봅시다. 우리는 우리 자신을 사랑하는 법을 배웠습니다. 그리고 이제 저는 여러분들께 "여러분 자신에 대해 말해 보세요"라고 말씀드리고 싶습니다.

저는 여러분 모두에게 묻고 싶습니다. 여러분의 이름은 무엇입니까? 무엇이 여러분을 심장을 뛰게 만듭니까? 여러분의 이야기를 들려주세요. 여러분의 목소리를 듣고 싶습니다. 그리고 여러분의 신념을 듣고 싶습니다. 여러분이 누구이든, 어느 나라 출신이든, 피부색이 어떻든, 성 정체성이 어떻든, 여러분 자신에 대해 이야기해 주세요. 여러분 자신에 대해 말하면서 여러분의 이름과 목소리를 찾으세요(RM 유엔 연설문).

4. BTS와 ARMY의 초국적 공감

국내외 BTS 팬덤의 특징은 유독 팬들의 연령대가 다양하다. BTS 관련 영화상영관에는 10대부터 60대 팬까지 다양한 세대가 모인다. 유튜브에서는 BTS의 콘서트 티켓을 선물로 받은 60대 할머니가 진심으로 기뻐하는 영상부터 다양한 연령대의 팬들이 BTS를 지지하는 영상이 많다. 한국의 BTS의 40대 이상 남녀 팬들은 댓글을 통해 당당히 커밍아웃을 하기도 하며, 빌보드 수상자 BTS에 대한 자랑스러움과 뿌듯함을 공공연히 밝힌다. 이는 40대 이상 팬들이 기존에 한국사회의 팬덤을 향한 보수적 편견을 극복한 것으로 주목받을 만하다.

ARMY 팬덤에서 가장 주축이 되는 연령층은 10~20대로, 디지털 기술의 융합과 네트워크가 확장되는 현시대의 Z세대와 밀레니얼 세대이다. Z세대는 1990년대 중반부터 2000년대 중반 시기에 출생한 대략 13세에서 21세로 스마트폰과 같은 실시간 소통이 가능한 매체로 다양한 문화콘텐츠를 소비하는 '디지털 네이티브' 세대이다. 이들은 SNS를 통한 개인의 감정표현부터 사회에 대한 발언까지 디지털 미디어를 통해 자신의 목소리를 거침없이 발산할 수 있다. 디지털 미디어 소통이 익숙하여 대면보다 문자 메시지를 주고받으며 관계를 형성하고 공동의 이슈를 해결하기 위해 SNS를 매개로 단시간에 강한 결속력을 발휘하기도 한다. 이전 세대에 비해 수평적인 관계를 지향하며 개인과 조직 간의 관계에서 개인의 만족을 중시하는 세대이다.

이들의 특징은 SNS로 연결된 사회에서 관계를 맺으며 디지털 문화콘텐츠 소비가 언제 어디서나 가능하다는 점이다. 한국의 Z세대의 경우 주입식 교육에서 벗어나 문제를 제기하고 사고하고 평할 수 있다. 때에 따라서 문제 해결을 위해 행동할 수 있는 세대이며, 이러한 실천을 소셜네트워크나 인터넷 공론장에서 발휘한다. 10대 팬덤의 자신의 스타를 위한 총공문화는 이전에 비해 훨씬 적극적이고 프로페셔널할 정도로 빈틈이 없다. 청소년 심리 전문가는 "10대 총공의 심리적 토대가 되는 군중, 집단의식이 긍정적인 효과를 발휘하는 지점도 있다. 바로 학교에서의 스쿨 미투로 10대들의 총공 문화는 억눌려 있었던 학생들의 목소리를 세상 밖으로 드러내는 역할을 했다"고 분석하였으며, "청소년들이 자기 문제를 스스로 해결하려는 자립심은 커 가는데 개인의 영향력은 상대적으로 적기 때문에 여럿이 모여 그 힘을 채우려는 것"으로 평가하였다(고혜지, 서울신문, 2018).

밀레니얼 세대는 1980년부터 2000년생까지 대략 17세부터 37세를 뜻하며, Z세대와 혼용되어 사용되는 단어이다. 20대에서 30대 후반을 총칭하는 의미를 담을 때 밀레니얼 세대를 Z세대와 구분하여 사용한다. 밀레니얼 세대는 그들의 부모 세대와 여러 면에서 차이를 나타내며, 경제적 구매력은 약하지만 소비잠재력은 높다. 디지털 네이티브란 용어가 대두되었을 때부터 기성세대와 다르게 온라인으로 모든 정보를 습득하고 행하려는 성향이 강하다.

BTS를 기획한 방시혁 프로듀서는 Z세대와 밀레니얼 세대의 특성을 파악하여 이들과 BTS 간의 SNS 소통을 활성화시켰다. BTS 멤버들도 비교적 자율적인 시스템을 통해 창의적인 아티스트로 성장하였다. 여기서 중요한 것은 BTS가 대중과 가치를 공유하고 공감할 수 있는 관계를 형성했다는 점이다. 현재 전 세계적으로 10대와 20대 초반은 'for me' 마케팅의 세대로 지극히 개인의 소소한 행복이 중요한 세대이다. 또한 그들 중 여성은 젠더 불평등에 민감한 세대이고 이에 대해 자신의 의견을 자유롭게 표출하고 있다. 2030세대들의 미디어 이용은 한류의 글로벌화의 트렌드를 주도하고 있으며, BTS는 이러한 흐름을 파악하고 'Who Am I'라는 넥스트 키워드를 줄 수 있는 철학적 통찰력을 가진 아이돌이라 할 수 있다.

글로벌 ARMY를 형성할 수 있는 네트워크 인프라와 디지털 기술의 발전은 메시지의 전달 및 BTS와 ARMY의 미디어상 접촉을 촉진시켰지만, BTS와 ARMY는 서로 공감하는 메시지를 진정한 성공 요인으로 주장한다. 기본적으로 서로 공감하고 연대를 강화할 수 있는 요인은 BTS의 진정성 있는 스토리텔링 능력과 ARMY의 경험 및 가치가 접점을 이루었기 때문이라는 것이다. 감성적인 공감을 바탕으로

한 ARMY의 충성도 높은 팬덤 행위는 스타를 위한 행동을 넘어 "스타와 나 그리고 너, 우리" 모두가 기쁘고 의미를 찾을 수 있는 행동들을 만들어 내는 점에서 주목할 만하다.

포브스 전문지는 BTS와 ARMY의 관계를 과거에 이룬 업적보다는 미래 디지털 음악산업 시대에서 창작자와 소비자의 공생관계 그리고 스스로 실천하고 서로 돕는 팬들 간의 상호작용의 사례를 높게 평가하였다. 이제 BTS와 ARMY의 소통과 공감은 글로벌 사회에서 디지털 기술에 긍정보단 부정적 영향이 부각되는 환경에서 참고할 수 있는 대안으로 평가받고 있다. 이는 ARMY의 소셜미디어 활용의 방법이 아니라 BTS의 얼굴이자 견제자이기도 한 ARMY가 소셜미디어를 활용해 어떤 문화를 주도할 수 있는지를 주목하고 있는 것으로 볼 수 있다(Lunny, 2019).

ARMY의 결속력만큼이나 다양한 국가의 ARMY들이 협조해 가는 모습은 초국적 문화공동체로 주목받을 만하다. BTS의 메시지에 감동하고 몰입한 ARMY는 다양한 네트워크를 형성하고 경험을 공유하며 BTS를 지지하고 있으며, 다양한 문화적 배경을 가진 이들이 공유하는 메시지는 매우 근원적인 인간에 대한 탐구이다. 자신의 의지 및 타인과의 공존의식에 대한 체험의 공유로 연대하는 ARMY는 기존의 K-Pop 팬덤에 비해 초국적인 성향이 강하다. ARMY 사례는 문화콘텐츠가 글로벌 단위에서 순환되며 상호작용을 일으키는 현시대에 경험의 공유와 소통이 한류문화콘텐츠산업에 미치는 영향력에 대해 새로운 함의를 제시한다. 이는 일반적으로 한류문화콘텐츠의 재화적 수익을 뜻하는 경제적 효과 외에도 문화콘텐츠의 본질적인 미적, 의미적, 감성적, 관계적 가치의 효과에 대해 보다 심도 있는 연구가 필요하다는 점을 시사한다.

K-Pop을 비롯한 한류문화콘텐츠 창작자와 수용자 간의 소통은 소셜미디어의 기술력뿐만 아니라 콘텐츠가 전달하고자 하는 메시지의 진정성을 중시하기 시작했다. 다양한 공간 단위 콘텐츠로서 한류문화콘텐츠가 공감의 매개체가 될 수 있도록 쌍방향 소통을 위한 창의적인 커뮤니케이션 플랫폼이 마련되어야 한다. 언어

적 장벽을 넘어 가치관의 교류를 위해 타국의 한류문화콘텐츠 수용자를 이해할 수 있는 다양한 방안이 마련되어야 할 것이다.

향후 한류의 방향은 이문화 간 소통과 공감의 매개체 역할을 해야 한다. 한국의 문화산업과 한류 콘텐츠 제작 관련자는 해외 팬덤이 '한류를 통해 함께하고, 화합하는 문화'로 발전할 수 있도록 정보제공과 교류를 위한 플랫폼을 확대해야 한다. 즉 한류는 수용 국가 내 다양한 문화 집단 간의 소통과 공감을 증가시키고, 한류를 수용하는 국가의 문화와 한국의 문화가 소통하고, 더 나아가 지역 문화 간의 소통과 교류가 이루어질 수 있는 매개가 되어야 한다.

제4부 **공감사회를 위하여**

제8장 공감의 시민은 어떻게 탄생하는가?

1. 자기의 객관화(성찰)의 연습

공감적 시민의 탄생을 위해 가장 중요한 요소는 모든 시민들이 자신을 객관화할 수 있어야 한다. 우리는 많은 경우 우리를 둘러싼 현실들은 자기를 중심으로 판단하고 구성한다. 그럴 경우 자기 자신의 판단의 대상이 아닌 판단의 주체이고 자신을 절대적인 존재로 무의식중에 인식하게 된다. 이것을 생동감 있게 보여 주기 위해 필자의 경험을 먼저 들려주고자 한다.

이것은 내가 군대에서 겪었던 일이다. 나는 카투사에서 군대생활을 했다. (카투사는 미군에 배속된 한국군대를 의미한다.) 특수부대인지라 일반 사병과 달리 훈련기간 중에 양식 먹는 법을 배우게 되었다. 교관은 선배 카투사였는데, 맨 먼저 하는 말이 카투사들이 양식을 먹을 때 너무 소리를 내면서 먹는다는 것이었다. 즉, 미군은 소리를 내지 않고 잘 씹는데 한국 카투사들만 유난히 양식을 먹으면서 소리를 내며 씹으니 조심하라는 것이었다. 이 말을 듣고 나는 식당에서 사람들이 먹는 것을 살펴보았다. 그런데 정말로 그 교관의 말처럼 미군은 식사를 할 때 거의 소리를 내지 않는 데 비해 많은 카투사들이 소리를 내며 음식을 먹고 있는 것이었다. 지금도 좀 그렇지만, 당시에는 더욱 모범생 콤플렉스가 있었던 나는 카투사들이 소리 내며 식사하는 것이 매우 거슬렸다. 아마 그 거슬림은 소리 내서 먹는 카투사들 때문에 애꿎은 나까지도 피해를 입는다는 생각에서 비롯된 것이리라. 아무튼 나는 내내 주위의 왕소리 카투사들을 원망하였고 또 괴로워했다. 그러던 어느 날이었다. 훈련이 거의 끝날 무렵이었던 어느 금요일 저녁으로 기억한다. 이날도 여느 때와 마찬가지로 나는 카투사들이 소리 내어 음식을 씹는 것을 못 마땅히 여기며 식당에서 식사를 하고 있었다. 이때 한 카투사가 내 앞에 앉아서 식사하기 시작했다. 그런데 그 녀석이 이제까지 들어본 중에서 가장 큰소리로 식사를 하는 것이었다. 나는 속으로 너무 화가 나서 그 녀석에서 제발 소리 좀 내지 말라고 소리치고 싶은 마음을 겨우겨우 억누르면서 식사를 계속하고 있었다. 그런데 이 앞에 앉은 녀석의 먹는 소리는 점점 더 커지는 것이 아닌가? 난 앞에 앉은 녀석이 내는 소리 때문에 오히려 주변을 살필 정도가 되었다. 너 때문에 나까지 욕을 먹는다는 생각이 들자 이제는 더 이상 참을 수가 없었다. 그래서 그 녀석에서 '야, 너 소리 좀 내지 말고 먹어라'라고 말하려는 바로 그 순간, 내 앞에 앉아 있던 바로 그 녀석이 "야! 너 제발 소리 좀 내지 말고 먹어라!"라고 나에게 말하는 것이 아닌가? 그리고는 그 왕소리 카투사는 휙 하고 일어나서 자리를 떴지만, 난 한참 동안 그 자리에 그냥 앉아 있을 수밖에 없었다. 그리고 그 순간 난 지금껏 인생의 많은 깨달음 중 가장 크다고 할 만한 깨달음을 얻었다. 그것은 내가 내 자신을 전혀 볼 줄 모른다는 것이었다. 실제로 나는 그때까지 다른 사람들만 볼 줄 알았지 나 자신을 보려고 시도한 적은 한 번도 없었다. 나를 봐야 할 필요성조차도 느끼지 못했다. 카투사들이 소리를 내면서 먹는다는 교관의 이야기를 처음 들었을 때도 내가 생각하고 바라본 대상은 내가 아닌 다른 카투사들뿐이었다. 이게 바로 나를 비롯한 보통사람의 모습이다. 자기 자신을 객관적, 비판적으로 바라보지 못하고 그렇게 해야 할 필요성조차 느끼지 못하는 것이다. 왜냐하면 자기 자신은 그 자체로 절대적인 존재이기 때문이다. 따라서 생각이나 판단의 대상이 되지 않는 것이다. 지금 생각해 보면, 이런 상황이었던 것 같다. 내 앞의 왕소리 카투사의 음식 먹는 소리가 점점 커졌던 이유는 아마 내가 내는 소리가 거슬려서 그랬을 것이다. 물론, 나도 앞에 있는 녀석의 소리 때문에 열 받아서 평소에 내던 소리보다 더 크게 내서 식사했을 것이다.

독자들은 필자의 이 경험에 대해 자신은 절대 그렇지 않다고 말할 수 있는가. 공감은 자신을 객관적으로 보고 비판할 수 있는 데에서 출발한다. 세계가 자신을 위해서 존재한다고 믿는 자기 절대주의자에겐 상대방의 큰 고통도 자기의 작은 상처보다 적은 것이다. 이것을 사실감 있게 보여 준 것이 미국 독립영화의 명감독 형제 코엔 형제의 〈파고(Fargo)〉의 한 장면이다. 이 영화에서 인질을 납치했던 납치범이 돈을 주러 온 인질의 아버지와 싸우다가 죽이는 장면이 있다. 당시 인질의 아버지가 죽어가면서 총을 쏘고 총알은 납치범의 턱을 살짝 스쳐서 피를 나게 만든다. 자신의 턱에서 흐르는 피를 본 납치범은 그 순간 어떻게 자신에게 이럴 수 있냐고 하면서 매우 흥분하고 거의 죽어가는 인질의 아버지에게 총알이 다할 때까지 계속 총을 쏘아댄다. 이 납치범은 자신의 턱에서 흐르는 피와 인질의 아버지의 죽음을 비교해 볼 때 당연히 자신의 턱 상처가 훨씬 크고 고통스러운 것이다.

독자들은 그 인질범과 같은 악인은 매우 드물다고 생각할지도 모른다. 물론 이것은 좀 과장된 면이 있다. 하지만, 이것은 우리 모두가 가지고 있는 기본적 행동 양식이다. 상대방이 당하는 큰 고통과 내가 겪는 조그마한 고통을 비교하면서도 우리는 대부분 자신의 고통을 더 심각하게 생각하는 경우가 많이 있다. 5세 아동의 백혈병 환자에게 골수 이식을 제공하겠다고 하고서 막상 당일 날 모습을 보이지 않아 아이가 결국 죽었다는 소식의 기사는 우리 모두의 모습일 수 있다(강주성, 2015).

이와 같이 나 자신을 객관적으로 바라보는 것은 쉽지 않은 일이다. 우리는 자기를 절대화하는 경향을 가지는데, 문제는 이것이 집단으로까지 발전한다는 것이다. 인간은 사회적인 동물이고 그렇기에 예전부터 사람을, 호모 그리게어리우스(Homo Gregarious) 즉, 사교적 인간이라는 단어로 표현했다. 인간은 항상 집단을 만들고, 그 안에서 정체성을 가지기를 원한다. 얼마 전에 들었던 후배의 경험을 통해 사람이 얼마나 쉽게 정체성 집단을 구성하는지 설명해 보겠다. 후배인 L교수는 택시를 타고 가던 중에 옆에서 오던 택시와 자신이 타고 있던 택시가 살짝 부딪친 사고가 발생했다고 한다. 당시 옆의 택시에도 손님이 타고 있었다고 한다. L교수는 경미한 접촉사고였기 때문에 별일 없을 것이라고 생각했었는데, 상황은 전혀 다르게 진행되었다고 한다. 양쪽 택시에서 운전사들이 내려서 서로 상대방이 잘못했다고 싸우기 시작했는데 이것이 좀처럼 쉽게 끝나지 않아서 L교수도 타고 있던 택시에서 내렸다고 한다. 그러자 상대편 택시 손님도 그 택시에서 내리고 그다음엔 정말 희극적 상황이 발생하였다고 한다. 즉, L교수는 자신이 탄 택시운전사와 한편이 되어서 상대편 택시 운전사가 잘못이라고 주장하고 있었고 상대편 택시 손님도 자신들을 향해서 욕을 하고 있다는 것이었다. 왜 그랬을까? 택시를 타고 있던 그 짧은 시간에 L교수는 벌써 택시 운전사와 어떤 형태이든지 집단을 구성하였고, 그렇기에 택시운전사와 정체성을 공유하게 되었던 것이다. 상대방 승객도 나와 마찬가지로 자신이 탔던 택시 운전사와 정체성을 공유하고 싸움에 끼어들었던 것이다. 인간은 이처럼 집단을 구성하고자 하는 경향이 강한 사회적 존재이다. 이러한 집단성은 종종 '우리'라는 개념이 되어서 집단 절대성을 발현하게 된다. 그래서 '우리'라는 집단은 비판의 영역을 넘어서는 절대적 집단으로 무의식중에 인식되는 것이다. 특히 이러한 '우리'라는 개념이 혈연으로 묶여졌을 경우, 절대성은 더욱 심하게 나타난다. 따라서 우리가족은 절대적으로 선하고 우리가족에 해를 끼치는 존재는 절대적으로 악하다는 주관적 상황판단을 하게 되는 것이고 이것은 가족 이기주의로 발전하게 된다. 제2부에서 설명하였듯이 우리 사회의 역사적 경험이 가족이기주의를 더욱 강화한 기여한 부분이 있다.[67]

자신이 속한 조직은 어떨까? 자신이 속한 조직을 객관적으로 보기도 그렇게 쉽지는 않다. 뉴스에서는 매일 회사들이 법을 어기며 이익을 추구하는 기사들이 나온다. 예를 들어 분식회계라든지 탈세가 바로 그런 것이다. 그러한 일들은 그 회사의 구성원들의 적극적인 협력 없이는 불가능한 일이다. 그 조직의 구성원들은 왜 그러한 범법행위에 적극적으로 가담하였을까? 어떤 경우는 어쩔 수 없이, 그 조직에서 생존하기 위해 가담했다고 얘기할 수 있다. 하지만, 대부분의 사람들은 그것이 아주 나쁜데 내가 그 일을 하고 있다는 사실을 인정하기 어렵다. 우리가 잘 알고 있는 '인지부조화' 이론이 그것을 잘 설명하고 있다[68]. 따라서 대부분의 회사원들은 분식회계를 하면서 자신이 악한 일을 하고 있다고 생각하기 보다는 선한 일을 하고 있다고 믿고 싶어 한다. 그리고 그 바탕에는 자기 조직을 절대화시키는 심리가 작용하고 있다. 즉, 절대적인 자기 조직에 이익이 되는 행위는 선이라고 생각하기 때문이다.

단위를 좀 더 확장해서 국가를 절대화시키는 것도 마찬가지이다. 근대사회의 가장 큰 특징 중의 하나가 강력한 민족국가의 등장이다. 민족국가라 함은 확실한 영토, 국민, 그리고 주권을 가지고 있는 국가를 의미한다. 즉, 우리가 일반적으로 생각하고 있는 국가는 바로 이 민족국가인데, 이 민족국가의 역사는 사실 그리 오래지 않다. 하지만 짧은 역사에도 불구하고 민족국가는 강력한 이데올로기로 작용하고 있다. 국가를 절대화시켰을 때의 예를 우리는 잘 알고 있다. 제2차 세계대전 당시 600만 명 이상의 유대인을 국가의 이름으로 죽인 독일의 나치, 그리고 그에 열광했던 독일 국민들은 국가 절대화의 대표적인 예이다. 또 천황의 이름으로 아시아 제국을 침탈하고 수백만 명을 학살한 일본의 제국주의도 국가 절대화의 대표적 예이다. 지금도 일본의 보수주의자들은 소위 '새로운 역사교과서를 만드는 모임(새역모)'을 구성하고 역사를 왜곡하고 있다. 그들의 주장은 다음과 같다. 우리가 우리 후세들에게 항상 '잘못했다, 잘못했다.'를 가르칠 수 있겠는가? 그래 가지고 우리 후세들이 기를 펴고 살 수 있겠는가? 우리는 후세들로 하여금 국가에 대해 자부심을 가지도록 교육하여야 한다. 박근혜정부에서 국정교과서를 만들겠다고 하면서 내세운 논리 중의 하나도 이것이다. 이 주장은 우리 사회에서 어느 부모들이 자식들로 하여금 기죽지 않게 하려고 자식이 잘못했을 때 야단치지 않는 논리와 비슷한 것이다. 자식의 기를 살리려고 모든 것을 받아주는 것이 과연 자식에게 도움이 될까? 마찬가지로 후세들 기를 세우려고 역사를 왜곡하는 것이 후세를 진정으로 위하는 것일까? 두 경우 모두 자신의 집단을 절대화시킬 때 나타나는 오류인 것이다. 일본뿐만이 아니다. 우리 사회에서도 이런 국가의 절대화는 자주 나타난다. 예를 들어 일본에서 큰 지진이 일어났을 때마다 일부 한국 네티즌의 반응은 그 제목만을 본다면 '정말 고소하다', '더 많이 죽었어야 하는데' 등등이 있다. 왜 이런 충격적이고 극단적인 반응을 보이고 있을까? 왜냐하면 절대적인 우리나라 한국을 일본이 식민지화 하였고, 침탈하였기 때문이다. 따라서 일본은 절대로 용서할 수 없는 악한 국가인 것이다. 물론 일본 제국주의에 대한 정당한 비판은 항상 필요하지만, 자국을 절대 선으로, 일본이라면 무조건 미워하는 마음이 있다면 이것은 자기 절대화의 연장인 것이다. 자신이 속한 국가를 사랑하고 아끼는 것은 매우 좋은 것이지만 국가 자체를 절대 선으로 생각하고 비판하지 않는 것은 국가를 사랑하는 것과 다른 것이다. 국가의 강한 힘이 개인을 얼마나 통제할 수 있는가에 대해서는 이산가족의 예를 통해서 우리는 잘 알고 있다.

근대사회에서 국가의 강함과 약함은 그 국민의 삶에서 가장 중요한 요소이기에 민족국가의 중요성은 아무리 강조해도 지나치지 않다. 또 그렇기에 국가에 대한 충성은 매우 좋은 덕목일 수 있다. 하지만, 그렇다고 해서 국가를 절대화 시켜서는 안 된다. 우리는 강력한 국가로부터 여러 혜택을 받고 있지만 한편으로는 손해도 보고 있다는 점을 반드시 인식해야 한다. 강력한 민족 국가가 형성되면서 인간은 개인과 공동체의 자유를 상당 부분 침식당해 온 것이 사실이다. 또한 국가의 권력은 항상 공정하지는 않았으며, 지배계층의 이익에 의해 변덕스럽게 행사되어 온 것도 사실이다. 특히 몇 십 년이 안 되는 짧은 기간 동안 압축적 근대화를 이룩한 우리 사회에서 국가는 여러 이유에서 재벌과 지배계층의 편에 섰던 경향이 많았던 것은 누구나 알고 있다. 우리는 국가를 객관적으로 볼 수 있어야 하고 국가에 무조건 따르는 것이 충성이 아님을 깨달아야 한다. 진정한 충성은 국가의 잘못을 고쳐나가야 하는 것이고 이것은 더 나아가 국제사회에서 우리나라가 취한 정책을 공정히 평가하는 것을 의미한다.

　일본의 야스쿠니 신사에는 우슈칸이라는 이름의 전쟁박물관이라는 곳이 있는 데 그곳을 보면 그들이 아직도 전쟁에 대해 잘못 생각하고 있다는 느낌을 강하게 받게 된다. 보통의 경우 전쟁박물관의 주제는 전쟁을 통한 피해에 대한 인식, 따라서 다시는 전쟁이 일어나서는 안 된다는 메시지가 기본적으로 주된 전시 내용이다. 그런데, 야스쿠니 신사의 유슈칸에는 일본이 제2차 세계대전에 얼마나 좋은 무기를 만들었고 얼마나 열심히 싸웠는가에 대해서 중점적으로 전시하고 있는 것을 볼 수 있다. 그 전시물 중에 '인간어뢰[가이텐(回天)]'라는 것이 있다. 어뢰는 보통 잠수함에서 발사되는 데 후면에 프로펠러가 돌아가기 때문에 그 소리를 듣고 배가 도망가면 맞추기가 어렵다. 그래서 소리를 죽여서 사람이 조종해서 적의 배를 맞추는데 인간어뢰는 사람이 몰고 가는 것을 말한다. 한 마디로 수중 자살폭탄이다. 야스쿠니 유슈칸에 가 보면 인간어뢰를 발명한 것에 대해 자랑스럽게 기록하고 있는 것을 볼 수 있다. 필자는 그것을 보면서 일본사람들의 자국절대주의의 한계를 느낄 수 있었다. 노벨은 다이너마이트를 발명할 때 사람을 죽이기 위해서 발명했을까? 물론 아니다. 노벨은 자신이 발명한 것이 살상을 위해 사용되는 것을 매우 괴로워하였고 그것이 노벨상을 만든 이유이다. 사람들은 과학자들이 가치판단의 과정을 거치지 않고 무엇인가를 발명한다고 비판하지만 실제로 과학자들의 대부분은 사람들에게 이익을 주기 위해서 무엇인가를 만들어 내는데 그것이 악용되는 예가 많을 뿐이다. 그러나 인간어뢰를 만든 그 과학자는 이 어뢰를 사람이 타고 가면 죽는다는 것을 뻔히 알면서 만들어 냈다. 이것이 바로 국가를 절대화시킬 때 과학자가 할 수 있는 행동이다. 실제로 인간어뢰를 만든 그 일본인은 나의 조국 일본을 위해서 이것은 만들어도 된다는 생각을 했을 것이다. 독일을 위해서라면 아우슈비츠에서 수백만 명의 유태인을 죽여도 된다는 나치들의 생각, 이것이 바로 국가를 절대화하는 사람들만이 저지를 수 있는 만행이다. 우리가 항상 국가를 절대화하는 위험을 늘 견제하고 성찰할 줄 알아야 하는 이유가 여기에 있다. 다시 한 번

쓰지만, 가장 큰 애국은 국가에 무조건 순종하는 것이 아니라 자기의 국가를 객관화하여 비판을 통해 자기 국가가 더 큰 도덕과 가치를 추구할 수 있게 하는 것이다.

2. 의사소통합리성과 숙의민주주의 연습

공감적 시민을 위한 두 번째의 조건은 의사소통합리성의 연습이다. 의사소통 합리성을 설명하기 위해서는 사회학자 베버의 합리적 행위를 먼저 설명할 필요가 있다. 베버는 근대사회의 형성과정에서 인간은 도구합리적인 특성을 보인다고 설명했다. 즉, 최소의 비용으로 최대의 효과를 얻고자 하는 고전주의 경제학이 설정하는 인간의 행위가 자본주의의 출현과 더불어 나타난 근대사회에서의 인간의 모습이라는 것이다.[69] 하버마스는 이에 대하여 또 하나의 합리적 행위를 추가한다. 즉, 의사소통적 합리성에 입각한 행위가 그것이다. 의사소통적 합리성이 기존의 도구합리성이나 가치합리성과 다른 점은 개인주의에 입각한 합리성이 아니라 언어적 행위 능력이 있는 주체들이 서로 이해를 도모할 때 성립하는 합리성이라는 것이다. 이 경우 관계적 속성이 더 강조된다. 사실 우리의 일상을 보면 이러한 의사소통적 행위는 너무 당연한 것이다. 우리가 매일 몇 시간씩 통화나 대화를 할 때, 우리는 무슨 목적으로 그러한 일을 할까? 내가 통화나 대화를 통해서 이 사람에게 좋은 인상을 주어 나중에 도움을 요청하고자 하는 도구합리적 목적이 물론 있을 것이다. 하지만 그보다는 우리는 단순히 남들과 소통하기를 원하는 것이고 이러한 소통지향성은 인간에게 본연적인 것이라 할 수 있다.

하버마스는 사회가 복잡해짐에 따라 이러한 의사소통을 통해 서로의 행위를 조정하기가 어려워지고 따라서 권력과 화폐와 같은 매체를 통해 행위가 조정되게 된다고 주장한다. 이러한 매체를 체계(system)라고 부르면서 근대사회는 이러한 체계가 지배하는 사회가 되어 의사소통 합리성이 충분히 실현되기 힘든 상황이 되었다. 하버마스는 이것을 체계가 생활세계를 식민지화하였다고 표현한다. 따라서 우리의 행동과 대화는 대부분, 정치적 권력과 시장경제와의 관련 속에서 이루어진다는 것이다. 앞의 장에서 제시한 많은 갈등과 혐오들이 모두 어떤 의미에서는 정치적, 경제적 권력을 둘러싼 행동들과 대화들이었다는 점에서 하버마스의 주장은 일리가 있다.

그렇기에 의사소통적 행위가 필요하다. 이를 통해 우리의 생활세계에서 서로 진정한 이해를 찾고, 그를 통해 관계적 속성을 회복하는 것이다. 앞서 말한 집단의 절대화와 달리 하버마스의 의사소통적합리성은 왜곡되지 않은 형태의, 즉 진실성, 진리성, 정당성을 내포한 소통을 추구한다. 그를 위해서는 일종의 의사소통 방식이 전제되어야 하는데 하버마스가 말한 숙의민주주의의 조건이 바로 그것이다. 의사소통적합리성의 발현을 위해서는 우선적으로 사람들 간의 합의가 가능하다는 믿음이 있어야 한다. 또한 토론 및 숙의는 상호 간의 소통에 기반함으로 자신이 숙의의 과정에서 자신의 의견을 바꿀 수 있다는 신념, 마찬가지로 상대방도 토론 과정 내에서 의견을 바꿀 수 있다는 점을 전제한다. 이러한 상호 간의 믿음을 통해서만 의사소통적 합리성을 통한 숙의가 가능해지는 것이다. 또한 의사소통합리성으로 숙의하기 위해선 원칙적으로 어떠한 개인도 숙의의 과정에서 배제되지 않아야 한다. 마찬가지로 숙의의 과정에서는 진실성, 진리성, 정당성에 기반할 뿐 다른 방식의 합의가 강구될 수 없다. 의사소통과정에서는 합의를 위해 어떠한 강제적인 수단도 원되어서는 안된다는 것이다.

이와 같은 의사소통합리성을 통한 토론과 숙의민주주의의 연습은 앞서 말한 개인, 조직, 집단 수준에서의 절대화를 벗어나 자신과 타인을 동시에 객관적이며 합리적인 주체로 상정하게 만든다. 자신과 타인이 의사소통 과정에서는 서로 동일한 주체이며 이를 항상 숙지하고 대화를 이어나가는 것은 우리 사회가 공감의 사회로 탈바꿈하게 하는 데 큰 전제이자 도움이 될 것이다.

제9장 공감사회를 위한 조건들

1. 교육 제도의 개선

우리 사회가 진정 구성원들이 서로서로 공감하며 살아가는 공감사회가 되기 위해서는 먼저 교육 제도를 변혁할 필요가 있다. 교육은 한 나라의 백년대계라고 한다. 교육의 효과가 지금 당장은 크게 나타나지 않을지라도, 학생이 자라 나라를 이끄는 핵심계층이 되는 때 교육의 효과가 빛을 발하게 된다. 한 시대의 철학은 다음 시대에서는 상식이 되는 것이다. 그렇다면 구체적으로 교육 제도가 지향해야 할 지점은 어디인가? 구체적으로 앞서 제2부에서 다루었던 논의에 입각하여 교육 제도가 지니고 있는 근본적 문제인 세컨드 찬스의 부재를 해소할 필요가 있다. 이 문제는 크게 대학 서열의 다극화와 편입학 체제의 활성화, 그리고 전문대학원 중심 체제의 강화를 통해 해결법을 모색할 수 있다. 먼저 대학 서열의 다극화를 확보해야 한다. 대학 서열의 다극화는 현재 일본의 대학 체계가 잘 보여 주고 있는 특징이다. 우리나라의 경우 몇몇 특수 분야를 제외한 대부분의 계열과 전공에서 SKY 위주의 서열 구조로 획일화되어 있는 것에 비해, 일본의 대학 서열은 도쿄대학을 중심으로 하는 국립대학 서열과 와세다 또는 게이오대학을 중심으로 하는 사립대학 서열로 나뉘어 있다. 대학 전체 중에서도 일인자가 고정되어 있지 않고, 도쿄대학과 비슷한 수준의 교토대학이나 오사카대학, 도호쿠대학, 게이호대학 등 여러 대학들이 각자의 영역에서 경쟁력을 가지며 가치를 인정받는 다극화 현상을 보이고 있다. 이런 체제는 현재 한국의 경우처럼 무엇을 공부하고 싶든 '일단 서울대부터 가야 하는' 목표 추구의 획일화를 방지하고 각자의 영역에서 합리적인 경쟁을 이룰 수 있게 한다. 두 번째로 편입학 체제의 활성화를 달성하여야 한다. 편입학 체제의 활성화는 미국의 대학 체계가 지닌 특성이라 할 수 있다. 미국의 경우 4년제 일반대학 외에도 2년제의 커뮤니티 칼리지(community college) 제도가 있다. 커뮤니티 칼리지에 가는 학생들은 대체로 일반대학에 합격하지 못할 정도로 성적이 안 좋거나 또는 집안에 돈이 없어서 일반대학의 학비를 감당하지 못하는 학생들이다. 눈여겨볼 점은 커뮤니티 칼리지에서 우수한 학점을 유지하는 학생들이 얼마든지 일반대학으로 편입할 수 있는 가능성이 열려 있다는 것이다. 편입학을 통한 세컨드 찬스의 확보는 고등학교 졸업생들로 하여금 대학 입학에 대한 부담을 덜 가지게끔 하여 결과지상주의에 매몰되는 현상을 크게 완화할 수 있을 것으로 기대된다. 마지막으로 전문대학원 중심 체제의 강화를 이뤄내야 한다. 우리나라는 출신 학부를 통해 그 사람의 '스펙'을 평가하는 경향이 굉장히 강하다. 만약 어떤 이들이 대학교 과정에서 학문에 뜻을 두고, 대학원에 진학하여 열심히 노력하여 좋은 성과를 이뤄낸다고 하더라도, 출신 학부의 서열이 변변치 않았다면 한국사회에서 일반적으로 좋은 대우를 기대하기는 힘들다. 그렇기 때문에 한국의 학생들은 단 한 번 있는 기회인 대학교 진학에 목을 매고 어떤 경우 재수, 삼수를 하며 인생의 중요한 시기를 과열된 경쟁에 매몰된 채 살아가는 것이다. 이를 해소하기 위해서는 대학교 학부 입시만이 중요한 것이 아니라, 학부 입시는 실패하였더라도 대학교 과정에서 열심히 노력한 학생들이 좋은 대학원에 진학하여 성과를 내는 것을 통해 사회에서 인정받을 수 있다는 인식이 확산되어야 한다. 따라서 경영전문대학원과 법학전문대학원, 의학전문대학원 등이 활발히 운영되어야 하며, 이외에도 외교전문대학원, 행정전문대학원 등의 전문대학원 제도가 활성화되어 학부 중심 학별 체제를 타파하여야 한다.

대학입시에 관련된 정책적 개선점뿐 만 아니라 더 나아가 현행 중고등학교 교과과정에서도 개선의 여지가 있다. 첫 번째는 토론식 교육의 도입이다. 현행 학교 교과과정은 수능과 내신 모두 교과 내용을 암기하고 시험을 통해 이를 평가받는 과정이 주를 이루고 있다. 이런 교과과정의 문제점은 다른 사람과의 협동이나 의견 교류 없이 '나만 잘하면' 좋은 성적을 얻을 수 있는 평가 방식이라는 것이다. 때문에 우리나라의 청소년들은 다른 사람의 의견을 경청하고 자신의 의견을 전달하는 것에 대한 체계적 교육이 부재한 상태로 성인이 된다. 제1장에서 논의한 바 공감은 기본적으로 나와 다른 사람에 대한 인정을 바탕으로 형성되는 것이기 때문에 '나와 다름'을 받아들일 수 있는 정신적 역량을 함양하지 않고서 공감은 형성되지 않는다. 바꿔 말하면 다른 사람들과 의견을 조율하고 합의점을 찾아 가는 과정의 토론 교육을 통해 학생들은 공감능력을 함양할 수 있다.

두 번째로는, 문화 예술 교육을 활성화할 필요가 있다. 비록 공감이 나와 다른 사람의 생각과 감정을 나의 것처럼 느낄 수 있도록 만들어 주는 기제이긴 하지만, 여전히 공감은 나와 비슷한 삶과 경험을 지니고 있는 사람에게 선택적으로 더 쉽게 작용한다는 한계를 지니고 있다. 이를 해결하기 위해 할 수 있는 근본적인 해결책 중에 하나가 바로 공통된 관심사를 보유하는 것이다. 공통된 관심사는 그것을 공유하는 사람들 사이에서 공감을 형성할 수 있는 기반이 된다. 가장 대표적인 예로 대한민국 국민들의 마음이 하나가 되었던 2002 월드컵의 사례를 들 수 있다. 대한민국 대표팀이 4강에 오르는 기염을 토했었던 그 당시 많은 사람이 거리로 나와 난생처음 보는 사람들과 어깨동무를 하며 하나 된 마음을 나누었었고, 정치적 이념과 세대 차이, 성별, 계층은 아무런 장애물이 되지 않았다. 문화와 예술을 교육하는 것을 통해 보다 많은 사람들과 공유할 수 있는 관심사를 형성함으로써 이와 비슷한 효과를 누릴 수 있을 것이다.

2. 언론 구조의 개선

우리나라에서 집단 간 입장 차이, 특히 정치적 이념 간 차이가 극대화되는 까닭은 언론의 편향적 구성 탓이 크다. 나와 다른 사람들의 다양한 의견을 접할 수 있게 만듦으로써 세상을 바라보는 다양한 시각을 내재화하고 다른 계층과 집단에 대한 이해와 포용력을 높여 주는 것이 미디어가 제공할 수 있는 가장 이상적인 기능이라 할 수 있다. 그러나 제2장에서 살펴보았듯 고도로 발달하고 분화된 미디어는 오히려 제 입맛에 맞는 정보만을 취사선택하여 습득할 수 있게 하며, 결국 나와 같은 목소리를 내는 사람들의 의견만 메아리치는 공간을 만들어 냄으로써 생각의 차이를 더욱 극화시킨다. 언론 또한 마찬가지의 역할을 수행하게 만들 수 있는 위험이 있다.

특히 우리나라의 언론은 군부 독재라는 고유한 환경으로 인해 보수적이고 정부에 친화적인 언론만이 지배적이었던 역사가 있었다. 1974년 12월, 박정희 유신 정권의 언론 탄압으로 일어났던 동아일보 백지 광고 사태가 정부의 언론 길들이기가 시작되었던 시발점이라고 할 수 있다. 동아일보 백지 광고 사태의 개요는 이렇다. 정부의 입맛에 맞지 않는 행보를 보였던 동아일보사에 대해 박정희 군사 독재 정권이 동아일보와 계약한 광고주들을 호출해 동아일보와 계약을 해지하도록 협박하였다. 차례차례 광고주들이 취소하자 결국 그해 12월 26일 발행된 신문은 급기야 광고가 있어야 할 자리에 계약된 광고가 없어 백지에 가까운 지면 구성으로 나오게 된 것이다. 또한 당시 많은 동아일보 기자들이 해직되어 결국 동아일보는 친정부 기자들을 중심으로 운영되게 된다. 동아일보뿐 아니라 많은 언론이 이 시기를 기점으로 정부에 순응하는 태도를 지니게 되었다. 1980년 전두환 정권의 언론인 해고 및 언론사 통폐합 정책은 정부의 언론 지배를 더욱 강화하게 된다. 1987년 해직 언론인을 중심으로 설립된 한겨레신문은 나름대로 언론의 비판적 기능을 수행하였으나, 어떤 면에서는 지나치게 반대쪽으로 기울어진 관점을 보였다. 결국 중도적인 시각에서 사회를 비추는 언론사는 찾아보기 힘들게 되었다. 이런 양극화된 언론의 편향된 태도는 이후 노무현 정권, 이명박 정권, 박근혜 정권에서 모두 찾아볼 수 있다. 지금도 어떤 방송사는 극보수, 어떤 방송사는 극진보의 노선을 취하며 자신들의 정치색에 맞는 편파보도를 일삼고 있다. 이렇듯 극단적인 언론사의 입장은 시민들로 하여금 균형 잡힌 시각을 갖게 하기 보다는 기존 자신의 견해만 강화하게 만드는 확증편향[70]을 야기한다. 이제는 아무리 언론사들이 종합적으로 여러 의견을 균형 있게 다뤄도, 사람들은 자신의 입맛에 맞는 뉴스만을 신뢰하고 그 외의 정보에는 귀를 닫는 경향을 보이고 있다. 공감사회의 실현을 위해서는 언론사의 편향된 구조를 개선하고 언론의 중립성을 확보하여, 중립성을 지닌 채 국민들에게 인정받는 언론이 만들어져야 한다.

3. 세컨드 찬스의 보장을 위한 제도 마련

제2부에서 상술하였던 것처럼, 세컨드 찬스의 부재는 사람들로 하여금 당장의 경쟁에 과하게 몰입하도록 만들어서 극단적인 경쟁심을 형성시키고 다른 사람들을 친구라기보다는 경쟁자로 인식하게끔 만든다. 세컨드 찬스는 교육 제도 안에서 마련할 수도 있지만, 교육 제도 바깥인 경제 활동 영역에서도 마련될 필요가 있다. 대표적인 대안으로 제시될 수 있는 것이 바로 이중경제(dual economy)의 개선이다. 이중경제는 여러 의미가 있지만, 우리 사회에서는 대기업 종사자와 중소기업 종사자의 임금격차가 심각하고 서로 간의 노동력 이동이 없어 마치 두 개로 분리된 별개의 경제구조처럼 기능하는 현상을 말한다.

즉, 대기업 종업원들은 중소기업 종사자들보다 1.5배 이상의 높은 임금을 받고 고용 안정성과 부가적인 혜택이 높은 반면, 중소기업 종사자들은 낮은 임금과 열악한 고용 조건으로 노동하고 있는 것이다. 이러한 이중경제는 우리 사회의 압축적 발전 과정에서 선택과 집중이라는 어쩔 수 없는 측면도 있었지만, 지금은 우리 사회가 이러한 압축적 성장의 단계를 넘어 섰다. 그럼에도 여전히 대기업과 중소기업의 차이가 크다는 것은 대기업의 중소기업에 대한 우월적 위치가 시장논리로 작용하기 때문이다. 대기업과 정부가 협력하여, 이중경제의 개선을 위한 노력을 기울여야 한다. 그래서 대기업과 중소기업의 임금차이가 줄어들고 중소기업에서도 언제든지 대기업으로 자리를 옮길 수 있는 세컨드 찬스가 보장되어야 한다.

이중경제의 개선은 또한 청년실업 문제를 해결하고 청년세대와 기성세대의 갈등 요인을 완화할 수 있다. 청년실업의 가장 큰 원인 중 하나는 청년세대들이 대기업에서 근무하는 것만을 지망한다는 것이다. 이것은 청년들의 마음가짐이나 사고방식의 탓이 아니다. 이중경제 구조하에서 박봉과 낮은 수준의 근로 복지 환경의 중소기업을 기피하는 것은 자연스러운 현상이기 때문이다. 이중경제를 개선하여 대기업과 중소기업의 임금격차를 해소한다면 보다 많은 청년들이 중소기업에서의 근무를 지원하게 될 것이고 자연스레 청년 실업도 해소될 것이다. 더 나아가 기득권 중장년층이 일자리와 경제 자원을 독차지하고 있다고 믿는 청년세대의 반발심을 누그러뜨려 세대 갈등 해소에도 기여할 것이다.

또 하나의 이중경제는 정규직과 계약직의 임금 차이이다. 서구 국가에서는 계약직과 정규직의 임금 차이가 많이 나지 않는 반면, 우리나라의 계약직 근로자는 정규직의 60% 이하의 임금을 받고 있다. 정규직과 계약직의 임금 및 작업 조건의 격차를 개선하는 것도 우리 사회에서 시급히 해결해야 하는 과제이다. 이것은 또한 여성, 노년층을 위한 사회보장제도가 부족한 우리 사회의 현실에서 중요한 복지정책으로서의 의미도 갖는다. 여성의 경우 출산으로 인한 경력단절로 노동시장에서 언제든지 뒤쳐질 수 있는 어려움에 처해 있고, 노년층의 경우 퇴직을 하게 되면 일할 수 있는 곳이 제한되어 있어 생계유지가 어려운 상황이다. 계약직이나 중소기업의 임금과 작업조건이 높아진다면, 이들이 노동시장에 재진입해서도 큰 어려움 없이 경제생활을 할 수 있는 세컨드 찬스를 보장받게 될 것이다.

4. 공감적 도시 공간 창출 - 도시 씬 (Urban Scene)[71]

앞의 장에서 제시한 대로 공감의 창출을 위해서는 서로가 공유하는 무언가가 있는 것이 중요하다. 그것이 개인적 차원에서는 자기객관화와 숙의적 토의방법일 수 있고 집단적 차원에서는 한류와 같은 문화적 취향의 공유일 수 있다. 이러한 맥락에서 도시 공간적 차원에서는 한 공간의 문화적 취향을 공유할 때, 그 공간의 사용자, 거주민, 사업가, 방문자들의 공감도가 높아질 수 있는 것이다. 이러한 공간을 설명하는 개념으로 최근 제기되고 있는 것이 도시 씬이다.

도시 씬을 어의적으로 정의하자면 도시 내의 특정 공간에서 집중적으로 보이는 광경이라 할 수 있다. 이 집중적인 광경은 그 안에 독특한 문화적 표현과 정체성을 가지고 있다. 이 광경을 만들어 내는 것은 그 공간에 살고 있는 주민들, 그 공간에서 사업을 하고 있는 사람들, 그리고 그 광경을 위하여 시간과 자원을 소비하는 관광객과 소비자들이다. 중요한 것은 창조관광의 경우를 통해 볼 수 있듯 관광객과 소비자가 특정 도시 씬의 소비자이면서 동시에 생산자인 것처럼, 도시 주민과 사업자들도 도시 씬의 생산자이면서 동시에 소비자가 된다는 점이다. 예를 들어 최근 인기가 높아지고 있는 뉴욕의 미트패킹 지역의 경우를 통해 예를 들어 보자면, 그 지역에서 힙합 씬을 만들어 내는 사업자, 그 씬이 좋아 그곳으로 이사 온 주민들, 그리고 그 씬을 보고 찾아온 관광객들은 모두 미트패킹 지역 '힙합 씬'의 생산자이면서 동시에 소비자라고 할 수 있다.

이것을 도시사회학적 개념으로 다시 말하자면 도시 씬은 "도시 내의 문화 어메니티 구성과 소비를 위하여 형성된 특정 공간의 문화 어메니티 클러스터"라고 할 수 있다(Sliver, Clark and Yanez, 2010). 즉, 문화적 정체성을 가진 주민, 사업자, 그리고 문화 소비자가 만들어 내는 그 지역의 특징적 문화 어메니티, 그리고 행사의 집합체라고 할 수 있는 것이다. 여기서는 거주자, 사업자, 그리고 관광객의 연령, 직업, 경제력, 성별, 문화적 특징뿐 아니라 그들의 가치관도 씬의 특징을 보여 주는 주요 요인으로 간주할 수 있다. 또한 주변 환경은 자연적 주변 환경 뿐 아니라 인공적으로 건설되고 유지되는 주변 환경을 모두 포함한다. 또한, 각종 행사는 도시 씬의 특징을 보여 주고 결속력을 강화하는 소프트웨어의 역할을 한다.

도시 씬의 관점을 통해 도시를 본다는 것은 도시를 거주나 사업의 장소보다도 소비의 장소, 특히 문화소비의 장소로 보는 것이다. 도시 씬은 이러한 경향성을 가진 주민과 관광객들이 많을수록 더욱 강력한 영향력을 행사할 수 있다. 도시를 문화소비의 장소로 본다는 것은 무엇을 의미하는 것일까? 이에 대한 이해를 위하여 다음과 같은 상황을 살펴보고자 한다. 도시에서의 어떤 장소란 바라보는 사람의 입장에 따라서 그 강조점이 다를 수 있다. 예를 들어 거주자의 입장에서 도시의 장소를 평가할 때 중요한 것은 과연 이곳이 안전한지, 생필품 가게는 가까이 있는지, 병원에 쉽게 접근할 수 있는지, 그리고 보건환경 요인은 어떠한지, 이웃들은 어떤지 등을 주로 고려할 것이다. 반면에 도시장소를 직업과 일의 입장에서 바라보는 사람은 이곳에 일자리가 많은지가 우선적으로 고려될 기준일 것이다. 또 생산을 담당하는 사람들, 즉 기업가들은 이 장소에서 충분한 노동력을 공급받을 수 있는지가 주요 고려 사항일 것이다. 그런데 도시를 문화 소비자의 입장에서 바라보면 도시의 장소에서 전혀 다른 특성을 우선적으로 고려하게 된다. 즉, 그 장소가 자신이 선호하는 문화적 취향을 얼마나 제공하고 있느냐가 우선적 고려사항이 된다. 예를 들어 옷가게가 있다고 할 때, 주민의 입장에서는 이 옷가게가 겨울에 추위를 이길 수 있는 생필품을 공급하는 장소로 파악될 수도 있다. 일거리를 찾는 사람에게는 이 옷가게가 자신에게 새로운 일거리를 줄 수 있는 장소로 고려될 수도 있다. 하지만, 문화 소비자의 입장에서 보면 이 옷가게는 새로운 패션과 최근의 디자인을 알아보기 위한 장소인 것이다. 커피숍도 마찬가지이다. 거주자의 입장에서 커피숍은 아침 후에 모닝커피를 제공해 주는 장소일 것이다. 또 일자리를 찾는 사람은 바리스타로서 자신을 받아줄 수 있는 장소일 것이다. 하지만, 문화 소비자의 입장에서는 이 커피숍은 새로운 경향의 재즈 음악을 즐기는 만남의 장소인 것이다.

이렇듯 도시 씬으로 도시 공간을 본다면 도시는 거주 공간이나 생산 공간이 아닌 문화 소비의 즐거움을 제공하는 공간인 것이다. 이런 의미에서 씬이란 우리의 삶을 소비자로서 의미 있게 만드는 장소인데, 이것은 우리로 하여금 취향과 이상 그리고 가치관을 바탕으로 각각의 도시공간을 즐거운 곳, 혐오스러운 곳, 아름다운 곳, 추한 곳, 옳은 곳, 나쁜 곳으로 구별하게 하는 것이다. 결국 도시 씬은 공통의 문화적 취향, 바람, 희망, 꿈 그리고 그것을 이루고자 하는 에너지 등으로 사람들을 연결시키고 유대감을 형성시키는 공간이다. 이러한 유대감이 도시 내의 새로운 형태의 공동체를 형성하는 기반이 되는 것이다.

표 4.1에서 주의할 것은 거주 공간에서는 거주자만이 주된 참여자이고 생산 공간에서는 생산자만이 주된 참여자인데 반해, 씬에서는 지역 주민(거주자), 사업자(생산자), 그리고 관광객 모두가 문화 소비자라는 사실이다. 때문에 도시 씬의 형성은 그곳에 거주하거나 방문하는 등 그곳을 점유하는 모든 사람들에게 있어 일종의 공동체 의식을 함양하도록 만든다. 스트로우(Straw, 2002; 2004)에 따르면 도시 씬은 글로벌화의 과정에서 도시 내에 공동체의 친밀성을 제공하는 역할을 한다. 즉, 도시 주민들은 유대감과 공감을 회복하기 위하여 전 근대적 향수로 돌아갈 필요 없이 도시 씬은 통해 도시 삶에서의 새로운 소속의식을 갖게 되고 공감도를 높일 수 있다는 것이다.

표 4.1 씬, 거주 공간, 생산 공간의 비교

공간	신	거주 공간(이웃)	산업, 생산 공간
목적	경험	필요의 충족	일, 생산품
참여자	소비자	거주자	생산자, 근로자
물리적 단위	어메니티	집, 아파트	회사
사회유대의 기초	취향, 이상, 가치관	전통, 공통 출신지역, 공통 성장지역 등	일, 생산관계

출처: 실버 외(Silver, Clark, and Yanez 2010).

이런 점에서 도시 씬은 특히 공감을 바탕으로 하는 도시 내 문화공동체의 확장을 가져올 수 있다. 특히 기존의 두 공동체 개념, 지역중심 공동체와 네트워크중심 공동체를 통합하는 새로운 공감 공동체를 만들 수 있다. 즉, 씬이라고 하는 도시 내의 특정 공간은 지역을 공유함을 통해 상호작용과 공감을 형성할 수 있다. 이에 더하여 도시 씬은 도시 주민과 도시의 사업자들의 공통의 정체성과 취향을 기반으로 하기 때문에, 단지 근린이라고 하는 도시 내 다른 공간보다 더욱 긴밀한 상호작용과 깊은 공감대가 형성될 수 있다. 또한 그 특정 씬을 방문하는 관광객들과는 정체성과 취향을 통한 유대감을 바탕으로 하는 네트워크를 형성하여 네트워크 기반의 공감 공동체를 형성할 수 있다.

5. 갈등 해결 시스템의 모색

사회 불평등 구조를 반영하는 계층문제는 한국사회에서 정권교체의 중요한 이유 가운데 가장 큰 비중을 차지하며, 이 같은 경향은 정부 수립 이후부터 현재에 이르기까지 적용이 가능하다. 각 정권마다 갈등의 심각성과 대책에 대해 다양한 방안들을 제시하여 왔지만, 언론을 포함하여 대다수 사회 구성원은 정치인의 정치적 구호나 정부의 공공정책에 대해 냉소적으로 반응하였으며 극도의 불신을 표출하곤 하였다. 계층 갈등은 끊임없이 발생하고 또 심화되고 있기 때문에 갈등해소의 비용은 경제적 측면에서 상당할 뿐만 아니라 민주주의나 자본주의의 양립가능성에서 이를 조정하기 위한 제도적 전담기구와 민주적 운영이 필요하다는 점에서 미래사회도 이러한 상황으로부터 자유로울 수는 없다.

특히 공공선에 대한 맹목적 합일이나 편향된 선을 위해 막연한 희생을 강요하는 국가의 요구와 이에 대한 사회 구성원의 저항이 우려되는 상황에서 정책적 진단과 대응방안의 마련이 시급하다. 무엇보다 사회 구성원이 열심히 일할 수 있는 기회가 공정하게 제공되고 또 열심히 일한 만큼 잘살 수 있다는 기준선을 제시해야만 미래에 대한 발전가능성을 안고 성장의 동력을 확보할 수 있다. 나아가 균열된 사회의 편파적인 구조로부터 벗어나 공감사회의 토대를 마련하기 위해서는 나눔의 문화를 실천하기 위한 제도적 장치를 정비하고 올바른 가치체계를 정립하는 것이 필요하다.

먼저 사회발전 과정에서 발전국가 이후의 발전전략을 기존의 성장위주의 정책과 복지위주의 정책을 균형 있게 추진하되 사회적 공감대의 형성 등 구심점의 확보가 절실하다. 이는 그동안 한국사회가 효율성 위주의 개발주도형 발전전략 아래에서 시장의 합리성과 정치적 민주주의를 충분히 학습하지 못한 결과이다. 불평등 구조가 심화되고 사회 불만이 분출하면서 고비용-저효율의 문제를 구조 및 의식개혁의 논의로 수렴하지 못한 채 노동시장의 임금문제를 연기함으로써 갈등이 악화되고 있는 것이다. 정부의 역할도 갈등해결의 제도적 장치와 민주적 운영을 하지 못한 채 시장기제방식을 적절히 조정하지 못함으로써 투기세력 등에 의한 황금 및 천민자본주의 등 도덕적 해이현상을 배태하여 왔다. 요컨대, 보이는 손 또는 보이지 않는 손이 지배하는 것이 아니라 무원칙, 무신뢰, 무규범의 환경에서 불평등 구조에 의한 빈부격차와 계층 갈등이 심화된다고 할 수 있겠다.

둘째, 보다 근원적인 차원에서 볼 때, 급속한 경제성장에 비해 사회문화적인 차원이 상대적으로 지체되어 왔다는 데 유의할 필요가 있다. 외형상의 빈부격차도 중요한 문제지만 이에 따른 사회 구성원 간의 유무형의 사회문화적 격차가 심화됨으로써 갈등의 심화정도가 달라지고 있다. 한국사회의 문화구조에서 정경유착이 부를 형성하는 가장 효율적인 방법으로 지속되어 부의 축적과정에 대한 회의가 누적된 채 정부의 연기된 개혁으로 부의 축적에 비례하여 계층 갈등의 폭발성은 항시 내포, 축적되어 온 것이다. 특히 한국사회는 논리적 합리성보다 정서 및 감성을 중시해 온 문화체계를 바탕으로 투명성보다 융통성이 선행됨으로써 갈등의 해결과정에 대한 예측가능성이 상당히 뒤떨어져 있는 상태이다. 이는 민주화 과정에서 토론 및 합의 도출에 대한 학습과정이 생략된 채 공감사회에서의 시민성을 형성하지 못한 채 사회적 거래비용에 필요한 신뢰문화가 결여되어 있음을 말해 준다. 아울러 개인과 공동체에 의한 명분과 실리의 이원화된 구도 속에서 갈등해결의 구체적 기준이 상이하다는 문제점을 보여 주고 있기도 하다.

셋째, 갈등심화와 위기발생, 갈등증폭과 위기재발의 고리를 단절하는 것이 시급하며 갈등의 악순환 고리를 차단하기 위해서는 한국사회가 안고 있는 불평등의 심층구조를 분석하고 이에 기초한 문제 해결 방식이 필수적이다. 왜냐하면 1970년대 선진국 진입이 기대되었던 중남미 국가의 경우 계층문제를 비롯한 사회 갈등의 심화로 선진국 문턱에서 탈락하였으며, 선진국에 진입한 나라는 일본, 싱가포르 등 극소수 국가에 그치고 있다. 그러므로 한국사회도 계층적 대립과 갈등이 심화되고 이를 해결하지 못하고 또 다시 구조적 위기가 도래하면 선진국 진입은 요원해질 뿐이다. 갈등이 증폭되지 않도록 이해관계자들이 서로 타협하고 공동의 대안을 마련함으로써 더 이상 대립이 심화되고 갈등이 증폭되지 않도록 갈등의 불씨를 조속히 제거해야 한다. 그렇게 하기 위해서는 문제의 핵심을 제대로 파악하여 소모적인 논쟁을 회피하고 최저임금제 및 비정규직 등 사안의 중요성과 시급성, 그리고 계층적 갈등요소가 큰 현안부터 우선순위를 두고 접근할 필요가 있으며, 해결방안도 장단기 로드맵에 의한 점진적 개선과제로 전환하여 추진하는 것이 사회적 효과를 고려할 때 안정적이라고 할 수 있다. 특히 적폐청산이나 책임소재의 유무 등과 같은 과제에 대한 진단과 해결도 필요하지만 과거문제에 전적으로 매달리기보다는 경제회복, 고용창출, 민생복지를 향한 시스템의 개혁 등 미래의 정책방안에 대해 고민하는 것이 바람직하다.

넷째, 정책적인 차원에서는 갈등에 따른 사회 구성원 간의 위화감 조성과 관련하여 정부의 강력한 리더십과 함께 사회적 합의기제를 정착시키데 주력해야 한다. 정부가 보다 강력한 역할을 수행하고 임금협상이나 주택가격을 둘러싼 집단 및 지역 이기주의를 타파할 수 있는 제도적 장치를 강구하되, 과거의 정책 성공 및 실패

사례에 대한 분석 자료를 데이터베이스화 하여 지속적으로 활용 가능하도록 시스템을 합리적으로 개선, 보완해 가는 것이 효과적이다. 특히 법제도적 차원 이전에 사회적 신뢰와 경륜을 겸비하고 사회적 모범이 되는 인적 자원에 대한 조사와 축적을 통해 갈등 완화의 사회적 기구에 참여 시켜 민주적 운영이 이루어지도록 해야 한다. 무엇보다 사회 갈등과 관련하여 구성원이 위기의식을 공유하고 서로 조금씩 양보하면서 사회적 합의기제에 협력하지 않으면 모두가 어려워진다는 절박감을 가지고 임하도록 하는 것이 필요하다.

다섯째, 기술적인 차원에서는 갈등을 완화하기 위한 관리 및 조정기구가 다양한 수준에서 작동되도록 조치하고 주택이나 세금문제와 같은 큰 사안은 중앙 차원에서 갈등관리를 전담하는 것이 바람직하다. 보다 작은 문제들은 지역 및 집단 수준의 갈등현장에서 상황에 대한 전문가 집단의 정확한 진단과 사회적 여론수렴과정을 통해 지역자치단체가 자율적으로 결정할 수 있어야 한다. 계층집단의 대표들은 구성원들의 요구와 의사를 정확하게 파악하고 이를 대변하여 사회적 협약에 공정하게 반영하도록 노력해야 한다. 가정, 학교, 지역사회에서는 생활세계의 기초문제에서부터 사회적 현안에 이르기까지 토의, 협상, 합의의 학습경험을 누적적으로 축적할 수 있도록 교과과정을 재편하고 운영하는 것이 필요하다.

여섯째, 우리 사회에 노블리스 오블리제(Noblesse Oblige)의 올바른 정착과 실천이 이루어져야 갈등을 완화하고 사회적 연대감을 강화시킬 수 있다. 특히 계층 갈등의 궁극적인 해결을 위해서는 지도층의 의식과 행위가 중요하며 사회 갈등과 균열을 완화하는 데 앞장서야 한다. 왜냐하면 상위계층이 국민의 신뢰를 받지 못하면 사회통합을 이끌어 내기 어렵다는 것이 동서고금을 막론한 역사의 가르침이다. 노블리스 오블리제의 전통이 힘을 발휘할 때 국가가 융성하고 그 정신적 축이 힘을 잃으면 국가는 퇴조해 왔다. 노블리스 오블리제는 주어진 사회가 지속가능한 발전을 유지하기 위해 갖추어야 하는 기본 조건인 것이다. 군대 및 전쟁에 우선적으로 참여하게 하는 지도층의 행태는 영국과 일본의 사례에서 극명하게 대조적인

표 4.2 사회발전단계와 갈등관리 방식

	산업화 (1961-1986)	민주화 (1987-1997)	위기 (1997-2008)	정보화 (2009-)
갈등양태	사회 갈등억압 계층문제잠재	사회 갈등폭발 계층문제확산	사회 갈등지속 빈부격차심화	사회 갈등분화 공감 능력부재
갈등대응	강제된 이념통합 복지억압	유화적 갈등관리 복지지향	사회적 안전망 복지개혁	다원주의 처방
갈등결과	표면적 성공	이면적 위기 초래	일시적 위기 극복	위기관리시스템
성공모델	싱가포르	영미	네덜란드	새로운 고유모델
실패모델	브라질	동남아	멕시코	러시아

것으로 나타나고 있다. 같은 맥락에서 한국사회에서 부, 권력, 명예 등 사회적 자원을 가진 지도층이 불평등구조를 개선하는 데 솔선수범하고, 일정한 수준 이상의 도덕성을 가지고 예식 및 장례 절차에서와 같은 실제 생활세계에서부터 작지만 아름다운 실천이 이루어질 때 갈등해소에 대한 진정한 사회적 효과가 나타난다고 하겠다.

이와 같이 지속가능한 사회발전을 위해서는 사회 갈등의 완화가 필수적이고, 역으로 계층문제를 비롯한 사회 갈등을 완화할 수 있는 사회통합기제가 작동하지 않으면 지속적인 사회발전은 불가능하다. 그렇다고 강제된 통합으로는 한계가 있으며 사회 구성원들이 납득하고 참여하는 사회통합을 실현하는 것이 바람직한데, 이를 위해서는 대외여건과 한국의 토양에 맞는 갈등완화의 모델을 창출하고 정착시키는 데 지혜를 모아야 한다. 정권교체에 따라 무늬만 달리하거나 또는 무분별한 정책통합을 탈피하고, 표 4.2에서 제시하듯이 세계 각국에서 검증된 사회통합의 방법들을 비교분석하여 한국사회에 적합한 방식을 창안함으로써 향후 사회발전에 관한 사회통합방식의 최적화를 모색할 단계에 와 있는 것이다.

계층 갈등은 주택문제, 중산층의 몰락, 문화적 향락퇴폐, 과소비문화의 확산, 실업문제, 사회경제적 약자 등에 대한 문제를 종합적으로 검토하고 희망과 비전을 제시할 수 있는 구체적인 정책적 방안을 필요로 한다. 예를 들어 소득분배보다 사회적 균열이 더 심각한 자산투기의 병폐를 차단하기 위해서는 싱가포르의 사례에서와 같이 토지 공개념에 기초한 개발이익금 환수가 필수적이며, 기업 및 개인 차원에서 나눔의 문화를 용이하게 실천할 수 있는 제도적 요건을 완화할 필요가 있다. 특히 계층문제로 인한 집단의 불신감 및 적대관계를 해소하기 위해서는 사회적 요구에 대한 의견수렴과정이 전제가 되며, 사회 구성원의 지지를 받는 사회적 권위조직체 형성과 지속적 활동이 필수적이다. 상류층의 과소비와 허영 및 허례허식을 타파하기 위해서는 제도적 차원보다는 노블리스 오블리제의 형성과 같이 사회문화적 차원에서 접근해야 한다. 아울러 부의 획득과정에 대한 잘못된 사회의식을 바로잡기 위해서는 성장과 나눔의 가치에 대한 올바른 교육이 필요하며, 정보화과정에 의한 새로운 계층구조의 형성과 함께 SNS에 따른 계층 갈등의 구조화정도가 높아지는 흐름에 대비하기 위한 교육과정과 가치체계에 대한 정비가 시급히 요청된다. 계층 갈등의 균열구조를 완화하기 위해서는 3만 불 시대와 같은 구호중심보다는 실제 삶의 속에서 부딪치는 이해관계와 가치충돌을 어떻게 해결할 것인가라는 현실적인 관점에서 투명한 해결방안을 모색해야 한다.

이렇게 볼 때, 갈등에 대한 시스템 차원에서의 해결방안은 공감사회에 있으며, 이때 공감은 사회 구성원이 합리적이고 공정하게 우리 모두를 대하고 우리가 자신에게 기대하듯이 다른 사람에 대해서도 사회적 협력 차원에서 공공선에 관한 합의에 도달하도록 하고자 하는 모든 노력을 말한다. 물론 공감사회가 단일하고 동일한 이념에 의한 동질적인 사회를 추구하거나 창출하고자 하는 것은 아니다. 오히려 다양한 관점과 의견을 포함하는 이질적이고 다원화된 사회 속에서 갈등을 해소하는 사회를 말한다. 사회적 자원을 특정한 계층이나 집단이 독점한다면 권력 및 지위 남용에 의한 부정한 축재 및 부패가 만연하고 시대착오적인 정실인사로 점철된 잘못된 관행을 통해 불평등이 더욱 심화되고 진정한 자유를 잃어버릴 것이다. 그렇기 때문에 권력, 부, 지위의 분산이 필요하며 관련 제도적 기구의 독립성을 전제로 사회적 자원이 편중되지 못하게 할 때, 공감사회는 필수조건으로 구성원의 이성과 감성의 자유를 보장받고 발전할 수가 있다.

사회적 차원에서 공감의 효과는 빈곤층과 소외층을 포함하는 사회적 약자를 돌보는 사회로 만드는 데 있다. 아이들을 보살피는 정도로 노약자를 보호하고 환경문제도 생계문제에서와 같이 신중하게 대한다면, 모든 구성원들이 전체 사회의 공공선에 대한 소유자임을 자각하고 이러한 책임의식을 기반으로 이웃과 지역의 연대감도 더욱 강화시킬 수 있다. 아울러 공감의 사회는 공동체적인 삶의 질을 향상시키기 위한 의사결정에 참여하여 구성원의 의식과 규범 수준을 높일 수 있으며 공간적으로도 지역, 국가, 국제의 범위로 확장하는 것이 가능하다. 이러한 공감능력의 확장과정은 인간의 개인적 본성과 사회적 성격의 접점을 지향하고 있으며, 인간 생존의 경계를 넘어 환경을 포괄하는 생태학적 피드백과 함께 미래사회의 새로운 의미 영역을 내포하고 있다(Rifkin, 2010).

갈등을 해소하고 사회적 합의를 도출하기 위해서는 모든 구성원이 이해관계를 수면위로 표출할 권리를 가질 필요가 있지만 동시에 다른 사람의 의견을 함께 경청하고 정서적으로 공감할 수 있는 신뢰구조가 마련되어야 한다. 불평등 문제와 해법에 관해 의견이 다르다고 구성원들이 위축되는 사회는 결국 공감사회의 사회적 토대를 붕괴하는 것으로 끝날 가능성이 높다. 공감의 사회에서는 모든 구성원이 공공선을 적극적으로 추구하고 사회경제적 불공정 사례에 대하여 활발하게 비판하며 자유롭게 의견을 개진함으로써 해결방안을 자발적으로 찾아갈 수 있어야 한다. 불평등문제에 관해 무관심하지도 않을뿐더러 자신이 지지하는 견해에 침묵이나 부끄럼으로 임해서도 안 되며, 사회 구성원으로서 동일한 자유와 권리를 보장하고 부정부패를 방지하는 데 지속적으로 노력함으로써 모두가 동등하게 대우받는 공정한 사회로 가야 한다.

1 passion은 열정이나 욕정의 의미가 있지만, 원래는 기독교의 예수 수난과 관련된 용어로 볼 수 있다.

2 최근에는 카렌 암스트롱과 같은 종교학자들이 compassion을 종교적 공감의 의미로 사용하기도 한다.

3 애덤 스미스는 sympathy를 사용하였지만 내용상 지금의 empathy와 동일하다.

4 설문조사기관 갤럽의 세계설문조사결과를 통해서 행복지수를 산출한다.

5 "32% "정규직-비정규직 임금격차 유지를" … 능력주의 인식 반영", 한국일보, 2019.06.07.

6 "자산격차 지수, 소득격차의 3배 육박", 2018.10.08.

7 "56위지만 … "한국 정부, 불평등 해소 노력 모범 사례", 경향신문, 2018.10.09.

8 갈등에 대한 정의는 다양하지만 본 글에서는 차이에 집중하여 이러한 개념을 사용하도록 하겠다.

9 실제로 보고서를 살펴보면 당시 집권 대통령이던 박근혜 전 대통령에 대한 평가가 보수집단에서는 60.5점으로 높은 점수를 받고 있지만 반대로 진보집단의 경우 37점을 준 것을 볼 수 있다.

10 레드 콤플렉스는 당시 공산주의에 대한 공포심을 뜻한다. 이는 다양한 원인으로 형성되는데 실제 경험한 공포로 인해서 형성되기도 하지만 막연한 공포를 뜻하기도 한다. 대부분 미디어와 교육의 영향을 크게 받는다고 주장하고 있다. 국내 사례를 보면 〈똘이장군〉이란 만화영화에서 북한을 마왕이 지배하는 나라, 북한군을 늑대로 표현하는 등을 통해서 북한과 공산주의에 대한 공포감을 조장한 경우라고 볼 수 있다. 교육의 경우도 북한에 대한 실체 없는 공포감을 심어 줌으로써 공산주의에 대한 막연한 공포감을 가져왔다고 볼 수 있다.

11 미국과 마찬가지로 실제로 간첩이나 친북반체제 인사들을 색출하기도 하였지만 대부분의 경우 공산주의와 관계없는 자신들의 의견에 반하거나 자신들을 견제하는 세력들을 견제하기 위해서 사용되었다.

12 매카시즘에 대해서 연구하는 학자들은 매카시즘이 미국의 상원의원인 조지프 매카시를 통해서 형성된 개념이기 때문에 한국사회에서 진정한 의미에 매카시즘이 형성된 것은 이 이후라고 보는 견해가 많다. 앞에서 언급했듯이 매카시즘이 형성된 것은 일부나 개인의 의견이 사회

적으로 이슈화되면서 국가적인 제도나 수단을 이용해서 이를 이용하는 경우이기 때문에 국내에서 매카시즘이 형성된 것은 개인의 의견이 국가에 반영되기 시작한 이 시기라고 보는 의견이 많다. 하지만 본 글은 한국사회에서 색깔론이 어떻게 전개되었는지를 살펴보기 위한 글이기 때문에 매카시즘의 개념과 한국에서의 색깔론에 개념을 구분하지 않도록 하겠다.

13 경향신문 1994.7.19. "일부 운동권은 김정일 장악아래 있다. : 북에서 팩스로 지시받아"

14 조선일보 1994.08.27. 사설 "그래도 지구는 둥글다"

15 한겨레 1995.01.03. "좌경화 않겠다 서약서 서강대 입시서 강요"

16 위 연구에서도 언급하고 있지만 이념에 대한 인식 중 가장 높은 비율을 보인 것은 '독재 대 민주'라는 응답이지만 한국사회가 오랜 시절 독재정권 아래 있었고 아직 민주화가 이뤄진 지 오래되지 않았기 때문에 경험적으로 형성된 응답이라고 볼 수 있다. 즉, 앞서 살펴본 이념에 대한 많은 학자들의 정의를 볼 때 이는 이념적인 인식보다는 경험적으로 한국사회에서 형성된 이념에 대한 인식이 지속성을 가지고 있는 것으로 볼 수 있다.

17 지역주의와 지역감정을 다른 개념으로 보는 주장도 다수 존재한다. 지역주의는 보다 사회과학적이고 정치적인 견해를 중심으로 생각하고, 지역감정은 보다 사회심리학적으로 각 개인, 집단별로 형성된 다른 지역에 대한 적대감 혹은 자신의 지역에 대한 애향심으로 정의하는 경우가 많다. 하지만 두 개념이 가지고 있는 공통적인 요소가 존재하고 학자마다 두 개념을 구분하는 것이 상이하므로 같은 맥락에서 사용하도록 하겠다.

18 통계청 조사를 살펴보면 지역 간 갈등이 있는지에 대한 인식은 20-30대보다 40-70대 사람들에게 더 높은 수준을 보여 주고 있다. 물론 젊은세대 역시 지역 갈등이 심하다고는 생각하지만 '약간 심하다'라는 의견이 많았으며 기성세대의 인식은 '약간 심하다'라는 인식과 '매우 심하다'라는 인식이 비슷하게 나타났다.

19 물론 이전에도 앞에서 언급했듯이 지역을 정치적인 기반으로 이용한 정치인들과 이로 인한 지역감정이 조장되기도 하였지만 유권자에게 직접적으로 영향을 주게 된 시점과 지역감정이 폭발하게 된 시점이 5.18 민주항쟁 이후라고 보는 견해가 많다.

20 대표적인 예로 강남과 강북은 지역격차로 볼 수도 있지만 현재 진행되고 있는 양상을 본다면 각 지역의 격차로 인한 상대적 박탈감과 상대적 우위감으로 인해서 서로의 지역을 비방하는 모습으로 번질 가능성이 있다고 볼 수 있다.

21 "어린이 프로그램 성차별 심각...외모지상주의, 성역할 고정". 뉴시스, 2018.07.26.

22 Lee. J. K, 2011, "Imagining the South Korean Family beyond Patriarchy", Korean Families: Continuity and Change, Seoul: SNU PRESS.

23 통계청의 여성의 경제활동 국가 간 비교를 통해서 살펴볼 때 미국의 경우 여성의 경제참여율은 65%로 나타나며 일본의 경우도 이와 비슷한 64%로 나타난다.

24 헌재 1999. 12. 23. 98헌마363. "제대군인지원에관한법률 제8조 제1항 등 위헌확인" (제대

군인지원에관한법률 제8조 제3항, 제대군인지원에관한법률시행령 제9조)

25 "청와대 달군 '여성 징병제 청원' …文대통령도 "재밌는 이슈 같다"", 조선일보 ,2017.09.13.

26 "남자도 '취가' 가고 싶다… 성역할에 반기 든 '이남자'", 세계일보, 2019.04.18.

27 더 자세한 가치관의 차이에 대해서는 세대 갈등 부분에서 언급하도록 하겠다.

28 "성평등 할수록 삶의 만족도 역시 높다!" http://hiworkingmom.com/bbs_detail.php?bbs
_num=14&num=&tb=board_g.

29 Mannheim, Karl, 1952 "The Problem of Generation", in Essays in the Sociology of
Knowledge. Newyork, p.283. Macmillan. 본 글에서 만하임은 동시대의 비동시성이란 경험
의 질과 사회를 바라보는 시각이 다르고 다른 방식으로 살아가는 세대가 공존하고 있다는 의미
에서 사용하였다.

30 "노인 보는 청년 시선이 어둡다.", 조선일보, 2018.03.17.

31 "친정엄마 기피증, 친정엄마와 갈등이 생기는 3가지", 밝은희망가족상담센터, http://www.
brightfamily.co.kr/%EC%B9%9C%EC%A0%95%EC%97%84%EB%A7%88-%EA%B8%B0
%ED%94%BC%EC%A6%9D.

32 또한 세대 갈등은 세대차이와 마찬가지로 그 정도의 차이는 있지만 어느 시대, 어느 지역에
나 존재하는 갈등이다.

33 ""XX" 롤 세대 아들 욕설에…삼국지 세대 아빠는 소름돋았다." 중앙일보, 2019.06.07.

34 Kramer, Samuel Noah. 1963 "The Sumerians: Their history, culture, and character"
p.244. 부모가 공부를 하지 않는 자식을 책망하는 내용이다. 부모 세대에 비해 많은 것이 풍요
롭고 편리한 세상이 되었는데도 노력을 하지 않는다는 훈계를 하고 있다.

35 갈등은 집단마다 다르게 형성된 가치관으로 형성된 추구하는 목표와 이해관계의 차이로 발
생한다.

36 네이버 국어사전에서 '공감'이라고 검색했을 때 이런 정의가 나온다.

37 가장 수탈량이 많았고 생산량이 많았던 1928년 기준으로 볼 때.

38 행정안전부 과거사 관련 업무지원단 자료 참고.

39 압축적 근대화와 압축적 근대성에 대한 개념은 장경섭, 2009, 『가족, 생애, 정치, 경제 압축
적 근대성의 미시적 기초』, 창작과 비평을 참고하여 작성하였음.

40 OECD survey 데이터를 가지고 김희삼(2018)이 재정리한 것을 인용하였다.

41 중앙일보 2019.01.15. "우리 애도 예서처럼"…'SKY캐슬' 인기에 학원가 컨설팅문의 급증.

42 토큰포스트 2017.12.05. 설문조사: "비트코인 구매한 적 있다" 25.8%… "블록체인 잘 모르
겠다" 49.7%.

43 엄밀히 말해 재수라는 두 번째 기회가 있긴 하지만, 이는 청년기의 1년이라는 큰 시간적 비
용과 재수학원비 등 각종 경제적 비용을 고려해 보면 웬만해선 누구라도 흔쾌히 감내하고 싶지

는 않을 것이다.

44 본 그림 출처는 "국민 2명 중 1명, SNS 이용… 지난해 하루 사용시간 13.8분 감소", 매일경제, 2019.06.09. https://www.mk.co.kr/news/it/view/2019/06/396687

45 독일 아우스부르크 대학의 연구자 라이너 켈러는 『미셸 마페졸리 – 공감』이란 저술을 통해 마페졸리의 사회학을 공감의 사회학으로 연구한 바 있다. 우리는 프랑스 사회학에서 독특한 위상을 차지하는 그의 연구를 '공감과 이마지네르(l'imaginaire)'의 사회학이라고 정의할 것이다. Reiner Keller, Michel Maffesoli, Eine Einfühlung, UVK Verlagsgesellschaft mbH, Konstanz, 2006.

46 필자는 한국어 공감(共感) 개념을 영어 'empathy'와 동일한 개념으로 사용할 것이다.

47 테오도르 립스(Theodor Lipps, 1851–1914)는 로베르트 피셔의 공감(Einfühlung) 개념을 예술과 미학 영역에서 연구하여 확장 심화하였다.

48 "Barack Obama and the Empathy Deficit", Gardian/Observer, January 4, 2013. Lanzoni p.5. ⟨https://www.theguardian.com/science/2013/jan/04/barack-obama-empathy-deficit⟩

49 '동정심(Sympathy) 관련 데이비드 흄의 또 다른 논의'는 Hume, David. 2006. An Enquiry concerning the Principles of Morals: a critical edition. Vol. 4. Oxford University Press. 를 참고할 것.

50 이하는 C. Daniel Batson의 논문 'These Things Called Empathy: Eight Related but Distinct Phenomena' (in The Social Neurosience of Empathy, edited by Jean Decety and William Ickes, Massachusetts: MIT Press, 2011. pp.3-8) 가운데 여덟 가지로 분류한 공감의 내용을 요약 정리한 것이다. 위에서 언급한 여덟 가지 공감 관련 원문 제목은 다음과 같다. 1) Knowing another person's internal state. 2) Adopting the Posture or Matching the Neural Responses of an Observed Other, 3) Coming to Feel as Another Person Feels, 4) Intuiting or Projecting Oneself into Another's Situation, 5) Imagining How Another is Thinking and Feeling 6) Imagining How One Would Think and Feel in the Other's Place, 7) Feeling Distress at Witnessing Another Person's Suffering, 8) Feeling for Another Person Who is Suffering.

51 사이버공간과 소셜미디어상에서 리좀적 뻗어나가기는 근대가 형성한 주체의 정체성을 해체하고 산포(dissemination)적이고 다중적인(multiple) 정체성을 구성할 수 있다. 공간의 사이버화와 탈물질화가 중첩되어 개인의 정체성 문제뿐만 아니라 공감과 감성의 양태도 끊임없이 진화 가능할 것이다.

52 Michel Maffesoli. 2003. Notes sur la postmodernité – le lieu fait lien. Editions du Felin. p.26. 근대의 합리성과 보편적 이상이 제도화한 것들 – 역사, 국가, 민족 등 –에 저항하

거나 그것을 해체하는 유효한 수단으로 포스트모더니티의 비등성과 아노미 현상을 꼽을 수 있을 것이다. 달리 말해 미셸 푸코(Michel Foucault)가 말하는 '권력-지식'으로서의 근대 담론에 대항하는 문화형식은 포스트모더니티 현상이다. 특히 들끓음과 아노미 현상은 기존의 정립된 합리성의 형식이나 제도를 거스르고 – 인터넷과 플랫폼 기반의 소셜미디어 상에서 – (조르주 바타이유적 의미에서) '비생산적인 탕진'과 과잉을 특징으로 하는 새로운 문화형식의 가능성을 보인다. Vincenzo Susca. 2016. Les Affinités connectives. Paris : Edition du Cerf. pp.19-20.

53 Émile Durkheim, Les formes élémentaires de la vie religieuse, Puf, 1960, p.295. 이하 모든 인용은 프랑스어 원문을 기준으로 한다. 한국어 번역판 에밀 뒤르케임, 노치준 외 옮김. 1992. 『종교 생활의 원초적 형태』. 민영사.

54 뒤르켐은 '코로보리'는 엄격한 의미에서 종교적인 제의와 구별되어야 한다고 주장한다. 코로보리가 진행되는 동안 "여성과 비입문자(les non-initiés)에 접근"할 수 있기 때문이다 (Durkheim, 1960, P.307).

55 스펜서와 길렌은 이를 'The peaceful monotony of this part of his life'라고 기술한다 (Durkheim, 1960).

56 (미셸 마페졸리)"사회적으로 주어진 모든 것의 구체적이고 실험적인 면을 주장하는 사람들은 '함께-존재함'의 근본적인 역할을 강조하지 않을 수 없을 것이다." Karl Mannheim. 1956. Sociologie et utopie générale. Paris : M. Rivière, p.127.

57 이 장에는 장원호가 기 출간한 논문의 일부분이 재구성되어 담겨 있다.

58 "네트워크 시대의 특징으로 개인의 부상(indicidual's empowerment)을 꼽은 마누엘 카스텔(Castells, 2009) … 객체들 간의 의사소통을 통하여 지식정보의 네트워크를 확장되며 의미를 더불어 하면서 사회가 변화한다"(김호기, 경향신문, 2016.10.11.) http://news.khan.co.kr/kh_news/khan_art_view.html?art_id=201610112116005

59 '커버(cover)'는 팬 코스프레의 일종으로, 커버댄스는 특정 가수의 노래를 부르거나 퍼포먼스에 해당하는 댄스를 모방하는 행위를 가리킨다. SNS를 통한 커뮤니케이션이 활성화된 후에, 팬들은 스타에 대한 애정표현으로 스타의 퍼포먼스를 모방하고 실현하면서 한류의 파생 콘텐츠라 할 수 있는 커버댄스 콘텐츠를 재생산한다.

60 초기 방시혁 프로듀서는 '총소리가 난무하는 무법지대, 빈민가 등에서 당당히 살아남을 수 있는 실력자에 착안'하여 그룹명을 지음. 해외 활동이 늘어나면서 국내외 언론에서 '방탄소년단'이라는 한국식 그룹명보다 'BTS'로 불리고 있는데, BTS는 'Beyond the Scenes'이라는 새로운 의미를 가지게 되었다.

61 "BTS의 연이은 해외에서의 성공은 남다른 측면이 있다. … 이들의 성공은 대형 기획사와 방송의 지원 아래 다년간의 세계 공연투어와 연예활동을 통해 다다른 것이 아니라 작은 기획사에

서 출발해 단기간에, 그리고 방송의 별다른 지원 없이 이룬 것이다. BTS는 인터넷 개인방송 채널과 소셜네트워크서비스를 통해 세계의 팬들과 한국어로, 생방송으로 직접 소통한다. BTS는 멤버들이 직접 음악 생산에 참여하고, 가사와 뮤직비디오에 '메시지'를 담고 있다. 그래서 아이돌 비판의 최우선적 요소였던 두 가지, 즉 남의 음악을 하는 창의적이지 못한 엔터네이너일 뿐이라는 지적과, 외모와 퍼포먼스만 아름답고 '생각'은 없다는 비판까지 무효화한다." [홍석경의 한류탐사] 세계와 직접 소통하는 아이돌(중앙일보 2017.03.11.) http://news.joins.com/article/21360182

62 JTBC, 〈이규연의 스포트라이트〉 중 미국 ARMY 1명과 미국 음악 평론가 인터뷰를 인용함.

63 BTS가 공항 입국 시에 파파라치나 극성팬들의 접촉에 방해받지 않도록 BTS 미국 팬들이 ARMY를 상징하는 보라색 끈으로 줄을 서서 BTS가 안전하게 이동할 수 있는 라인을 만들었던 캠페인임. 퍼플 리본 프로젝트의 실천을 촬영한 동영상이 공개되면서 한국을 비롯한 전 세계 ARMY들로부터 찬사를 받으며 BTS 팬문화의 하나로 인식되고 있음.

64 "서비스 사용자가 콘텐츠 창작에 참여하는 아이디어와 그 간의 네트워크의 형성됨을 평가하거나 또는 자신의 경험을 나눌 수 있다. 작성된 댓글을 통하여 콘텐츠에 대한 흥미로운 부분, 공감, 인상 등을 자기의 느낌, 지식까지 공유할 수 있게 된다." (SMIC, 2018.11.03., p.8–10)

65 10대부터 60대까지 팬들이 BTS의 음악이 어떻게 자신의 인생을 바꾸어놓았는지, 어떻게 자신을 구원했는지 고백하는 활동임.

66 "방탄소년단은 해외에서 주목을 받고 나서도 그 시장의 눈에 들기 위해 모든 것을 맞추지 않고, 자신들의 것을 유지하고 음악 장르에 있어서만 트렌드를 빠르게 따라 잡았다. 이들은 오히려 한글 가사를 고집하고 K-Pop 특유의 색깔을 유지했으며, 한국의 팬덤문화를 전 세계에 퍼트렸다."(헤럴드경제, 특집 BTS-Alive, 3)

67 앞의 제2부 제3장 참조

68 인지부조화 이론은 자신의 기존 인지와 일치하거나 맞지 않는 상황을 받아들이기 어려운 심리적 상황을 의미한다. 이솝우화의 여우와 신포도가 매우 재미있는 예이다. 하루종일 나무 위에 달린 포도를 먹기 위해 노력했지만 실패한 여우가 뒤돌아서면서 하는 말은 '저 포도는 아주 신포도일거야'이다. 즉, 자신이 포기한 포도가 정말로 맛있는 거라면 그 상황을 받아들이기 너무 어려워 오히려 실거라고 믿고 싶은 심리는 우리 모두가 가지고 있다.

69 베버는 그에 더하여 근대사회에서 개인주의가 발달함에 따라 개인의 가치를 바탕으로 하는 가치 합리적인 행위도 근대사회의 중요한 사회적 행위로 출현하였다고 설명한다.

70 확증편향은 사람이 기존에 가지고 있던 신념에 맞는 정보만을 선별적으로 인식하고 수용하는 것을 통해 원래의 신념에 더 사로잡히게 되는 성향을 가리킨다.

71 이 절의 내용 일부는 장원호의 기 출간된 논문들을 중심으로 재구성하였다.

참고문헌

강량. 2013. 「한국사회 세대 갈등 현상의 원인과 해소방안에 관한 소고」. 『대한정치학회보』 21(3). pp.261-289.

강익모·송정은. 2017. 「인간의 조건을 위한 영화 '블레이드 러너' 엔터테인먼트적 기호 연구」. 『한국엔터테인먼트산업학회논문지』 11(8). pp.253-266.

강주성. 2015. 『대한민국 병원 사용 설명서』. 고양: 행복한책읽기.

고용노동부. 2018. 근로형태별 근로임금조사.

국정기획자문위원회. 2017. 문재인 정부 국정운영 5개년 계획.

권경우. 2008. 「승자독식사회와 바보들의 행진」. 『실천문학』. pp.378-384.

권오현. 2017. 「고독의 역사사회학」. 『한민족문화연구』 64. pp.119-150.

김동춘. 2002. 「유교(儒敎)와 한국의 가족주의 – 가족주의는 유교적 가치의 산물인가?」. 『경제와 사회』 55. pp.93-118.

김동윤. 2007. 「좋은 삶과 웰빙 지향성의 공간」. 『사회비평』 38. pp.131-132.

김성철. 2017. 『This is 방탄 DNA』. 서울: 독서광.

김수이 편. 2006. 『한류와 21세기 문화비전: 욘사마에서 문화정치까지』. 파주: 청동거울.

김순영·정희정. 2010. 「인터넷 기반 비전문가 자막번역. Fansubs에 대한 연구의 필요성 고찰」. 『번역학연구』 11(4). pp.75-97.

김연순. 2008. 『하이브리드 컬처』. 서울: 커뮤니케이션북스.

김영미·한준. 2007. 「금융위기 이후 한국 소득불평등구조의 변화: 소득불평등 분해. 1998-2005」. 『한국사회학』 41(5). pp.35-63.

김용석, 송진희. 2018. 「대인관계·사회적 공감 척도의 개발」. 『한국사회복지행정학』 20(3). pp. 127-159.

김용희. 2007. 「공감 능력과 관련된 성격특성 및 성차」. 『한국심리학회지: 건강』 12(3). pp.573-585.

김원식. 2002. 「한국 사회의 진보와 민주주의의 발전: 진보-보수 논쟁의 국면전환을 위한 제언」.『사회와 철학』4. pp.51-78.

김윤정. 2004.「청년 중년 노년세대별 노인에 대한 태도」.『한국가정관리학회지』22(1). pp.65
    -75.

김정선. 2004. 문화간 의사소통 능력 향상을 위한 한국 언어. 문화 교육 프로그램 개발 연구: 원
    어민 영어 보조 교사의 요구분석을 중심으로. 연세대학교 석사학위논문.

김진환. 2013.「반동의 추억: 김일성 사망과 조문정국」.『민족문화연구』59. p.3.

김헌태. 2018.『초소통사회 대한민국 키워드』. 서울: 21세기북스.

김희삼. 2018.『저신뢰 각자도생 사회의 치유를 위한 교육의 방향』. 한국개발연구원 연구보고
    서.

로먼 크르즈나릭. 2014.『공감하는 능력』. 김병화 역. 서울: 더퀘스트.

메조미디어. 2018.『2018 디지털 동영상 이용 행태 조사』.

멘슈어 올슨. 2013.『집단행동의 논리: 공공재와 집단이론』. 최광·이성규 외 역. 서울: 한국문
    화사.

문화관광부. 2005. 〈한류의 지속·확산 방안〉 보도자료.

미셸 마페졸리. 1997.『현대를 생각한다』. 박재환·이상훈 역. 서울: 문예출판사.

미야라 가부코. 2011.『사회적 자본과 인터넷』. 서울: 커뮤니케이션북스.

박경미·한정택·이지호. 2012.「한국사회 이념 갈등의 구성적 특성」.『한국정당학회보』11(3).
    pp.127-154.

박기수. 2011.「One Source Multi Use 활성화를 위한 문화콘텐츠 스토리텔링 전환 연구」.『한
    국언어문화』44. pp.155-176.

박길성·김호기. 2007.「한국사회의 갈등구조와 사회통합」. 한국사회학회 심포지움 논문집.
    pp.113-132.

박민. 2012.「인지적 공감과 정서적 공감: 정신병리와 심리재활에의 함의」.『재활심리연구』
    19(3). pp.387-405.

박선영. 2019. 대학생의 사회공헌활동과 사회적 공감에 대한 연구서울대학생을 중심으로. 서
    울시립대학교 석사학위논문.

박성희. 1994.『공감, 공감적 이해』. 서울: 원미사.

박성희. 2004.『공감학』. 어제와 오늘. 창지사.

박재복. 2005.「한류. 글로벌 시대의 문화경쟁력」. SERI 연구에세이. 삼성경제연구소.

박재흥. 2005.『한국의 세대문제: 차이와 갈등을 넘어서』. 파주: 나남출판.

박중훈·류현숙. 2011. 『공정사회와 갈등관리 세트』. 서울: 박영사.

박찬웅, 2000. 「사회적 자본, 신뢰, 시장: 시장에 대한 사회학적 접근」. 한국사회학회 심포지엄 논문집. pp.79-110.

박태균. 2014. 「탈냉전 이후 한국적 매카시즘의 탄생: 조문파동과 주사파 발언을 통해 드러난 매카시즘」. 『역사와 현실』 93. pp.177-207.

법무부. 2019. 출입자 및 체류 외국인 통계.

사이람. 2018. 소셜미디어와 노랫말을 통한 BTS의 콘텐츠 분석.

서문기. 2004. 「한국의 사회 갈등 구조 연구: 갈등 해결 시스템을 모색하며」. 『한국사회학』 38(6). pp.195-218.

서문기. 2014. 「한국사회의 갈등구조와 계층 갈등」. 『국제지역연구』 23(1). pp.27-52.

서정주. 2002. 『한국의 지역주의:그 전개과정과 치유방안의 모색』. 서울: 백산서당.

설동훈·고재훈·유승환. 2018. 「한국사회학회와 사회학연구. 1964-2017년」. 『한국사회학』 52(1). pp.153-213.

성경륭. 2015. 「이중균열구조의 등장과 투표기제의 변화: 18대 대통령선거를 중심으로」. 『한국사회학』 49(2). pp.193-231

송정은·장원호. 2013. 「유투브.YouTube 이용자들의 참여에 따른 한류의 확산: 홍콩의 10-20대 유투브 이용자 조사를 중심으로」. 『한국콘텐츠학회지』 13(4). pp.155-169.

송정은·장원호. 2013. 「인도네시아 내 한류의 의미 분석과 향후 발전방안 모색」. 『예술경영연구』 26. pp.107-135.

송정은·장원호. 2015. 「필리핀 K-pop팬덤이 K-pop의 현지화에 미치는 영향」. 『한국엔터테인먼트산업학회논문지』 9(3). pp.31-43.

송정은·장원호. 2017. 「글로컬 문화와 한국 디지털 문화콘텐츠: 웹드라마를 중심으로」. 『한국엔터테인먼트산업학회지』 11(6). pp.27-35.

송호근. 2003. 『한국. 무슨 일이 일어나고 있나』. 서울: 삼성경제연구소.

신경아. 2016. 「여성노동시장의 변화에 관한 여덟 가지 질문」. 『페미니즘연구』 16. pp.321-359.

신광영. 2013. 『한국 사회 불평등연구』. 서울: 후마니타스.

심상용. 2012. 「승자독식 사회와 예술」. 『미술사학보』 38. pp.5-31.

애덤 스미스. 1996. 『도덕감정론』. 박세일·민경국 역. 서울: 비봉출판사.

여성가족부. 2017. 유쾌한 변화, 성평등.

원용진. 2018.『한류와 문화정책』. 한국국제문화교류진흥원.

유찬기·남기범. 2018.「사회과학의 공감연구 동향과 특성」.『문화콘텐츠연구』13. pp.75-
100.

유희정. 2000.「노인들의 부양에 관한 규범의식이 자녀와의 결속. 갈등 및 우울에 미치는 영
향」.『한국노년학연구』9. pp.107-130.

윤상우. 2016.「한국 성장지상주의 이데올로기의 역사적 변천과 재생산」.『한국사회』17(1).
pp.3-38.

윤선희. 2014.「신 한류의 동유럽 수용과 문화 정체성 확산의 작은 정치」.『한국방송학보』28
(3). pp.94-131.

윤성이. 2015.「무엇이 이념 갈등을 증폭시키는가」.『황해문화』88. pp.40-58.

윤성이·이민규. 2011.「한국사회 이념측정의 재구성」.『의정연구』17(3). pp.63-82.

이갑윤. 1998.『한국의 선거와 지역주의』. 서울: 오름.

이기형. 2006.「탈지역적으로 수용되는 대중문화의 부상과 '한류현상'을 둘러싼 문화정치」.
『언론과 사회』13(2). pp.189-213.

이병민. 2011.「글로컬라이제이션과 지역발전에 대한 연구방법론 고찰」.『문화콘텐츠연구』1.
pp.7-32.

이영재. 2014.「데이비드 흄의 '공감' 개념에 관한 연구」.『한국정치학회보 48(4). pp.155-174.

이우경·이원혜. 2012.『심리평가의 최신 흐름』. 학지사.

이재경. 2018.「세대 갈등의 양상. 원인. 대안모색: 한국의 렌트 추구사회를 중심으로」.『경제
와사회』. pp.18-48.

이재열. 2019.『다시 태어난다면. 한국에서 살겠습니까』. 서울: 21세기북스.

이재혁, 2007.「시민사회와 시민적 자본: 시장적 관계 모형.『사회와이론』10(1). pp.213-261.

이정덕 외. 2014.『한국의 압축근대 생활세계: 압축근대성 개념과 압축적 경험』. 서울: 지식과
교양.

이지영. 2018.『BTS예술혁명: 방탄소년단과 들뢰즈가 만나다』. 서울: 파레시아.

임동욱. 2015.『소통과 공감의 힘』. 서울: 커뮤니케이션북스.

장경섭. 2009.『가족. 생애. 정치경제: 압축적 근대성의 미시적 기초』. 서울: 창비.

장대익. 2012.『뇌과학, 경계를 넘다』. 서울: 바다출판사.

장원호. 2014.『레드퀸 레이스의 한국 교육』. 서울: 푸른길

장원호·송정은. 2016.「글로컬문화의 개념과 한류」.『문화콘텐츠연구』8. pp.7-34.

전경란. 2015. 『미디어 리터러시의 이해』. 서울: 커뮤니케이션북스.

정보통신정책연구원. 2015. 2014 방송산업 실태조사 보고서.

정순돌 외. 2016. 「연령주의와 연령통합이 세대 갈등인식에 미치는 영향」. 『한국사회복지학』 6(4). pp.5-24.

정재영. 2010. 「공감의 컨셉이 미래를 바꾼다」. LG Business Insight. pp.28-42.

정재훈. 2016. 「청년세대와 세대 갈등. 사회적 연대」. 한국가족사회복지학회 추계학술대회 발표자료집. pp.3-23.

정주진. 2010. 『사회 갈등과 한국사회』. 서울: 아르케.

정준호. 2018. 『아시아미래포럼: 한국형 불평등을 말한다』. 서울: 한겨레경제사회연구원.

정해식. 2017. 사회통합지수 개발 연구, 보건사회연구원 연구보고서.

제레미 리프킨. 2010. 『공감의 시대』. 이경남 역. 서울: 민음사.

조희연 · 김동춘 · 오유석 편. 2009. 『한국 민주화와 사회경제적 불평등의 동학: '사회경제적 독점'의 변형 연구』. 서울: 한울아카데미.

진창현 · 여현철. 2011. 「소셜미디어의 수용결정요인에 대한 연구」. 『산업경제연구』 24(3). pp.1295-1311.

채진원. 2017. 「남남 갈등에서의 정치적 양극화와 중도정치」. 『통일인문학』 69. pp.161-199.

최원기. 2006. 「세대격차와 세대 갈등에 대한 성찰적 논의」. 『한국인간관계학보』 11(1). pp.85-103.

최유석 외. 2015. 「대학생의 노인세대인식: 세대 갈등. 노인의 기여. 노인복지정책 인식을 중심으로」. 『한국콘텐츠학회 논문지』 15(5). pp.228-241.

최유정 외. 2013. 「연령대 별 세대의식과 정치적 태도를 통해 본 세대의 경계: 정치적 세대의 가능성에 관한 시론」. 『사회과학논총』 29(2). pp.159-201.

KB금융지주경영연구소. 2018. 03.05. KB지식비타민: 「방탄소년단BTS사례를통해본디지털시대의브랜드커뮤니케이션」 18(18).

타파크로스. 2017. 『빅데이터로 보는 밀레니얼 세대』. 서울: 북투데이.

토마스 자움-알데호프. 2010. 『왜 나는 항상 욱하는 걸까』. 엄양선 역. 서울: 21세기북스.

통계청. 2019. 사회조사. KOSIS 국가통계포털.

통계청. 2017. 대한민국 통계연감.

한국국제문화교류진흥원. 2018. 2017 한류백서.

한국국제문화교류진흥원. 2018. 2017 한류 과급효과 연구.

한국국제문화교류진흥원. 2018. KOFICE 한류나우, 각 26호.

한국국제문화교류진흥원. 2018. KOFICE 한류나우, 각 27호.

한국문화산업교류재단. 2016. 2015 한류백서.

한국은행. 2017. 국민소득.

한국일보. 2018. 한국 사회 갈등 설문조사.

한국일보. 2019. 한국리서치 여론조사.

한국정보통신정책연구원. 2019. SNS(소셜네트워크서비스) 이용추이 및 이용행태분석.

한국청소년정책연구원. 2018. 2018년 청년 사회. 경제 실태조사 보고서.

한국콘텐츠진흥원. 2015. 미국 콘텐츠 산업동향.

한국행정연구원. 2018. 2018 사회통합 실태조사 보고서.

한규섭·박주용·이덕재·이혜림. 2013. 「트위터 팔로잉 관계에 대한 대표성과 양극화에 대한 논의 검증」. 『사이버커뮤니케이션학보』 30(1). pp.295-336.

행정안전부. 2018. 지방자치단체 외국인 주민현황.

현대경제연구원. 2010. 『경제주평 국내다문화 현상의 특징과 시사점』. 서울: 현대경제연구원 연구보고서.

현대경제연구원. 2018. 방탄소년단의 경제적 효과.

홍두승·구해근. 1993. 『사회계층·사회계급론』. 서울: 다산.

홍순권. 2010. 「글로컬리즘과 지역문화연구」. 『석당논총』 46.

Alfred Schütz. 1987, *Le chercheur et le quotidien*, Klincksieck, p.105.

Alvaredo et al, 2018, *World Inequality Report 2018*, World Inequality Lab.

Archer, R. P, R. Griffin. & R. Aiduk. 1995. MMPI-2 Clinical Correlates for Ten Common Codes. *Journal of Personality Assessment* 65(3): 391-407.

Asakawa, K., & D. Shwalb. 1985. Empathy and Intimacy: An Investigation of Rural Japanese Children. *Paper presented at the biennial meeting of the Society for Research in Child Development, Toronto.*

Aspy, D. N. 1975. Empathy: Let's get the hell on with it. *The Counseling Psychologist* 5(2): 10-14.

Baron-Cohen, Simon. 2003. *The essential difference: The truth about the male and female brain.* New York: Basic Books.

Barrio. Victoria del. Anton Aluja. & Luis F. Garcia. 2004. Relationship between empathy and the Big Five personality traits in a sample of Spanish adolescents. *Social Behavior and Personality* 32(7): 677-682.

Batson. C. D., Ahmad. N. Lishner. D. A. & Tsang, J. 2005. Empathy and altruism. In C. R. Snyder & S. J. Lopez (eds.), *Handbook of positive psychology*. 85-498. Oxford, UK: Oxford University Press.

Bevir. M. 2006. Democratic Governance: Systems and Radical Perspective. *Public Administration Review* 66(3): 426-436.

Binstock. R.H. 2010. From compassionate Ageism to Intergenerational Conflict?. *The Gerontologist* 50(5): 574-58.

Blei. D.M. Ng. A.Y. & Jordan. M.I. 2003. Latent dirichlet allocation. *Journal of Machine Learning Researc*. 3: 993-1022.

Boyd. D. M. & Ellison. N.B. 2007. Social network sites: Definition. *history. and* scholarshi. *Journal of Computer-Mediated Communication* 13(1) URL: https://doi.org/10.1111/j.1083-6101.2007.00393.x.

Carritt. E. F. 1952. *Philosophies of Beauty: From Socrates to Robert Bridges being the Sources of Aesthetic Theory*. Oxford, Clarendon Press. pp.252-256.

Chau. C. 2010. YouTube as a participatory culture. *New Directions for Youth Development* 128: 65-74.

Chin. Bertha. and Lori Hitchcock Morimoto. 2013. Towards a theory of transcultural fandom."*Journal of Audience & Reception Studies* 10(1): 92-108.

Costa, Patrício. R. Alves, I. Neto, P. Marvão. M. Portela. & M. J. Costa. 2014. "Associations between Medical Student Empathy and Personality: A Multi-Institutional Study." *PLOS ONE* 9(3): e89254.

Cuff, B. M. P. Brown, S. J. Taylor. L. & Howat, D. J. 2016. Empathy: A Review of the Concept. *Emotion Review* 8(2): 144-153.

Dahl, R. A. 2000. *On Democracy. New Haven*. CT: Yale University Press.

Delhey, J. Newton, K. & Welzel. C. 2011. How General Is Trust in "Most People"? Solving the Radius of Trust Problem. *American Sociological Review* 76(5): 786-807.

Eysenck, H. J. 1967. *The Biological Basis of Personality*. Springfield. IL: Thomas.

Feshbach, N. D., & S. Feshbach. 2009. "Empathy and Education." in J. Decety & W. Ickes (eds.) *The Social Neuroscience of Empathy* (pp.85-97), Cambridge: The MIT Press.

Firat R. and Steven Hitlin, 2012. Morally Bonded and Bounded: A Sociological Introduction to Neurology. *Biosociology and Neurosociology* 29: 165-199.

Gallese. Vittorio. & Alvin Goldman. 1998. "Mirror neurons and the simulation of theory of mind-reading." *Trends in Cognitive Science* 2(12): 493-501.

Gazda, G. M., Childers, W. C., & D. Brooks, 1987. *Foundations of counseling and human services*. New York: McGraw-Hill.

Goldthorpe. J. 1996. Class Analysis and the Reorientation of Class Theory: The Case of Persisting. Differentials in Educational Attainment. *British Journal of Sociology.* 47(3): 481-505.

Gorrell, Nancy. 2000. "Teaching Empathy through Ecphrastic Poetry: Entering a Curriculum of Peace." *The English Journal* 89(5), pp.32-41.

Ha. Ju-Yong. 2017. "Hallyu in and for Asia." *Kritika Kultura* 20: 55-62.

Halpern. J. and H. Weinstein. 2004. Rehumanizing the Other: Empathy and Reconciliation. *Human Rights Quarterly* 26(3): 561-583.

Helliwell et al, 2019, *World Happiness Report 2019*, Center for Sustainable Development.

Hockey, Luke. 2016. *An Exploration of the relationship between psychopathy and the MMPI-2*. Department of Psychology (Forensic) thesis, School of Psychology, Deakin University.

Hoffman, Martin. L. 1997. "The contribution of empathy to justice and moral judgement." in N. Eisenberg & J. Strayer (eds.), *Empathy and Development* (pp.47–80). New York: Cambridge University Press.

Hume, David. 1739. *A treatise of human nature*. edited by P. H. Nidditch, Oxford: Oxford University Press.

Jang. W. & Kim. Y. 2013. Envisaging the siocultural dynamics of K-pop: Time/Space hybridity, Red queen's race, and cosmopolitan striving.*Korea Journal* 53(4): 83-106.

Jang. W. & Lee. B. The glocalizing dynamics of the Korean Wave. *Korean Regional Sociology* 17(2): 1-16.

Jang. W. & Song. J. E. 2015. The influences of K-Pop fandom on the localization of K-Pop in the Philippines- The case study of Philippine K-Pop Convention. *Inc. Journal of the*

Korea Entertainment Industry Association. JKEIA 9(3): 31-43.

Jang. W. & Song. J. E. 2018, Building Empathy for Hallyu. *Regional Sociology* 19(2): 29-52.

Jenkins. H. 1992. Textual poachers: Television fans & participatory culture. UK: Routledge.

Jenkins. H. 2008. *Convergence culture: Where old and new media collide.* New York: NYU press.

Jeong. G. H. 2016. *A Field Research on the Fandom of K-pop in Brazil.* Ph.D Dissertation. Graduate School of Hankuk University of Foreign Studies, Department of Journalism and Broadcasting.

Jin. D. Y. & Yoon. K. 2016. The social mediascape of transnational Korean pop culture: Hallyu 2.0 as spreadable media practice. *New Media & Society* 18(7): 1-15.

Jones, Edward E. & Victor A. Harris. 1967. "The Attribution of Attitudes." *Journal of Experimantal Social Psychology* 3(1): 1-24.

Jung. S. 2011. K-pop. Indonesian fandom. and social media. Transformative Works and Cultures. *Transformative Works &Cultures. 8.1. URL: https://doi.org/10.3983/twc. 2011.0289.*

Jung. S. & Shim. D. 2014. Social distribution: K-pop fan practices in Indonesia and the 'Gangnam Style' phenomenon. *International Journal of Cultural Studies,* 17(5), 485-501.

Kim. J. 2007. Why does Hallyu matter? The significance of the Korean wave in South Korea.*Critical Studies in Television* 2(2): 47-59.

Kim. S. 2011. Interpreting South Korean competitiveness: From domestic rivalry to global competitiveness.*Korean Observer* 42(3):621-643.

Kwon. S. H. & Kim. J. 2014. The cultural industry policies of the Korean government and the Korean Wave. *International Journal of Cultural Policy* 20(4): 422-439.

Leong. M. 2014. How Korea became the world's coolest brand. URL:https://business.financialpost.com/news/retail-marketing/how-korea-became-the-worlds-coolest-brand.

Lee. J. K. 2011. Imagining the South Korean Family beyond Patriarchy. *Korean Families: Continuity and Change.* Seoul: SNU PRES.

McCrae, R. R., & Costa, P. T., Jr., 1990. *Personality in Adulthood.* New York: Guilford.

Maibom. H. L., 2017, *The Routledge Handbook of Philosophy of Empathy. Routledge.* p.80.

Marcel Bolle de Bal, 1996. *Reliance et Théories*, L'Harmattan.

Matt Hills. 2002. *Fan Cultures.* Erlbaum(UK): Psychology Press.

Mead, George H. 1934. *Mind, Self, and Society: From the Standpoint of a Social Behaviorists*, edited by Charles W. Morris, The University of Chicago Press.

Michel Maffesoli. 1985. *La connaissance ordinaire*, Klincksieck.

Norton, Andrew. 1996. Review: Filling the 20 Per Cent Gap: Francis Fukuyama on Trust and Social Capital. Agenda. *A Journal of Policy Analysis and Reform* 3(3). pp.351-358.

OECD. 2015. Social Cohesion Indicator.

Otmazgin. N. & Lyan. I. 2013. Hallyu across the Desert: K-pop fandom n Israel and Palestine. *Cross-Currents: East Asian History and Culture Review* 60-89.

Porter. M. and M. Kramer. 2011. Creating Shared Value. *Harvard Business Review* 89(1/2): 62-77.

Rhee. J. & Otmazgin. N. 2016. Expanding transnational dialogue in Asia through Hallyu. *The Asia Pacific Journal* 14(74): 1-6.

Ricard. M. 2015. *Altruism*, Back Bay Books, p.39.

Riegl. A. 2004. *Historical Grammar of the Visual Arts*, Zone Books.

Rizzolatti. Giacomo and Laila Craighero. 2004. The MirrorNeuron System. *Annual Review of Neuroscience* 27: 169-192.

Robert H. Frank, Philip J. Cook, 1995, *The Winner-take-all Society*, Free Press, DC.

Roger. B. Straw James M. Herrell, 2002, A framework for understanding and improving multisite evaluations. *New Directions For Evaluation* 94: 5-16.

Rogers. C. R. 1975. Empathic: An unappreciated way of being. *The Counseling Psychologist* 5: 2-10.

Segal. Elizabeth A. 2011. Social Empathy: A Model Built on Empathy, Contextual Understanding, and Social Responsibility that Promotes Social Justice. *Journal of Social Service Research* 37: 266-277.

Segal. Elizabeth A. M. Alex Wagaman. & Karen E. Gerdes. 2012. Developing the Social Empathy Index: An Exploratory Factor Analysis. *Advances in Social Work* 13(3): 541-560.

Silver, Daniel., Clark, Terry, N., & C. Yanez, 2010. "Scenes: Social Context in an Age of Contingency." *Social Forces* 88(5): pp.2293-2324.

Smith, Adam. 1759. *The Theory of Moral Sentiments*, DC: Regnery Publishing.

Song. J. E. 2010. *Considering nation branding as a way to build international cultural relations: The case study of the Korean cultural centers in the United States*. Ph.D. Dissertation. Graduate School of The Ohio State University. Department of Art Education.

Song. J. E. 2018. The characteristics of brand webtoons for building empathy. *Asia Life Science*.

Song. J. E. & Jang, W. 2013. Developing the Korean Wave through encouraging the participation of YouTube users: The case study of the Korean Wave youth fans in Hong Kong. *Journal of The Korean Contents Association*, 13(4), 155-169.

Stewart, John. ed., 1995. *Bridges Not Walls: A Book about Interpersonal Communication*, New York: McGraw-Hill.

Sung. S. Y. 2013. K-pop reception and participatory fan culture in Austria, *Cross-Currents: East Asian History and Culture Review*, 9, 90-104.

Suh. M. 2010. Distributive Equity and Class Position in South Korea. *Korea Observer* 41(1): 53-67.

Suh. M. 2011. State Intervention. Economic Growth. and Income Inequality in South Korea. *Korea Observe r*42(3): 413-429.

Szondi, Gyogy. 2008. "Central and eastern European public diplomacy." In Snow, N & Taylor, P. (Eds.) *Handbook of public diplomacy*. 292-313. New York: Routledge Taylor & Francis Group.

Thoits. Peggy A. 1989. The Sociology of Emotions. *Annual Review of Sociology* 15: 317-42.

Throo J. 2010. Latitudes of Loss: On the Vicissitudes of Empathy. *American Ethnologist* 37(4): 771-782.

Truax, Charles B., & Carkhuff, Robert R. 1967. *Toward Effective Counseling and Psychotherapy: Training and Practice*. Chicago: Aldine Press.

ung. S. & Shim. D.2014. Social distribution: K-pop fan practices in Indonesia and the 'Gangnam Style' phenomenon.*International Journal of Cultural Studies* 17(5): 485-

501.

Wagaman. M. Alex. Kimberly S. Compton. & Elazabeth A. Segal. 2018. Social empathy and attitudes about dependence of people living in poverty on government assistance programs. *Journal of Poverty* 22(6): 471-485.

Walsh. J. 2014. Hallyu as a government construct: the Korean Wave in the context of economic and social development. *in The Korean Wave.* edited by Kuwahara Yoshihiro. *New York: Palgrave Macmillan.* 13-31.

Weber, Max. 1958. *The Protestant Ethic and the Spirit of Capitalism.* New York: Scribner.

Worringer, W. 1997. *Abstraction and Empathy*, Elephant Paperbacks.

Yoon. K. 2017. Global imagination of K-pop: Pop music fans' lived experiences of cultural hybridity. *Popular Music and Society* 41(4): 373-389.

강승화. [연예수첩]'괜찮아' … '위로' 건네는 대중문화". 〈KBS NEWS〉. 2016.10.11. URL: http ://news.kbs.co.kr/news/view.do?ncd=3359133&ref=A.

고정애 "공감+소통=BTS 성공 방정식 … '낡은 대한민국 뛰어넘을 자극". 〈중앙일보〉. 2018. 01.07. URL:https://news.joins.com/article/22263820.

고혜지. [요즘 것들의 문화 답사기] 오늘 밤 12시 '총공' 알지? … 10대들이 작전 짜는 까닭. 〈서울신문〉. 2018.11.12. URL: http://www.seoul.co.kr/news/newsView.php?id=20181112 017002&wlog_tag3=naver.

김주리. "방탄소년단 팬클럽 '달려라 아미', 위안부 문제 해결에 800여만원 기부. 〈한국경제 TV〉. 2018.10.05. URL:http://news.wowtv.co.kr/NewsCenter/News/Read?articleId=A 201810050532&t=NN

김호기 (2016.10.11). [김호기의 세상을 뒤흔든 사상 70년](29) 네트워크 개념을 중심으로 '사회와 자아의 역동성을 탐구하다. 〈경향신문〉. URL:http://news.khan.co.kr/kh_news/ khan_art_view.html?art_id=201610112116005.

노정동. "2018년 대한민국이 사랑한것들 BTS부터평양냉면까지". 〈한국경제〉. 2018.12.16. URL:http://news.hankyung.com/article/201812247996g.

박현영. "팬클럽 '아미' 있어야 BTS도 완전체, 여러겹 매력 뽐내며 롱런할 것". 〈중앙선데이〉. 2018.01.07. URL:https://news.joins.com/article/22263826.

서병기 (2019.01.08). BTS 가사 속 '지화자 좋다'의미, 해외 팬들 43.54% '알고 있다'. 〈헤럴드경제〉. URL: http://news.heraldcorp.com/view.php?ud=20190108000737

윕스 아이디어놀이터 블로그 (2019). URL:blog.naver.com/wipsmaster/221414573244 URL: blog.naver.com/wipsmaster/221414573244.

이지행. "방탄소년단이 포스트케이팝인 이유". 〈시사IN〉. 2018.06.08. URL: https://www.sisain.co.kr/?mod=news&act=articleView&idxno=32019.

이한종. "K-Pop 리액셔너, 팬덤문화의 중심에 서다." beSUCCESS 2014.01.28. https://besuccess.com/2014/01/K-Pop-reactioner.

특집BTS-Alive ③진실한가치관, '드러내기'가 불러온 시너지. 〈헤럴드경제〉. 2018.06.15.

한은화. "BTS 만든 방시혁 대표 '말없이 어깨 기댈 수 있는 영웅필요'". 〈중앙선데이〉. 2018.01.07. URL:https://news.joins.com/article/22263825.

홍석경. "[홍석경의한류탐사] 세계와 직접 소통하는 아이돌". 〈중앙일보〉. 2017.03.11. URL:http: //news.joins.com/article/21360182.

화이트백서프로젝트2018. URL:https://www.whitepaperproject.com/ko/about

BTS브레인연구소. "BTS는 전 세계 팬들을 얼마나 변화시켰을까?." BTS브레인연구소2019.01023. URL:https://www.youtube.com/watch?v=f0vQ5ZDqXho&t=7s.

JTBC, "BTS과 ARMY, 그리고 소셜 네크워크 해부'. 〈이규연의 스포트라이트〉. 2018.07.05.

KB금융지주경영연구소 (2018.03.05). KB 지식 비타민: 「방탄소년단(BTS)사례를 통해 본 디지털 시대의 브랜드 커뮤니케이션」 18-18호. URL: https://search.naver.com/p/crd/rd?m=1&px=451&py=285&sx=451&sy=285&p=U4c/+lpVuFdssZiPU20sssssty4-256587&q=%2C+BTS%BB%E7%B7%CA%B8%A6+%C5%EB%C7%D8+%BA%BB+%B5%F0%C1%F6%C5%D0+%BD%C3%B4%EB%C0%C7+%BA%EA%B7%A3%B5%E5+%C4%BF%B9%C2%B4%CF%C4%C9%C0%CC%BC%C7%2C&ssc=tab.nx.all&f=nexearch&w=nexearch&s=eIxLPFVjfK9ELBYtQ5HYauYI&time=1552023746800&a=web_all*w.url&r=1&i=a00000fa_e0cc882095ca255e4199aa97&u=https%3A//www.kbfg.com/kbresearch/processFileDownloadManager.do%3Ffile_name%3D20190118104119_1.pdf&cr=1

Netflix (2018). <K-pop explained>.

SPOTVNEWS (2018.12.25). [2018 케이팝 결산① 脫 'IDOL'-월드스타 'DNA' … BTS의 영향력". <SPOTVNEWS>. URL: http://m.spotvnews.co.kr/?mod=news&act=articleView&idxno=253724#Redyho#_enliple

Bruner, R. (Oct. 10, 2018). How BTS Is Taking Over the World. <Time Magazine>. URL: http://time.com/collection-post/5414052/bts-next-generation-leaders

Kim. J.H. (May 29, 2018). How BTS Are Breaking K-Pop's Biggest Taboos. RollingStone. URL: https://www.rollingstone.com/music/music-news/how-bts-are-breaking-K-Pops-biggest-taboos-628141

Vanham, P. (Dec.18, 2018). Here's what a Korean boy band can teach us about globalization 4.0. <World Economic Forum>. URL: https://www.weforum.org/agenda/2018/12/here-s-what-a-korean-boy-band-can-teach-us-about-globalization

Lunny, O. (Jan.28. 2019). You're Probably Going To Be Replaced. Digital Music Pioneer Issues A Stark Warning For The Industry. <Forbes>. URL: https://www.forbes.com/sites/oisinlunny/2019/01/28/youre-probably-going-to-be-replaced-digital-music-pioneer-issues-a-stark-warning-for-the-industry/#1f6318b67b58

찾아보기

공감, 대한민국을 바꾼다

초판 1쇄 발행 2019년 8월 31일

지은이 장원호·김동윤·서문기
펴낸이 김선기
펴낸곳 (주)푸른길
출판등록 1996년 4월 12일 제16-1292호
주소 (08377) 서울시 구로구 디지털로 33길 48 대륭포스트타워 7차 1008호
전화 02-523-2907, 6942-9570~2
팩스 02-523-2951
이메일 purungilbook@naver.com
홈페이지 www.purungil.co.kr

ISBN 978-89-6291-807-6 93330

이 저서는 2017년도 대한민국 교육부와 한국연구재단의 지원을 받아 수행된 연구임(NRF-
2017S1A3A2067374).